KB072098

SKY로드맵

대한민국 대표 공부 멘토 이병훈의 최상위 솔루션

SKY 로드맵

이병훈 지음

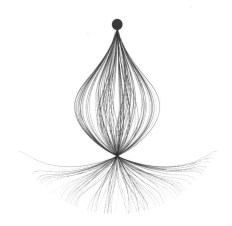

쌤앤파커스

공부해야 할 9가지 이유

공부하기 싫어하는 아이를 억지로 시키려는 것보다 더 어리석은 일은 없습니다. 그렇게라도 공부를 시키려는 까닭은 무엇일까요? 여기에는 누구나 알고 있지만 입 밖에 꺼내어 말하고 싶지 않은 현실적인 이유들이 있습니다. 무조건 공부하라고 다그치기 전에 왜 공부해야 하는지 자녀들에게 동기부여를 해주면 좋을 것입니다. 제가 생각하는 공부해야 할 이유를 꼽자면 다음과 같습니다.

첫째, 삶을 대하는 태도가 공부 자세에서 결정됩니다.

사람은 항상 변화하기 때문에 20대, 30대, 40대에는 삶을 살아가는 태도가 또 달라질 겁니다. 하지만 적어도 10대 때 익힌 공부 태도가 20대 삶을 결정하는 것은 분명합니다. 또 20대를 어떻게 보내느냐에 따라 30대, 40대까지 인생 향방이 이어지지요. 결국은 10대 시절의 공부 태도가 인생 전반에 지대한 영향을 미친다고 할 수 있습니다.

둘째, 성취해 본 경험이야말로 어른이 되어 다른 도전을 할 때 좋은 연료가 될 수가 있습니다. 아니라면 최소한 첨가제 정도는 될 수 있습니다.

어른이 되어 자기 분야에 진출해서 일할 때, 최대한 노력을 기울여도 잘 안 될 때가 있습니다. 그럴 때 청소년기의 성취경험이 좋은 역할을 합니다. 공부가 아니더라도 성장할 때 자신감을 획득한 기억이 있으면, 자기 분야에서 더 나은 결과를 이끌어낼 수 있습니다.

셋째, 공부를 통해 자기를 조절하는 힘을 키울 수 있습니다.

공부를 하려면 자고 싶고, 먹고 싶고, 놀고 싶은 마음을 억누르고, 해야 할 일과 하고 싶은 일을 구분하고 계획해야 합니다. 이 일련의 과정을 겪으면서 자기를 조절하는 힘이 길러집니다. 자기 자신에게 닥친 어려움과 문제점을 극복하고 이겨 보는 경험, 그것을 과연 자라나는 아이들이 어디에서 구할 수 있을까요? 공부가 아닌 다른 데에서 답을 구할 수 있다면 거기서 구해도 좋을 것입니다. 하지만 성장기라는 인생의 협곡에서 자기조절력을 얻을 수 있는 창구는 공부가 아닐까요? 자고 싶으면 한없이 자고, 먹고 싶으면 마구 먹고, 눕고 싶으면 계속 눕고, 해야 할 일을 팽개친 채 청소년기를 보낸다면 어떻게 될까요? 20대 이후의 삶도 별반 다르지 않을 것입니다. 매우 위험한 일이지요. 그래서 공부는 해봄직한 도전이라고 생각합니다.

넷째, 자신의 노력이 결실로 전환되는 과정에서 통찰력이 생깁니다.

정글 같은 이 세상을 살아가려면, 하나의 결실을 맺기 위해 어느 정도 노력이 필요한지, 어떤 식으로 노력해야 하는지, 실현되었을 때 어떤 장점이 있는지 등등을 한눈에 알아보는 통찰력이 필요합니다. 그래야 나중에 직장에 다니든 사업을 하든 자기 분야에서 일할 때 노력과 정도, 방식을 가늠할 수 있어요. 청소년기에 어떻게 이러한 것들을 체득할 수 있을까요? 그렇습니다. 공부에 대한 결실을 맛보면서 생기는 것입니다.

다섯째, 문제를 해결하는 방법과 용기를 터득할 수 있습니다.

어른이 되어도 여러 가지 문제나 도전할 목표와 맞닥뜨리게 됩니다. 자꾸만 실패하거나 능력이 못 미친다고 생각될 때, 어떻게 방법을 찾을까요? 그냥 자포자기하거나 걱정만 하는 것이 아니라, 능동적으로 방법을 찾아내는 힘도 결국 공부를 통해서 훈련되는 것입니다. 영어 단어를 잘 못 외웠지만, 잘하는 친구의 방법을 따라 해보거나 자기만의 암기법으로 많은 어휘를 외워보고, 이후 시험에서 좋은 성적을 받았다고 가정해 보세요. 이런 경험이야말로 성인이 된 이후 문제해결 능력의 원동력이 된다고 생각합니다.

여섯째, 우리 사회가 요구하는 규범성, 성실함, 책임감 등등의 기초소양을 갖추게 합니다.

규범성, 책임감, 성실함 등이 모두에게 요구되는 항목은 아닐 수도 있지만, 적어도 사회에 진출했을 때 이러한 기초 소양이 충만하다고 해서 손해 보거나 욕먹지는 않습니다. 책임감과 성실함을 갖고 자기 할 일을 주도적으로, 방기하지 않고 끝까지 해내는 훈련도 사실 공부를 통해서 하는 겁니다. 반대로 게으름, 나태, 무능, 무기력, 무책임, 무계획, 무성의 이런 병들 또한 공부하는 과정에서 물리쳐 나갈 수 있습니다. 공부는 성적만을 위해서 존재하는 것이 아닙니다. 최소한의 자기 책임과 역할에 대해 기본적인 소양을 갖춰 나가는 더없이 훌륭한 도구인 것이죠.

일곱째, 공부를 통해서 다양한 인지능력을 발달시킬 수 있습니다.

지능검사를 할 때 유동추론, 언어이해, 작업기억, 시공간, 처리속도 같은 항목을 왜 검사할까요? 기본적으로 사람이 살아가는 데에는 이런 인지능력이 필요하기 때문에 그 부분이 얼마나 활성화되어 있는지를 보는 것입니다. 그리고 부족한 능력은 채워 나가고, 충분한 부분은 더 활성화시키는 방법이 바로 공부입니다. 성장기에 하는 공부는 가장 보편적인 사고와 인지능력을 발달시켜 줍니다. 가만히 누워 있는데 어떻게 발달할 수 있겠습니까. 공부를 통해서 발달시켜 나가는 것이죠.

여덟째, 좋은 학벌과 학력이 후회할 일을 만들지는 않습니다.

학교 다닐 때 괜히 공부 열심히 해서 좋은 대학에 갔다고 후회하는 사람을 본 적이 있나요? 있을시도 모르지만 흔치 않습니다. 공부를 열심히 했던 그 시절을 대부분 좋은 기억으로 갖고 있습니다. 반대로 학벌 이야기만 나오면 움츠러들고, 무능하고 나태했던 과거를 숨기고 싶어 하는 사람은 있습니다. 대학을 안 가더라도 열심히 해본 사람은 무엇을 해도 열심히 합니다. 우리 사회는 참 이상하지요. 10대를 보낸 10년이 그 이후 20대 30대를 거쳐 거의 평생을 좌우합니다. 되도록 후회할 일은 만들지 않는 편이 좋겠지요. 그래서 더욱더 미친 듯이 공부에 몰입해 봐야 한다고 생각합니다.

마지막 아홉째, 공부해서 좋은 대학을 가야 할 가장 큰 이유는 바로 거기에 사람들이 있기 때문입니다.

이 이유가 제일 중요합니다. 공부는 그곳에 있는 사람들을 만나러 가는 길道입니다. 세계적으로 훌륭한 석학, 질 좋은 수업 인프라, 학교 분위기 등등을 경험할 수 있습니다. 그리고 그곳에는 향후 내 인생의 스텝을 함께 밟아 갈 훌륭한 선후배와 동료가 있습니다. 내가 가는 대학은 나만큼 열심히 한 사람들의 집합소입니다. 최상위권이 무조건 최고는 아니지만, 적어도 그 무리에 합류함으로써 열심히 함께 노를 저어갈 동료가 생기는 것입니다. 그런 동료가 있다는 것은 인생을 훨씬 더 풍요롭고 튼실하게 만들어 줍니다. 남들은 다 안 하려고 하는데 나 혼자 열심히 하는 것이야말로 정말 힘든 일 아닐까요? 그래서 저는 그들을 만나러 가기 위해서라도 공부를 열심히 해 봐야 된다고 학생들에게 말해 주고 싶습니다.

여기에서 말씀드린 공부라는 것은 공부도 잘하는 것을 의미하지, 공부만 잘하는 것을 뜻하지는 않습니다. 공부만 잘하는 사람은 또 인생의 여러 가지 우여곡절을 겪게 되고 깎여나가는 과정을 겪게 되죠. 공부 경험을 통해 성적보다 더 많은 것들을 평생 자산으로 획득했으면 좋겠습니다. 자라나는 아이들이 공부에 몰입해 보기를 진심으로 바랍니다.

혹시 공부만 좀 못하는 친구가 있거든 그래도 끝까지 용기를 갖고 도전하도록 격려해 주세요. 열심히 했던 노력은 결코 배신하지 않고 어른이 되어서 하는 또 다른 과정에 에너지가 될 수 있고 방법론이 될 수 있습니다. 제일 안 좋은 것은 하기 싫다고 안 해버리고 자포자기하고 아무 노력도 하지 않는 것이죠. 그런 결과는 부모와 학생 그 누구도 바라지 않습니다.

다만 우리 친구들이 스스로 깨닫고 매진할 수 있게 부모님들이 동기를 부여해 주어야 할 때가 있습니다. 그래서 이 책은 15년이라는 긴 공부를 어떻게 하면 좀 더 효율적으로 할 수 있을지, 왜 공부해야 하는지, 어떤 자세를 가져야 하는지 안내하고 있습니다. 크게 다섯 번의 주기로 나누고 그때그때 꼭 성취해야 할 부분과 놓치지 말아야 할 것들을 실었습니다. 우리 친구들의 잠자고 있는 공부 DNA를 부모님들께서 일깨워 주는 계기가 되었으면 좋겠습니다.

2023년을 마무리하며,
이병훈

1기

유아기에서 초등학교 1, 2학년
공부 정서 만들기

유아기에도 공부법이 있나요?

초등학교 1, 2학년에 가장 중요한 것은?

2기

초등학교 3, 4학년
공부 습관 만들기

초등학교 3, 4학년은 공부 습관의 골든타임

MBTI 성격 유형으로 알아보는 공부법 동기부여

3기

초등학교 5, 6학년
공부 독립 시키기

5기

중학교 3학년, 고등학교 1학년

공부 몰입 시키기

1기

유아기에서 초등학교 1, 2학년
공부 정서 만들기

국어 읽기 독립, 바른 글씨
영어 4대 영역 파닉스
수학 사고력 수학, 연산
★ TCI 기질성격검사

2기

초등학교 3, 4학년
공부 습관 만들기

국어 어휘력·독해력·문해력 확장, 독후활동 필수
영어 4대 영역 가운데 잘하는 분야 집중
수학 교과수학으로 전환
★ MBTI 검사 동기부여

3기

초등학교 5, 6학년
공부 독립 시키기

국어 마인드맵으로 내용 숙지
영어 교과문법 기초 확립
수학 사칙연산 마스터
★ 웩슬러 지능검사, 문이과 성향 파악

4기

중학교 1, 2학년
공부 실속 챙기기

국어 교과문법, 수준 높은 독서
영어 문법 마스터
수학 교과수학 충실, 선행은 최대 1년
★ 시험 적응 공부법 터득, 목표 고등학교 설정

5기

중학교 3학년, 고등학교 1학년
공부 몰입 시키기

국어 독해력은 비문학, 문해력은 문학에 활용
　　국어문법 완성, 독서량 풍부하게
영어 리딩, 라이팅 마스터
수학 고교학점제 대비 수학기초 다지기
★ 플래닝과 6주5회독

유아기에서 초등학교 1, 2학년

공부 정서 만들기

국어

읽기 독립, 바른 글씨

영어

4대 영역 파닉스

수학

사고력 수학, 연산

★ TCI 기질성격검사

**유아기에도
공부법이 있나요?**

공부법이 따로 있지는 않지만,
다양한 체험을 통해
좋아하는 것을 찾고,
공부와 친해질 계기를 만들면
좋습니다.

유아기에 부모란 어떤 존재인가

유아기 부모에게 학습이나 공부는 막연하고 부담스럽다. 잘 크는 게 우선이지 벌써 유난이라고 핀잔을 들을까 봐 그저 그림책 읽어 주는 정도에서 시작한다. 그게 무슨 공부냐고 하겠지만 유아기에는 눈을 맞추며 감정을 읽는 소통능력도 공부에 포함된다.

자가 호흡이 가능하면 독립된 생명체로 인정받듯, 유아기에 익힌 것은 공부의 자가 호흡을 가능케 한다. 아이들은 이 시기에 터득한 것을 바탕으로 차곡차곡 자신만의 학습 체계를 구축해 나간다. 드러나지는 않지만 머릿속에서는 자기 것으로 만들어 가는 중이라 다양한 경험을 하는 것은 유아기에 무척 중요하다.

어린이집이나 문화센터 같은 곳에서 자녀의 또래를 접하게 되면 부모는 여러 가지 생각이 들고 마음이 복잡해진다. 넝어들 언세부터 어떻게 시작할지, 수학 학습지라도 시작해야 하는 건지, 그림책만 읽어 줘도 충분할지 등등 많은 생각에 잠긴다. 그 어떠한 체계적 정보도, 마음의 준비도 없이 유아기 학습에 대한 고민이 시작된다.

물론 불안만 있는 것은 아니고, 자녀에 대해 원대한 꿈도 품어 보는 때이다. 아주 미세한 차이에도 영재 가능성까지 점쳐 보는 건 부모로서 당연히 드는 마음이다. 모든 아이에게 영재 가능성은 열려 있다. 미래에 어떤 모습일지 아직은 모르기 때문에 그것을 발견하고 끄집어 내려는 부모의 자세와 노력이 필요한 때이다. 상담할 때 '좀 더 일찍 부모가 아이의 성향을 발견해 줬으면 좋았을 텐데.' 싶은 경우도 자주 접한다.

공부에 중점을 두는 부모는 유치원 입학과 함께 본격적인 공부법이나 로드맵을 고민하기 시작한다. 아이가 일곱 살인데 자기주도 공부 습관이 안 잡힌다면서 방법을 묻는 부모도 있었다. 성급하거나 특이한 케이스는 아니다. 학군지나 교육열이 강한 지역에서는 6, 7세 빠르면 4, 5세부터 공부 로드맵을 구상한다. '일곱 살에 벌써?' 하고 놀라는 분들도 있지만 이러한 선택을 하는 부모는 '일곱 살이기 때문'에 시작한다. 지금 대치동에는 영어어린이집, 초등의대준비반까지 등장했다.

이처럼 공부에 초집중하는 부모가 있는가 하면, 한편으로는 공부에 대한 막연한 거부감을 드러내는 부모도 많다. 본인의 경험에 비춰 어릴 때 공부를 안 해도, 때가 되면 한다는 막연한 믿음을 가진다. 급하면 자신이 가르치면 된다고 생각하기도 한다. 이런 생각을 가진 분

가운데에는 명문대 출신이 꽤 많다.

유아기 공부에 대해 거부감을 보이는 또 다른 유형의 부모는 자신과는 다른 어린 시절을 아이에게 만들어 주고 싶어 하는 분들이다. 자신이 못 해봤던 것을 자녀에게는 몽땅 해주려 든다. 상대적으로 여유 있는 시기라고 생각하기 때문에 숲 체험, 역사 체험, 박물관 체험, 예체능 활동을 더 열심히 한다.

아이를 곧장 공부의 길로 이끌지 않는 이 두 유형의 공통점은 '나중에'라는 인식이다. 그 나중은 언제일까? 초등학교에 들어가서 보니 다른 아이들은 어려운 수학문제를 술술 풀고 있을 때? 아니면 중학교에 들어가서 교과목이 순식간에 늘어날 때? 아니면 입시 문턱에서?

유아는 어른이 아니다. 나중에 저절로 되는 일이 하나도 없다. 이분들의 문제는 나중에, 나중에 하다가 진짜 나중에 후회한다는 데 있다. 교육은 주변 환경의 영향을 많이 받기 때문에 자녀가 성장하는 동안 부모의 교육관이 계속 바뀐다. 어릴 때에는 체험이라든지 인성 중심으로 하다가 갑자기 초등학교 고학년이 되면 불안해서 이것저것 닥치는 대로, 아이 수준은 점검도 안 하고 뭐든 시키려 든다.

입시까지 가는 긴 레이스에 후회하지 않을 자신이 있다면, 유아기 공부는 그렇게 큰 문제는 아니다. 공부는 언제 해도 늦고 언제 해도 늦지 않다. 다른 아이들과 비교를 하지 않는다면 말이다. 현재는 정보와 속도의 시대이다. 부모세대가 공부하던 시절처럼 생각하면 큰 오산이다.

부모세대가 입시를 치를 때에는 딱 한 가지 눈물반 있었다. 고등 획교 2학년까지 놀다가도 1년 바짝 공부해서 입학시험 점수를 잘 받으면 좋은 대학에 갈 수도 있었다. 그러나 지금은 대학으로 가는 문이 여러 개이다. 입학시험만 잘 보면 들어오라는 대학교가 많지 않다. '과정 중심의 평가'를 기본 방침으로 세우고 있다. 고등학교 3년 동안 얼마나 성실하게 공부를 잘했는지 보고 학생을 뽑겠다는 것이다. 그리고 성적만 보는 것도 아니고, 여러 가지 학교생활을 얼마나 적극적으로 성실하게 수행했는지도 본다.

내신, 활동, 논술, 정시 등 각 대학교마다 요구하는 사항은 천차만별이다. 뒤늦게 공부에 뛰어들면 '수시 전형'이라고 묶어서 부르는 학생부교과전형, 학생부종합전형에서는 희망이 없고, 논술과 정시 두 가지 문만 바라보고 가야 한다. 애매한 내신 성적을 받은 학생 대부분이 논술과 정시에 희망을 거니 경쟁은 또 얼마나 치열하겠는가. 고등학생 자녀를 둔 부모는 지금 하는 말이 실감이 나겠지만, 자녀가 어린 부모는 대입전형이 어떤 의미인지 모르고, 왜 이리 복잡하냐고 생각하기도 한다. 하지만 목표를 정확하게 잡고 길게 보고 준비하지 않으면 사람들이 이름만 들으면 다 아는 서울 수도권 대학은 어림도 없는 게 현실이다.

자녀가 공부의 길로 들어서고 안 들어서고는 부모의 유아기 양육 태도나 가치관에서 이미 판가름이 난다. 분명한 것은 나중은 없다는 것이다. 내 아이가 진정 공부에 승부를 걸기를 바란다면, 공부로 성공할 가능성이 있다면, 내가 공부를 시키고 싶다면 이 시기부터 부모가 마음을 다잡아야 한다.

다잡아야 한다는 것은 예상을 뛰어넘는 공부량이 기다리고 있기 때문이다. 최신 사교육 지표가 되는 대치동, 대치동을 벤치마킹하는 학군지, 학군지 밖에서 학군지를 벤치마킹하는 교육열 높은 지방 등의 로드맵은 거의 15년의 시간을 공부와 사투를 벌이는 과정이라 해도 과언이 아니다.

과연 그 길로 가야 하는가, 어려운 문제이고 선택의 문제이지만 그럼에도 **한 가지 분명한 것은 공부는 대한민국에서 성공으로 가기 위한 최소한의 디딤돌이라는 것**이다. 사실 놀면서 성공한다는 것은 미디어가 풀어놓은 환상에 불과하다. 어쩌다 나온 아주 특이한 경우이기 때문에 뉴스거리가 되는 것이지, 보편적 현상이 아니다. 놀면서도 성공하는 특이한 사례가 내 아이의 미래라고 누가 확신할 수 있을까.

경제적 여건과 부모의 교육관, 입시제도의 변화에 따라 다소 편차는 있겠지만 15년 이상 공들인 공부는 입시에서 원하는 결과를 이루게 한다. 그것을 발판으로 최소한의 사회생활 기반을 마련한다. 대한민국에서 성공은 아직은 공부가 기본 바탕이다.

그럼 무엇부터 어떻게 해야 할까.

부모가 가장 먼저 할 일

공부의 길로 자녀를 이끌겠다고 결심했다면 가장 먼저 해야 할 일은 내 아이가 어떤 아이인지를 아는 것이다. 그리고 부모도 사기 자신을 깨달아야 한다. 6, 7세나 초등학교 1, 2학년까지는 양육자가 교육자 역할을 병행할 수밖에 없기 때문에 부모의 양육태도는 공부를 비롯한 여러 가지 습관 형성에 가장 큰 영향을 미친다.

어떤 부모가 되기를 원하는가? 공부는 다양하고 소소한 즐거움과 시간을 맞바꾸는 일이다. 아이가 아무리 어려도 결심을 세웠다면 그것을 행해야 한다. 집안 행사와 회사 격무, 휴가나 여행 등을 이유로 들쑥날쑥한 습관을 들이면 아이는 혼란스러워한다. 어떤 이벤트가 생기면 자연스럽게 그날 공부는 건너뛰어도 되는 것으로 인식해 버린다. 공부가 몸에 착 붙게 만들고 싶다면, 부모가 단단한 의지로 공부하는 습관을 익히도록 북돋아야 한다. 마치 젓가락질 연습을 시키듯 습관 형성에 정성을 쏟아야 한다.

유아기에는 그 공부가 영어 노래 따라 부르기가 될 수도 있고, 간단한 숫자 읽기가 될 수도 있다. 하루 10분 만이라도 '공부'는 매일 하는 것이라는 생각이 스며들도록 유도해야 자연스럽게 공부가 몸에 착 붙은 아이로 자란다.

아이마다 속도는 다르다. 특히 유아기에는 하루가 한 달, 한 달이 1년 차이라고까지 말한다. 각자 다른 속도를 내다가 어느 정도 비슷한 속도로 맞춰지는 때가 초등학교 입학 무렵이다. 그 정도면 모여서 교사의 지도를 받을 수 있다는 전제하에 국가에서 교육 커리큘럼을 제공하는 것이다. 초등학교 입학 전까지는 아이 속도와 수준에 부모가 맞춰 정성을 들일 수밖에 없다. 혼자 조바심 낸다고 될 일은 아니다. 공부로 승부를 보겠다는 단단한 의지를 과다한 열정과 혼동해서도 안 된다. 단단한 의지가 있다면 다른 아이보다 느려도 기다려줄 줄도 알고, 안 되는 것을 반복해서 훈육할 줄도 알고, 아이 눈높이에 맞춰 유치해질 수도 있어야 한다.

하지만 눈높이를 맞추려 해도 부모는 늘 현실보다는 목표를 높게 잡기 마련이다. 객관적인 평가에 근거한 기회 제공이 아닌, 부모의 조바심에서 나온 욕심이 주를 이루면 그때부터는 아무리 놀이 같은 학습을 지향해도 공부는 부모와 아이 둘 다에게 스트레스가 된다.

우선 주관적 관찰에 의한 무의미한 결정을 내리고 있는 것은 아닌지 되돌아보아야 한다. 영어유치원이 대세라고 하니 나도 보내고, 사고력 수학이 필요하다고 하니 나도 시킨다고 해서 결과가 동일하게 나오지 않는다. 정작 내 아이가 그것을 받아들이는 능력이 있는지 없는지 파악하는 것이 먼저이다.

사고력 수학은 어떤 선생님과 하든지 문제를 읽을 줄 알아야 한다. 읽기도 제대로 안 되는 아이인데 사고력 수학은 6, 7세에는 시작해야 한다는 강박관념을 갖고 접근하면 오히려 수학을 극도로 혐오할 수도 있다.

이 시기에는 아이의 수용능력과 성향 파악, 적절한 관심 유발이 관건이다. 초등학교에 입학하기 전인 6, 7세부터 초등학교 1, 2학년까지는 다양한 것을 많이 골고루 접해 보는 수밖에 없다. 이유식을 시작할 때 무엇이 목표였는가. 좋은 식습관을 만들어 주기 위해, 편식을 예방하고 5대 영양소에 맞춘 계획을 실천했을 것이다. 이 시기에는 공부도 마찬가지이다. 공부 습관을 만들어 주는 이유기離乳期와 같다. 공부를 다 골고루 맛보게 해주고 입맛을 다시는 재료를 찾아내야 하는 것이다.

아이가 어떤 성향인지 관찰해서 직관적으로 알아차리면 좋겠지만 전문가가 아닌 이상 부모가 아이의 성향을 직관적으로 정확하게 알아차리기란 쉽지 않다. 부모가 파악한 아이의 성향은 자신이 보고 싶은 대로, 키우고 싶은 대로 초점을 맞춘 주관적 판단이 대부분이다. 그래서 객관적인 성향분석검사 등을 해볼 필요가 있다. 지능과 성향, 성격 등에 관한 다양한 지표를 갖고 양육과 교육에 대한 전체 밑그림을 그려야 한다.

마치 발달단계에 따라 예방접종을 하듯이 어느 시기가 되면 웩슬러 지능검사, TCI 기질성격검사나 심리검사, 그림검사 등을 통해 아이를 종합적으로 분석 파악할 기회를 가지는 것이 좋다.

또한 자신이 어떤 부모인지 아는 것도 중요하다. 학습에 무관심한데 주변에서 다 하니까 해야 되나 보다 생각하는 것은 아닌지, 아이는 재능에 한계가 있는데 아랑곳하지 않고 달달 볶는 것은 아닌지 부모도 자기 자신을 알 필요가 있다. 부모 자신이 무엇을 원하고 어떤 성향인지 파악이 되어야 아이와 잘 맞는 방식을 찾을 수 있기 때문이다.

부모양육태도검사Parenting Attitude Test는 부모의 양육태도를 8가지 분야에 걸쳐 검사하고 분석한다. 지지표현, 합리적 설명, 성취 압력, 간섭, 처벌, 감독, 과잉기대, 비일관성으로 분류하여 측정하는 자기보고식 검사이다. 검사결과를 통해 각 요인별 수준과 특징, 이상적 영역에 따른 종합 소견 및 제언을 제공한다(출처: 한국가이던스).

부모양육태도검사를 해보면 우리나라 부모들은 '비일관성' 항목이 대부분 높게 나온다. 어떤 날은 '건강한 게 어디야, 맨날 병원 신세 지는 것보다 튼튼하게 자라는 게 더 중요해. 지금은 공부보다 체력을 키워야 해.'라고 생각한다. 그러다 다음 날이 되면 '영어유치원 보내는 것도 아닌데 우리 아이만 뒤처지면 어떡하지? 안 되겠다, 학습지라도 해야지.'라는 식으로 오락가락하는 모습을 보인다. 자녀를 힘들게 만드는 부모 1순위는 일관성이 결여된 부모라는 점을 명심하길 바란다.

부모가 객관적 지표를 가지고 자녀를 제대로 파악해서 양육할 때에 일관성을 유지할 수 있다. 그 일관성하에 공부 로드맵을 그리든, 단기 목표를 세우든, 장기 전략을 짜든 뭐든 해볼 수 있을 것이다. 이 시기에 부모가 가장 먼저 할 일은 자신의 양육태도와 자녀의 성향을 객관적으로 파악하는 일이다.

책이냐 스마트 기기냐

책읽기는 문제 푸는 능력의 기초이자 두뇌 탄력성의 포문을 여는 가장 손쉬운 도구이다. 책읽기의 중요성은 부모들도 대부분 인지하고 있어서 유아기에는 되도록 많은 책을 읽어 주려고 노력한다. 초등학교 입학하기 전까지는 아이 두뇌가 활짝 열린 시기이기 때문에 어떤 형태로든 문자에 익숙해지도록 많은 책을 읽어 줘야 한다.

6, 7세에는 10~20분도 집중하기 어렵기 때문에 책을 읽어 주기 위해 1시간씩 아이를 붙들고 있어도 소용이 없다. 식은 시간이라도 정

해진 시간에 정해진 분량을 읽는 습관을 들이고, 조금씩 늘려 가면 되므로 처음부터 욕심 부릴 필요가 없다.

특히 한글책과 함께 영어책도 읽어 줌으로써 영어에 대한 친밀감을 높이면 좋다. 영어책을 읽어 주고 싶어도 발음이 좋지 않거나 영어에 자신이 없으면 읽어 주기를 망설이거나 등한시하는 부모가 많다. 하지만 다른 방법을 찾아서라도 읽어 줘서 영어에 친숙해지도록 해야 한다.

5세에는 일반유치원에 다니고, 6세부터 영어유치원으로 옮기려는 아이가 있었다. 6세부터 영어유치원에 보내려고 5세 때에는 엄마가 꾸준히 영어책을 읽어 주는 동시에 파닉스 학원에도 보냈다고 한다. 그런데 어느 날 파닉스 학원에서 전화가 걸려 왔다.

"어머니, 이제 영어책 안 읽어 주셨으면 좋겠어요."

그 말을 듣는 순간, 엄마는 자신의 한국식 발음이 아이의 영어 발음에 영향을 미친다는 걸 직감적으로 깨달았다고 한다. 이 엄마는 영어책 읽어 주기를 포기했을까? 아니다. 늘 아이와 책을 읽던 그 시간에 태블릿을 열고 학원에서 읽었던 대목을 한 번 더 들려줬다고 한다. 이 정도 마음가짐은 기본으로 장착되어 있어야 한다. 부끄러움은 잠시일 뿐, 늘 하던 시간에 어떤 방법을 동원해서든 공부를 이어 나가려는 자세가 부모에게 필요하다. 그래야 힘든 순간이 와도 자녀에게 대안을 제시하고 함께 고민할 수 있는 사이가 된다. 발음이나 해석에 자신이 없으면 전문가나 기술의 도움을 받으면 된다. 이렇게 노력하는 태도를 부모도 스스로 훈련해야 한다. 부모에게 공부 애착이나 학습동기가 있으면 자연스럽게 아이에게도 전달이 된다.

발음 때문에 고민이라면 음성지원이 되는 종이책을 활용해도 되고, 영상으로 보여 주는 방법도 있다. 시중에 나와 있는 영어 학습서에는 대부분 QR코드가 있어서 그 자리에서 찍어서 바로 들려줄 수도 있다. 어떤 방식으로든 영어책 읽기를 병행해 주는 것이 좋다.

많은 부모들이 스마트 기기를 학습에 활용하는 기준을 마련하기무척 어려워한다. 유아 전문가들이나 언론에서 스마트 기기를 하루몇 분 이상 보여 주지 말라고 하니 고심할 수밖에 없다. 심지어는 스마트 기기를 만든 사람도 자기 자식에게는 그것을 보여 주지 않는다면서 불안감을 부추긴다. 마치 스마트 기기를 쓰면 아이에게 해로운식품을 먹이고 있는 부모 같은 죄책감을 안긴다.

이론적으로 맞는 말인지는 모르겠으나, 현실적으로 스마트 기기를멀리하는 것은 거의 불가능하다. 우리 아이들 세대는 아날로그로 공부하는 세대가 아니다. 유치원에서조차 스마트 기기를 수업에 활용하고 있다. 나의 교육관과 맞지 않다면 안 할 수 있어야 되는데 안 할수가 없다. 이런 방식이 싫고 불안하면 스마트 기기 대신 다른 교육을선택할 여지가 있어야 하는데 그럴 수 있는 환경이 아니다. 스마트 기기는 부모가 임의로 선택할 수 있는 변수가 아닌 것이다.

사실 국제학교에서는 컴퓨터로 시험을 보는 경우가 늘어나는 추세인데 일반학교에서는 여전히 종이로 시험을 보고 있다. 우리 교육 환경은 종이책이나 아날로그 시스템의 거의 끝자락에 와 있다고 할 수있다.

이럴 바에야 오히려 스마트 기기에 대한 마인드를 오픈하고 이를 학습에 잘 활용하는 방법과 기준을 일찍 마련하는 것이 더 낫지 않을 까. 초등학교에서조차 파워포인트로 과제를 발표하는데 막연한 거 부감이나 불안감을 갖고 저항할 수 있겠는가. 빨리 익숙해지되, 스스 로 활용도와 시간을 배분할 수 있게 자기주도성을 키워 주는 쪽으로 나아가야 한다. 종이책으로 꼭 읽어 줘야 한다, 유튜브로 배워도 된다 등 가족이나 친구들과 갑론을박할 일이 아니다. 그 시간에 한글이든 영어든 문자에 익숙해지도록 한 문장이라도 더 읽어 줄 일이다.

아이는 부모의 시간과 돈을 쓰기 위해 태어난다

유아기 부모들과 상담할 때 가장 많이 받은 질문은 '아이 성향에 맞게 교육하려면 어떻게 해야 하느냐.'는 것이다. 부모와 아이가 서로 기질 이 다를 때, 주 양육자인 엄마와 아빠의 기대치가 서로 다를 때 부모 는 종종 갈피를 잃는다. 한 번도 경험하지 못한 길로 가는 데에 따르 는 두려움과 혼란은 누구나 겪기 마련이다.

초등학교 1, 2학년 아이를 하루 종일 차에 태워 다니며 엄청나게 사 교육을 시키는 부모들도 불안하기는 마찬가지이다. 나중에 아이가 공부에서 처지면 그게 자기 탓이 될까 봐 불안해서 뭘 더 해야 하느냐 고 자꾸 물어본다. 사회적으로 활동이 왕성하고 나름대로 교육관이 정립되어 있는 맞벌이 부모라고 해도 사정은 다르지 않다. 너무 바빠서 이 시기에 해야 할 것을 놓치면 어떡하나 불안해한다.

양쪽 모두 불안감을 가지기 이전에 간과하는 것이 있다. 부모들이 바라는 자기주도학습이 되는 자녀로 성장하고, 잔소리 없이도 상위권 성적을 유지하고 원하는 대학에 들어가려면 이 시기에는 부모의 시간을 필히 갈아 넣어야 한다는 것이다. 영혼이 아니라 시간을 갈아 넣어야 한다.

정해진 시간이 되면 스스로 하는 습관을 들이는 데에 반드시 부모가 함께해야 한다는 뜻이다. 유아기 아이가 정해진 시간에 혼자 책을 본다는 것은 있을 수 없는 일이다. 하루 10분 혹은 30분이라도 그 시간이 되면 당연히 책을 읽는다는 개념을 부모가 심어 주지 않으면 형성되지 않는다. 며칠만 정해진 시간에 책을 펼치면 아이들은 금세 그 시간에 적응한다. 말하지 않아도 같이 읽자며 책을 들고 온다. 아무리 바쁜 부모라도, 사교육을 많이 하고 있는 부모라도 제 3자가 아닌 부모 스스로가 '이 정도는 꼭 내가 해줘야 한다.'는 생각을 가지고 있어야 한다. 자기 시간의 일부를 아이의 자기주도학습 훈련에 투자해야 하는 것이다.

마냥 닥치는 대로, 내키는 대로, 기분 나는 대로, 체력 닿는 대로 어떨 때는 책을 읽어 줬다가, 어떨 때는 아이와 놀아 주다가, 지치니까 넘어갔다가, 또 어떤 날은 불안해서 많이 읽어 주다가 이러면 습관이 형성될 리 없다. 습관이라는 것은 거의 무의식적으로 그냥 당연히 하는 정도가 되어야 하고, 그 당연함이 몸에 배면 꾸준한 습관으로 거듭나는 것이다.

이 중요한 습관 형성에 부모가 함께 시간 투자를 안 해놓고 초등학교에 들어가면 '내가 엄마표를 했는데 안 되더라, 습관이 안 잡힌다, 아이가 혼자 공부를 못 한다.'는 등의 이유로 학원에 맡기고 불안을 계속 안고 가는 경우가 흔하다. 자기주도학습의 습관 잡기가 얼마나 힘든 것인데 너무 쉽게 생각하는 것이다.

성인도 한 가지 일을 꾸준히 하는 것이 힘든데, 어디로 튈지 모르는 개구쟁이들의 공부 습관 잡기가 저절로 될 리 없다. 어느 시간대에는 영어공부는 꼭 한다, 매일매일 이 시간에 이 정도 수학문제는 꼭 푼다든지 하는 것들을 같이 실천해야 한다. **반드시 부모가 일정 시간을 투자해서 어릴 때부터 공부 습관을 잡아 주는 과정이 필요하다.**

아무런 시간 투자와 노력 없이 맨땅에서 갑자기 자기주도학습 루틴이 형성되기를 바라는 부모들이 많다. 의식적으로 노력하지 않고 저절로 되기를 바란다면 차라리 축복을 기도하는 게 더 빠르다.

초등학교 입학 전에 해야 할 세 가지

부모의 시간 투자에 힘입어 아이가 공부 습관이 들면 좋겠지만 그렇지 않은 아이도 많다. 이런 성향을 일찍 파악했다면 억지로 시키면서 스트레스를 줄 필요는 없을 것이다. 하지만 억지로 시키지 않고 아이에게 맞춘다 해도 초등학교 입학 전에 꼭 마쳐야 할 기본적인 공부는 있다.

최소한 영어, 한글, 연산 세 가지는 갖춰서 입학시키는 게 좋다. 통상 영어 파닉스, 사고력 수학, 한글 독서 프로그램 정도는 평범한 수준에서 교육하는 것들이다.

학년이 올라갈수록 공부 격차가 심해진다고 생각하면 오산이다. 공부 격차가 가장 심한 출발선은 초등학교 1학년 교실이다. 한글을 읽고 쓸 줄 아는 아이와 한글을 모르고 입학하는 아이 사이에는 학업 수행능력이 거의 2학년과 1학년이 한 교실에 있는 것만큼 차이를 보인다. 숫자를 아는지, 연산이 되는지, 연산을 해도 두 자릿수인지 세 자릿수인지에 따라 계속 한 학년 수준의 격차가 벌어진다.

요즘 이런 경우는 거의 없지만 숫자만 알고 들어온 아이와 123＋456＝579, 123×456＝56,088이라는 것을 아는 아이가 한 교실에서 같은 선생님의 수업을 받는 것이다. 영어도 영어유치원에 다닌 아이와 알파벳만 알고 들어온 아이는 그 격차를 여간해서는 좁히기 어렵다.

글자를 몰라서 책도 못 읽어, 숫자는 헤아릴 줄만 알고 연산을 못해, 영어는 입도 벙긋 못하는 아이와 이 모든 것을 자연스럽게 수행하는 아이가 한 교실에서 같은 선생님의 수업을 받고 있다. 그러니 한글로 글자를 읽고 쓰는 것, 수학 연산, 영어 파닉스 같은 최소 학습수준은 마련해서 초등학교에 입학하라는 것이다.

6, 7세는 다양한 교육을 어느 정도 접해 보고 아이가 어떤 과목을 선호하고 어떤 방식을 잘 받아들이는지 알아가는 시기이다. 다른 집 아이가 한다고 해서 즉흥적으로 우리 아이도 시작하는 일은 삼가야 한다. 그보다는 15년 혹은 20년 교육의 큰 줄기인 국영수, 즉 한글, 영

어, 수학을 어떻게 이어갈지에 대한 밑그림을 그리는 게 필요하다. 동시다발적으로 너무 많은 것을 주입시키려 드는 것은 위험하지만, 사고력 수학도 보내 보고 연산학습지도 시켜 보면서 아이를 알아가는 시기라고 생각하면 좋을 것 같다.

전혀 수학적 사고가 안 되는 아이라면, 무엇을 잘하는지 이 시기에 적극 탐색해야 한다. 의대나 치대를 보내겠다고 어릴 때부터 엄청난 사교육에 노출시켰지만 중·고등학교에 올라가면 성적이 시원찮아서 상담하러 오는 경우가 부지기수이다. 이런 경우는 대개 수학적 사고가 안 따라 주는데, 그걸 모르고 의대에 보내겠다고 10년씩 사교육비만 엄청나게 부은 뒤이다.

좋은 직업을 가지는 데에 의대라는 한 가지 길만 있는 것도 아니다. 언어감각이 탁월한 아이라면 영어유치원, 국제중학교, 외국어고등학교(이하 외고), 로스쿨로 이어지는 문과 로드맵을 그려 볼 수 있다. 경제적으로 자유로운 편이라면 국내외에서 운영하는 인가, 비인가 국제학교를 거쳐 해외대학에 입학하는 좀 더 글로벌한 로드맵도 구상해 볼 수 있다. 어떤 아이인지 빨리 알수록 시간과 비용, 체력을 모두 효율적으로 배분할 수 있다.

엄마표 학습으로 공부 정서 만들기

다양한 체험과 수많은 공부를 모두 사교육으로 해결하려 들 필요는 없다. 기본적으로 엄마표 학습을 지지하는 입장에서, 여건이 된다면 엄마표 학습은 매우 유용한 선택이라고 생각한다. 하지만 이 선택에는 아주 중요한 전제조건이 있다. 아이가 엄마표 학습만 해도 될 만한 기질과 성향, 학습의욕과 지능을 갖고 있을 때 가능하다는 것이다. 엄마가 가르쳐서 반응을 보면 금세 알 수 있다.

엄마는 양육과 교육을 병행해야 하지만 학습 전문가는 아니다.

"왜 이걸 못 알아들어, 다시 해 보자."

이런 말을 두어 번만 반복하면 아이는 벌써 반작용으로 몸을 뒤틀기 시작한다. 그런데도 마치 엄마표 학습이 모성애와 교육열의 표상이기라도 한 듯 매달린다면 그것은 아이를 위한 것이 아니라 엄마의 안심을 위한 엄마표로 끝날 공산이 크다.

그럼에도 엄마표 학습은 그 누구도 대신할 수 없는 한 가지 긍정적인 요소가 있다. 학습효과는 둘째치고 이것 때문에 엄마표 학습은 시도할 만한 가치를 가진다. 바로 아이의 '공부 정서를 안정시킨다'는 점이다.

평소에 놀 때는 잘 놀다가 공부하자는 소리만 나오면 퍼지는 아이들이 얼마나 많은가. 공부 정서는 공부를 대하는 아이의 심리적 정서적 태도를 의미한다. 공부 정서가 안정된 아이는 공부하자는 소리에 대한 거부감이 없고, 더 놀고 싶은 마음을 억누르고 책을 펼 수 있는 절제력이 있다. 몇 번씩 말해야 겨우 책상에 앉는 게 아니라 말하기도 전에 책상에 앉아서 책을 펴고 있다. 당장은 성적이나 학습 결과가 좋지 않아도 태도가 이러하면 처진 과목이나 진도를 빠르게 따라잡을 수 있다.

　이런 공부 정서를 만들어 줄 적절한 도구가 바로 엄마표 학습이다. 엄마표 학습으로 좋은 결과를 얻은 아이는 엄마와 공부하는 것이 좋은 경험으로 각인되어 있다. 엄마표 학습을 통해 끈끈한 유대감이 맺어져 '엄마는 나를 지지하고 있어, 그래서 나는 잘 할 수 있어.'라는 생각을 갖게 되는 것이다. 화내지만 않는다면, 아이가 실수하고 번복하고 다시 하는 그 과정을 기다리고 지지해 줄 수만 있다면, 엄마표 학습은 분명 공부 정서를 만드는 훌륭한 도구가 된다.

　그런데 왜 엄마표 학습을 실패하고 끝내는 학원행이 되는 것일까. 엄마의 근거 없는 자신감 때문이다. 아이와 가장 많은 시간을 보내기에 아이를 가장 잘 파악하고 있다는 주관적 자신감을 보인다. 객관적인 이해가 없이 주관적인 해석, 판단, 언어로 아이를 끌고 가려고 한다. 아이는 정서적인 유대감을 원하는데 엄마는 학습목표를 이루기에 급급한 나머지 그 시간이 지루한 공부시간이 되어 버리는 것이다. 게다가 기질적으로 엄마와 안 맞는 아이도 있다.

　객관적인 지표로 아이를 판단하지 않기 때문에 이런 실패 사례가 속출한다. 내 눈에 내 자식이 영리하고 똑똑하다는 정도에서 판단할 뿐, 다중지능검사까지는 하지 않고, 아이의 성향도 잘 모른다. 기질이나 성격을 모른 채 옆집 아이가 ○○영어 하니까 우리도 ○○영어로 해보자 하고 시작하고, 공부는 공부대로 이뤄지는 게 없는 채 시간만 흐른다. 따라서 학습은 전문가로부터 배우고 엄마는 보조적 역할만 하는 것도 한 가지 방법이다.

엄마표 학습에서 기억할 것은 두 가지이다.

첫째, 공부 정서를 안정시킨다.

둘째, 잘 안 된다는 느낌이 들면 빨리 다른 방법을 찾아야 한다.

속도에 연연하지 않기

강남이 대한민국의 공부나 입시의 흐름을 주도하고 있음은 부인할 수 없는 사실이다. 대치동을 바라보면 생각이 많아진다. 선행이나 사교육 수준이 눈에 띄게 올라가고, 수행하는 아이의 나이는 점점 어려지고 있다. 초등학교 5학년에 고등학교 수학을 선행하는 아이가 등장하면 '우리 아이는 초등학교 4학년에, 3학년에, 2학년에……' 이런 식으로 경쟁이 가속화된다. 6세인데 분수와 소수점까지 선행하는 아이를 목격한 적도 있다.

이런 선행을 차마 추천할 수는 없다. 아이마다 공부 성취감과 적정 공부 나이가 따로 있기 때문이다. 6세 아이가 소수점과 분수를 해낼 수 있다 하더라도, 그 아이는 자기가 풀고 있는 문제가 어떤 의미인지 모른다. 성취감은 어려운 것을 해냈다는 자기 만족감이다. 의미를 모르면 성취감을 느끼기 어렵다.

왜 하는지는 모르지만 엄마가 시켜서 하고, 그 강도와 속도로 계속 달리다 보면 번아웃을 겪고, 잠시 주춤 하는 사이에 자기보다 느렸던 친구가 치고 나가고, 좌절감을 겪고, 공부에 손을 놓는, 불 보듯 뻔한 일련의 과정이 기다리고 있다. 중학생이 되면 '아무리 시키려고 해도 애가 안 해요.'라고 말하는 부모들을 자주 만난다. 왜 그렇겠는가. 너무 무리한 선행은 오히려 안 하느니만 못한 결과를 초래한다. 아이를 키우다 보면 아무리 학습을 시키고 학교를 보내고 학원을 보내도 내 뜻대로 안 되는 경우가 많이 생긴다. 그러면 부모는 당황한 나머지 다시 비일관적인 태도를 취하고 만다. 미안하다 했다가, 사랑한다 했다가, 샤우팅 했다가, 후다닥 다그치면서 어떻게든 아이를 공부하게 만들어 보려고 애쓴다. 하지만 그게 결국에는 씨앗이 되어 중2병의 싹이 된다.

중요한 것은 점점 빨라지는 이 추세에 올라탈 것인가 말 것인가, 어디까지 시킬 것인가 등 부모의 일관된 교육관을 하루 빨리 정립하는 것이다. 그래야 돈과 시간 모두 효율적으로 관리할 수 있다.

내 아이가 진득하게 주의력을 쌓아서 꼼꼼하게 읽고 손으로 풀고 끝까지 답을 구하는 자기주도성의 싹을 보이면 얼마나 좋겠는가. 공부에 애써 동기부여를 하지 않아도, 우왕좌왕하지 않고 안정적으로 척척 실행하는 모습을 모든 부모들이 원한다. 하지만 이런 아이는 공부 기질을 타고난 아이이다. 공부 기질이 있는 아이에게 주마가편走馬加鞭하면 부모가 바라는 성장이 이뤄지는 것이지, 타고나기를 툭툭 튀는 천방지축 기질로 타고났는데 공부로 이끌려고 하면 서로 불꽃이 튈 수밖에 없다.

따라서 유아기에는 내 아이가 어떤 유형인지 파악하고, 기본적으로 갖춰야 될 학습적 태도를 안착시켜 주려는 부모의 절대적인 노력이 요구된다.

당신은 어떤 부모인가?

비일관성이 수시로 작렬하는 열정형인가? 뭐든 닥치는 대로 시켜보고 "미안해, 고마워, 사랑해."를 오가며 혼자 난리 법석을 피우는 부모가 되고 싶지는 않을 것이다.

원하는 결과가 안 나오면 처벌하는 교도관형인가? "내 이럴 줄 알았어. 하라고 할 때 하지 여태까지 뭐했어, 아이고 속상해." 소리치면서 그 어떤 지지나 설명도 없이 아이를 다그치는 부모도 되고 싶지 않을 것이다.

결과에 상관없이 내 새끼 예쁘기만 한 조부모형인가? "뭘 이렇게 열심히 해, 쉬엄쉬엄 쉬면서 해." 간섭도 안 하고 처벌도 안 하고 봐주기만 하는 것을 언제까지 할 것인가?

열정, 사랑, 지지, 보상, 처벌 모두 내릴 줄 알아야 진정 자녀를 공부하게 이끄는 부모가 될 수 있다.

초등학교 1, 2학년에
가장 중요한 것은?

하루 공부 루틴을 형성하고
책읽기를 통해
어휘력을 축적해야 할 때입니다.

만화책을 읽어서라도 어휘력을 쌓기

초등학교 1학년 교실은 정규 교육과정 첫해이기 때문에 아이마다 수준 차이가 심하다. 부모의 교육관에 따라 교실에 들어서기 전까지 학습 정도가 저마다 다르다. 학년이 올라간다는 것은 이런 격차가 점점 좁혀지다가 크로스를 찍고 다시 벌어짐을 의미한다. 뒤처진 줄 알았던 아이가 상승세를 타고, 뛰어난 줄 알았던 아이가 평범한 수준에서 정체되는 등 엎치락뒤치락한다.

내 아이가 골든크로스를 찍느냐 데드크로스를 찍느냐는 초등학교 1학년 책읽기에서부터 서막이 열린다. 사실 초등학교 1학년은 책읽기에만 몰두해도 큰 문제가 되지 않는다. 오히려 책읽기가 1학년 공부의 전부라고 해도 지나친 말도 아니다.

논리적인 글쓰기는 좀 더 학년이 오른 뒤에 해도 되지만, 책읽기나 글읽기를 통해 의미를 파악하는 힘은 이때 길러줘야 한다. 어휘력과 배경지식에 따른 문장 이해는 수많은 책읽기를 통해 자연스럽게 형성된다. 왜 그 단어를 썼느냐고 물으면 명확하게 설명하지는 못해도 적재적소에 맞는 단어를 골라내는 힘 같은 게 길러지는 것이다.

초등 저학년 교실에서 아이가 산만해질 때에는 두 가지 원인이 있다. 어휘력이 부족해도 그렇고, 지나치게 선행이 되어 있어도 그렇다. 어휘력이 부족하면 수업을 따라갈 수 없어서 집중력이 떨어져 다른 생각에 빠지기 쉽다. 급기야는 손을 들고 화장실 가고 싶다고 하거나 자리에서 일어나 돌아다니는 아이도 있다.

선행을 너무 많이 한 아이는 학교수업이 시시해진다. 학교 선생님은 어쩔 수 없이 교육과정에서 정한 학습목표대로 수업을 할 수밖에 없다. 일대일 맨투맨 매칭 수업이 아닌데 어떻게 아이들에게 수준별 수업을 해줄 수 있겠는가. 수업이 시시하면 또 딴생각을 하고 집중력이 떨어진다. 아이러니하지만 심하게 모자라는 아이와 심하게 넘치는 아이가 비슷한 행동양상을 보이는 것도 초등학교 1학년 교실의 특징이다.

이 둘을 다 커버할 수 있는 것이 책읽기이다. 빠른 아이는 더 이상의 선행보다는 책읽기에 집중하고, 더딘 아이는 책읽기를 통해 사고력과 집중력을 키워줘야 한다. 소위 말하는 다독이 제일 권장되는 시기이다.

지역 커뮤니티나 교육 정보 온라인 카페를 중심으로 읽어야 할 책 리스트 같은 것이 떠다니지만 그대로 따라 할 필요는 없다. 역사책도 좋고 위인전도 좋고 과학만화도 좋다. 공룡이나 비행기, 무기에 관심이 많으면 그 주제의 책을 읽도록 시간과 책을 주면 된다. 다만 편향된 독서만 아니면 된다.

닥치는 대로 읽다 보면 어느새 아이 머릿속이 어휘로 채워지고, 그 어휘는 언제 어디에서 툭 튀어나올지 모른다. 단기기억이 아니라 장기기억의 창고에 쌓이는 것이다.

읽기 독립을 할 나이

아이가 책을 읽지 않는다고 해도 읽어 주는 일은 서서히 줄여 나가야 한다. 가벼운 감기나 배탈이 나서 혼자 읽기 힘든 상황이 아니라면 스스로 책을 잡을 수 있게 유도해야 할 시기이다. 소탐대실이라고 영원히 책읽기 습관이 안 붙을 수도 있기 때문이다.

읽기 싫어한다고 해서 계속 책을 읽어 줘 버릇하면 책은 으레 엄마가 읽어 주는 것으로 생각해 버린다. 스스로 읽는 습관을 형성하지 못한 채 학년이 올라가고 학습량이 많아지면 책은 저 멀리 밀려나게 된다. 게다가 엄마가 읽어 주었으니 자기 것이 될 리가 없다.

"○○아, 오늘부터 네가 읽어. 그래야 된대."

이렇게 말하면서 느닷없이 혼자 책읽기를 강요하면 역효과가 나기 쉽다. 아이들은 갑작스런 변화에 충격을 받는다. 책읽기 독립을 수면독립처럼 여기면 인내심이 생긴 것이다. 여러 번 실패를 거듭할 수도 있다. 하지만 혼자 자기 무섭다고 해서 중학생이 되어서도 한 침대에서 자는 경우는 드물다. 이처럼 언제부터인지는 모르지만, 어떻게 되었는지도 기억에 가물가물해지겠지만, 책읽기도 서서히 그리고 혼자만의 기쁨으로 독립하게 될 것이다.

그래야만 혼자 한 권을 다 읽었다는 성취감이 생기고 다음 책을 찾아 읽게 되고, 스스로 독서하는 자립심과 끝까지 읽는 지구력이 길러진다. 비록 얇은 책이라 할지라도, 한 권을 끝까지 읽어 내는 완수감, 지구력 이런 것은 공짜가 아니다. 수많은 시도와 인내로 얻어질 뿐이다.

이 단계에서 한 권을 완독하는 습관을 붙이지 못하고, 엄마가 읽어주는 것도 원치 않고, 자기가 읽는 건 더더욱 싫어하면 논술학원이나 독서 프로그램의 도움을 받아야 한다. 꼭 그렇게까지 해야 하냐고 묻는다면 '당연히!'라고 답할 수밖에 없다. 그만큼 이 시기의 '혼자 책읽기'는 꼭 해야만 하는, 그렇게 해서라도 습관을 들여야 할 정도로 중요하다.

수학도 사고력 수학과 연산, 교과서 수학, 영어도 4대 영역 골고루 해야 하니까 시간은 없고, 한글을 모르는 것도 아닌데 책읽기는 대충 패스, 이러면 점점 더 책읽기는 힘들어진다.

읽기 독립은 '문해력文解力'만큼이나 중요하다. 읽기 독립에서부터 스스로 공부하는 자기주도학습능력이 싹트기 때문이다. 많은 책을 스스로 읽고 모르는 것은 뭔지 물어보면서 문자와 친밀감이 쌓이도록 자꾸 자극을 줘야 한다.

수학은 공부와 입시의 기준

수학은 하나를 알기 전에는 두 개를 알 수 없는 과목이다. 국어나 영어는 하나를 몰라도 진도는 나갈 수 있다. 하지만 수학은 하다 보면 문리文理가 트이는 과목이 아니다. 아무리 일찍 시작해도 앞 단계를 모르면 수포자가 되고 만다. 긴 입시 레이스에서 가장 큰 걱정거리는 아무래도 '수포자가 되느냐 마느냐'이다.

우리나라 입시에서 수학의 지위는 절대적이다. 상위권 대학뿐만 아니라 입시 관문을 무사히 통과하려면 수학은 포기해서도 안 되고, 포기할 수도 없는 과목이다.

'우리 아이는 문과 성향이니까 수학은 뭐⋯⋯.'라고 막연히 안도하는 부모일수록 이 점을 기억해 둬야 한다. 현재 그리고 2028년부터 적용되는 입시는 문이과 통합이고, 이 말은 곧 '공부 잘하는 이과형' 아이에게 유리하다는 의미이다.

최근 사교육 연령대가 점점 낮아져 만 4세부터 수학과외를 받는 경우가 늘고 있다. 동아일보가 "국회 교육위원회 소속 강득구 더불어민주당 의원, 교육 시민단체 '사교육걱정없는세상'과 함께 초1 자녀를 둔 학부모 1만 1,000명을 대상으로 2023년 5월 16~29일 실시한 설문조사에서 초교 입학 이전에 수학 사교육을 처음 시작한 비율은 70.6퍼센트로 영어(61.3퍼센트)를 앞섰다."고 보도했다.

이런 기사를 접하면 아차 싶은 마음과 함께 조급해지기 마련이다. 다행인 것은 수학은 계속 새로운 것을 주입하는 게 아니라, 어느 단계에서는 했던 것을 반복하면서 난이도를 올려 나가기 때문에 수학을 대하는 공부 자세나 계획만 잘 잡으면 아이에 따라서는 수월한 과목이 될 수도 있다는 것이다. 미리 수포자를 걱정하지 않아도 된다.

고교학점제 전면 실시를 앞두고 혼란이 계속되는 것만 보아도 교육제도의 변화가 얼마나 심한지 느껴진다. 수많은 제도 변화 속에서도 상위권은 늘 정해져 있다. 기초가 튼튼하고 수학을 포기하지 않는 아이들이 상위권에 올라선다. 결론은 항상 똑같다. 공교육 커리큘럼을 누가 더 빨리 많이 완벽하게 마스터하는가가 관건이고, 그중에서도 첫 번째가 수학이다.

[초등학교 수학 선행 예시]

	최상위 수학 선행 예시	수학 선행 권장 과정
4세	인기 사고력 수학학원에 입학하기 위해 수학 시작.	숫자 깨치기.
5, 6세	인기 사고력 수학학원 입학, 연산 수학학원 병행, '최상위 선발 시험' 준비 및 초등 교과수학 시작.	두 자릿수 연산. 사고력 수학 프로그램.
초등 저학년	경시대회 및 영재교육원 대비, 심화 학원이나 최상위 선행학원 수강.	사고력 수학 프로그램 완료.
초등 고학년	중학교 과정 선행, 빠르면 고등수학도 시작.	사칙 연산 완벽 마스터. 중학교 수학 1학년 과정 맛보기.

사고력 수학을 왜 해야 하는가

초등학교 1, 2학년 수학에서 꼭 짚어야 할 부분은 '연산'과 '사고력 수학'이라는 두 개의 큰 축이다.

사고력 수학은 문제풀이를 기계적으로 하는 것이 아니라 문제를 다각도로 바라보고 생각을 유도한다. 연산은 말 그대로 기계적으로 문제를 풀어 나가는 능력인 계산력을 키우는 것이다.

사고력 수학은 도움이 된다는 부모와 시간만 아깝다는 부모로 양분된다. 시간만 아깝다는 견해를 가진 분들은 그 시간에 연산을 완벽하게 하는 것이 더 중요하다고 주장한다. 물론 연산은 중요하다. 수학에서 연산이 안 되면 한 발자국도 앞으로 못 나간다.

따라서 연산 대신 사고력 수학이 아니라 두 개를 병행할 필요성이 있다고 말씀드리고 싶다. 사고력 수학은 초등학교 1, 2학년이 아니면 할 시간이 별로 없다. 다른 과목들과 병행하고, 체력 보강을 위한 운동까지 시간을 배분하면 사고력 수학을 할 수 있는 시간은 최대한 잡아도 초등학교 3, 4학년까지이다.

그럼 사고력 수학은 왜 필요할까.

첫째는 초등학교 저학년 수학에서 연산을 제외한 대부분 교과과정은 사고력 수학과 깊게 관련되어 있기 때문이다. 예를 들어 초등학교 2학년 1학기 수학에서는 '측정과 도형'이라는 단원으로 다양한 난위를 익히고, 원과 다각형을 배운다. 사고력 수학이 직접적으로 교과서에 등장하지 않지만, 사고력 수학을 배운 아이들은 '측정과 도형'이라는 딱딱한 개념을 이미 다양한 방법으로 접한 뒤라 교과과정을 매우 쉽게 받아들인다. 사고력 수학이 교과서 수학과 연관성을 보이는 것은 초등학교 저학년까지이다.

둘째는 현행 학습평가 방식은 과정 중심의 수행평가가 반드시 포함되기 때문이다. 학습결과는 지필평가를 통해 측정하고, 학습과정은 수행평가를 통해 측정한다. 개념을 잘 파악하고 활용하고 창의적으로 사고하는지 측정하는 것이다. 초등학교 수학 수행평가는 사고력 수학을 경험한 아이들에게는 낯설지 않다.

셋째는 어려운 심화과정의 문제를 이해하는 능력을 어떻게 배양해 줄 것인가와 연관이 있기 때문이다. 사고력 수학에서는 사물과 사물의 연관관계와 구조, 이치를 통합적으로 이해해야 풀 수 있는 문제들을 가르친다. 생각해서 답을 구해야 하고 이치에 맞아야 한다.

전체를 파악하고 문제가 요구하는 답에 접근하는 능력을 미리 키우는 것이 사고력 수학이다. 고등학교 수학에서는 연산능력과 수식 능력이 복합적으로 요구된다. 한 단계 더 나아가 경시대회용 문제나 심화문제는 더 높은 수준의 문제해결 능력을 요구한다.

어렸을 때 연산만 익힌 아이와 사고력 수학을 접한 아이가 나중에 어떤 차이를 보이는지 알면 사고력 수학을 할 것인지 말 것인지 선택하기 쉽다. 겉으로 드러나는 눈에 띄는 효과를 바란다면 사고력 수학은 시간만 아깝다는 생각을 할 수도 있다. 하지만 고등학교나 입시에서 수학 고득점을 바란다면 사고력 수학은 분명 그 역할이 있다.

연산은 수학의 불씨

연산은 문제풀이량에 해법이 있다. 학원가에서는 '양치기'라는 표현을 쓰기도 하는데, 한 단원당 세 번 네 번 많게는 다섯 번까지 교재를 바꿔 가면서 문제를 푸는 것을 말한다. 초등학교 저학년에서는 다양한 문제를 많이 풀어서 연산을 완전히 숙지한 다음, 속도감 있게 계산하는 능력을 갖추어야 한다. 따라서 학원에서는 계속 문제풀이를 해서 그 능력을 올리는 방법을 택한다.

연산은 수학의 '불'이다. 인류의 발전을 가져온 것이 불의 출현과 함께이듯이, 연산이 안 되면 수학은 더 이상의 발전이 없다.

연산력을 높일 때 유의할 점은 '아는 문제인데 틀렸다'는 말이 안 나오도록 하는 것이다. 수학에서 아는 문제를 틀린다는 것은 계산에서 실수한다는 의미이다. 문제 유형에 익숙해지고 속도가 붙으면 실수가 발생할 가능성이 있기 때문에 주의를 기울여야 한다. 실수하는 습관이 생기면 고등학교 수학을 풀 때 쉬운 문제를 틀리기 십상이다. 시간은 모자라고 마음은 급하고, 킬러문항은 뒤에 있다. 그러다 보면 앞에 있는 쉬운 문제는 직관적으로 풀고 넘어가게 된다. 그러면 길러문항이 아니라 앞에서 푼 아는 문제, 쉬운 문제를 틀리게 된다.

연산문제를 풀 때 아이가 실수하는지, 실수를 한다면 어느 파트에서 하는지, 문제를 푸는 어떤 환경에서 실수하는지, 집인지 학원인지, 시험 볼 때인지 연습문제 풀 때인지 미리 파악해서 대비해야 한다.

또 한 가지 주의해야 할 것이 있다. 집에서 엄마표로 수학 선행을 하고 초등학교에 입학하면 첫 시험에서 실망스러운 점수를 받아오는 경우가 있다. 엄마와 정서적 유대가 깊을수록 엄마와 함께 있을 때 안정된 실력을 발휘하기 때문이다. 엄마표로 공부하더라도 학교시험을 보는 환경을 연습해서 아이가 긴장해서 실수하는 일이 없도록 주의한다.

진득하게 앉아서 문제 하나를 풀더라도 끝까지 푸는 아이라면 주변의 빠른 속도에 흔들리지 않고 기본 개념부터 차근차근 쌓아 올리는 플랜을 짜도록 한다. 시간은 오래 걸려도 부모가 조급함을 버리면 결과가 좋은 유형이기 때문이다. 목표를 먼저 설정하고 도달하기까지 끊임없이 풀어 가는 기계적 연산을 가르치는 곳도 있다. 아이의 성향과 스타일에 맞게 어떤 학습을 선택할지 신중하게 고르기 바란다.

초등학교 저학년 때부터 벌써 수포자 기미를 보이는 것은 '재미가 없기' 때문이다. 풀었다는 성취감이 재미를 느끼게 하고, 그 재미가 다음 문제를 풀게 하는 원동력이 된다. 기계적으로 푸는 연산이 싫은 친구들은 사고력 수학으로 재미를 느끼게 해주고, 반대로 머리 쓰는 것을 싫어하는 친구들은 연산에 집중해서 수학으로부터 달아나지 않게 붙잡아 둬야 한다.

초등 저학년에서 선행을 한다면 교과서 기준으로 한 학기 정도만 선행하는 것이 바람직하다. 대치동에서 극강 선행을 하는 경우 초등학교 1, 2학년에서 중등수학을 마스터하기도 한다. 일반적이지는 않지만 이런 경우 염려되는 것은 사춘기와 번아웃이다. 부모 마음과 달리 잘 따라오던 아이도 지루하게 반복되면 수학에 아예 흥미를 잃기도 한다.

학군지처럼 학원 인프라가 풍부하지 않은 곳이라면 학원을 찾기가 쉽지 않을 것이다. 그렇다 해도 포기하지 말고 온라인 강의나 시중에 나와 있는 문제집을 이용해서 사고력 수학과 연산을 꼭 병행하기 바란다.

영어의 4대 영역, 엄마표라도 괜찮아

초등학교 입학 전에 영어를 어느 정도 해야 할까.

대치동에서부터 제주도까지 강연을 다니다 보면 본격적인 학교영어를 앞둔 부모가 꼭 하는 질문이다. 영어가 워낙 대세이고, 거의 제2모국어 같은 수준으로 구사하는 아이들이 많다 보니 처음 영어를 어떻게 시작하고 각 학년별 수준이 어느 정도에 도달해야 하는지 가이드라인을 얻고 싶어 한다.

부모의 교육관과 사는 지역, 경제 수준에 따라 욕구도 다 다르기 때문에 "최상위 대치동 수준은 이 정도입니다."라고 답할 때도 있고, 지방이라도 대구 수성구나 광주 상무지구, 부산 해운대처럼 학군지가 형성된 곳에서는 그 지역 특성에 맞게 답할 때도 있다.

그러나 어떤 환경이든 공통적으로 놓치지 말아야 할 것이 있다. 영어가 교과목으로 시작되는 초등학교 3학년까지는 '영어는 재미있고, 흥미롭고, 내가 잘하는 것'으로 인식되어야 한다는 것이다. 영어는 국어 다음으로 가장 많이 쓰고, 실용성이 강하고, 잘하는 경쟁자들이 너무 많기 때문에 중도에 하차를 할 수가 없다.

우리나라는 영어가 ESL(English as a Second Language, 제2언어로서의 영어)이 아닌 EFL(English as a Foreign Language, 외국어로서의 영어) 환경이다. 즉 인도나 필리핀처럼 일상생활에 영어를 자연스럽게 사용하는 나라가 아니기 때문에 한 번 삐끗하면 영영 말문이 막힌다.

게다가 중학교 교과영어부터는 입시영어라서 완전히 다른 방법으로 공부해야 한다. 영어를 모국어로 쓰는 외국인들조차 풀기 어려운 영어문제를 풀어야 하는 난관에 직면하는 것이다. 단기 승부가 통하지 않아서 입시를 앞두고 영어를 포기하는 경우가 수학보다 더 많다.

초등학교 3학년에 교과영어가 시작되면 어떤 형태로든 평가를 하게 되고, 이 과정에서 아이들은 스스로 자기 수준에 대한 인식이 생긴다. 그때까지 '나는 영어 잘하는 아이'라는 자부심을 계속 지니고 있어야 한다.

처음 교과서로 배우는 영어는 어릴 때부터 영어에 친숙해진 아이들에게는 껌 수준이다. 몇 살이다, 할 수 있다 같은 비교적 간단한 문장을 익히는데, 파닉스를 뗀 아이라면 누구나 할 수 있는 쉬운 내용이다. 교육부가 제시하는 초등 기본 영어단어는 800개에 불과하다.

이 시기에는 자부심이 전부이다. 우리 반에서 내가 영어를 제일 잘해, 선생님이 시키는 것은 다 할 수 있어, 4학년보다 내가 더 잘해 등등 영어에 대한 프라이드가 생기면, 아이는 중·고등학교에 가서도 영어를 놓치지 않으려고 스스로 공부한다. 하지만 다른 과목과 마찬가지로 영어도 초반에 기선 제압이 안 되면, 아무리 습관을 들이고 시간을 투자해도 효과를 거두기 어렵다.

초등학교 저학년까지는 무조건 즐기는 영어로 흥미를 유지시키는 것이 제일 중요하다.

IT 강국답게 무료 학습 정보가 곳곳에 넘치기 때문에 영어학원에 보내지 않아도 꾸준한 학습이 가능하다. 듣기, 말하기, 읽기, 쓰기 4대 영역을 골고루 학습시키는 데에는 주 양육자의 발품이 필수적이다. 실제 노부영(노래로 부르는 영어)이나 유튜브, 무료 영어 앱으로 초등학교 4학년까지 엄마표 영어로 4대 영역과 필수단어 등을 마스터하는 학생은 꽤 많다. 이는 선행까지는 아니고, 흥미를 잃지 않게 하는 방법이다. 이 방법은 어디까지나 무리하지 않는 평범한 수준을 뜻한다.

이 이상으로 아이가 영어를 좋아하고, 문과 성향이 엿보이고, 외고를 보낼 생각이 있다면 이 정도만 준비하면 곤란하다. 보다 수준 높은 선행을 원한다면 학원을 선택할 수밖에 없다. 대치동 로열코스라고 해서 영어유치원, 초등의대반, 특목자사고(특수목적고, 자율형사립고등학교, 이하 특목자사고)를 꿈꾸는 부모들이 있다. 영어유치원은 현 정부에서 유아영어학원으로 명칭을 바꾸라고 계도 숭이지만 엄마들에게 세는 영어유치원이 더 익숙하다.

아직 모국어도 풍성해지지 않았고, 비용도 부담되는 영어유치원을 무리해서 보내는 것은 효과가 그만큼 크기 때문이다. 초등학생 학부모와 상담할 때 영어유치원 안 보낸 것을 후회하는 부모는 많았지만, 영어유치원 보낸 걸 후회하는 부모는 거의 없었다.

영어유치원을 선택하는 이유

영어유치원을 선택하는 가장 큰 이유는 일반유치원에서 습득하는 영어와 차원이 다르기 때문이다. 일반유치원에 다니면서 영어학원이나 애프터프로그램 하나 정도 하면 길어야 하루 한두 시간 영어를 접하지만, 영어유치원에서는 대부분 활동과 수업이 영어로 진행되기 때문에 ESL 환경이나 차이가 거의 없을 정도로 노출된다. 조기유학 보냈다고 생각하고 영어유치원을 보내는 부모는 상당히 많다.

영어유치원이 정답은 아니다. 교육전문가로 활동하고 있지만 내 아이도 영어유치원에 보내지 않았다. 부모 입장에서 판단할 때 내 아이는 영어유치원을 안 보내는 편이 더 나을 것 같았고, 교육전문가로서도 실제 영어유치원을 꼭 보내야 한다는 입장도 아니다. 영어유치원과 유사한 환경을 부모가 만들어 줄 수 있다면 엄마표 영어도 충분히 해볼 만하다.

영어유치원의 맹점은 유치원에서 그 교육이 끝난다는 데에 있다.

4대 영역에서 자유롭게 영어와 호흡하는 ESL 방식이 중·고등학교까지 이어지면 좋은데, 현실은 그 반대이다. 초등학교 영어교육까지는 우리나라 공교육 사교육 공히 재미있는 영어 학습을 표방한다. 실제로 그렇게 교육도 한다. 하지만 입시영어로 올라가면, 즉 중·고등학교 영어는 학교영어도 학원영어도 다 문법이고, 어려운 독해로 갑자기 돌아선다. 놀랍게도 입시영어는 부모세대가 공부하던 그때와 바뀐 것이 별로 없다. 바뀐 것이라면 제시되는 지문의 다양함 정도이다.

학원가에서도 예전보다는 문법 비중을 늘리는 등 교과영어를 더 강화하는 추세이다. 따라서 이 시기에는 4대 영역을 즐기면서 호감을 잃지 않게 하는 것이 중요하지만, 즐기는 영어로는 입시까지 버틸 수 없다는 점도 염두에 두고 있어야 한다.

교육은 학원만이 능사가 아니다. 돈만 있으면 다 되는 것도 아니다. 무엇보다 부모가 공부에 대해 기민하게 대응하는 자세를 갖춰야 한다. 곧 교육과정이 개편된다. 교육부가 2021년 11월 발표한 개정 교육과정에 따르면 2025년부터 고교학점제를 전면 도입하고, 국어·영어·수학(이하 국영수)의 수업시간이 현재보다 105시간 줄어드는 등의 내용이 담겨 있다. '2022개정교육과정'은 초등학교의 경우 2024년 1, 2학년부터, 중·고교는 2025년 1학년부터 순차적으로 적용된다. 교육과정이 개정되면 교육 현장에서는 혼란이 따르기 마련이다. 이럴 때일수록 부모가 눈과 귀를 열고 교육 정보를 찾고 대응하는 능력이 필요하다.

안 하면 후회를 부르는 한자漢子 공부

어휘력이 부족하면 문해력이 떨어지고, 문해력이 떨어지면 문제가 이해되지 않고, 문제를 못 풀면 당연히 좋은 성적을 받기 어렵다. 우리말에서 약 50퍼센트가 한자어이고, 우리말에서 외래어나 신조어를 제외하면 한자어 비중이 80퍼센트에 육박한다. 어휘력이 문해력이고, 문해력은 곧 한자어 의미를 얼마나 정확하게 아는가에 달려 있다.

학습환경이 영어에 노출되는 빈도가 크다 보니 한자어로 된 국어의 의미를 몰라도 영어단어로 알려 주면 의미를 금방 이해하는 아이들이 많다. 영어로 단어를 이해하면 그 단어의 의미를 아는 것일까?

예를 들어 "punishment가 무슨 뜻이지?" 하고 물으면 "처벌이요." 하고 대답하는데 "처벌이 무슨 뜻이야?" 되물으면 "네? 처벌은 ……punishment요." 하고 대답한다. 처벌이라는 단어를 아는 것과 처벌의 의미를 아는 것은 다르다. 최소한 문장에서 통용되는 한자어 정도는 정확한 의미를 익혀야 한다.

책을 읽다가 모르는 한자어가 등장하면 그 뜻을 함께 찾아본다든가, 《마법천자문》 같은 학습만화로 한자에 대한 흥미를 높인다든가 하는 다양한 노력을 함께 기울여야 한다.

여기에서 한 가지 기억해야 할 것은 후속활동이다. 《마법천자문》을 재미있게 읽었다고 하자. 읽기만 해도 한자가 자기 것이 되는 아이도 있겠지만, 대부분 아이들은 후속활동을 해야 자기 것이 된다. 읽은 한자의 뜻을 써 보고, 연관된 다른 단어도 찾아 보고, 그 한자를 이용한 단어가 뭐가 있는지 엄마와 대결도 해보는 등 후속활동을 병행해야 한다. 그래야 다시 한자를 공부하느라 시간을 쪼개는 일이 생기지 않는다.

학년이 올라갈수록 시험문제가 길어진다. 과목을 막론하고 문제가 길면 문제를 분석해야 하는 난관에 부딪힌다. 문제를 끊어 읽을 수 있는 능력, 문제를 풀기 위한 조건을 파악하는 능력, 개념을 이해하고 해결하는 능력 등을 한꺼번에 작동시켜 문제를 풀어 나가야 하는 것이다. 이때 문장 어휘들은 거의 한자어로 구성되어 있다. 그래서 한자 공부를 미리 해두면 문제를 풀 때 한결 수월해진다.

꾸준히 공부해 온 학생이라면 그동안의 학습량이 있기 때문에 다른 학생들과 비교해도 실력 편차가 크지 않다. 그럼에도 점수가 자꾸 하락한다면 문해력을 의심할 수밖에 없다. 문제가 어렵게 느껴지는 것은 문제에 제시된 단어의 의미를 정확하게 모르기 때문이다. 문제 출제자의 의도를 몰라서 전혀 다르게 문제를 받아들이는 것은 아닌지 확인해 봐야 한다.

초등학교 1, 2학년에서 수학 선행을 열심히 해서 중등 수학문제를 풀거나 중등 교과서 영어를 독해하는 수준에 올라섰다고 치자. 수학 문제를 풀다가 '왕복할 때'라는 조건이 제시되었는데, "엄마, 왕복이 무슨 뜻이야?"라고 묻는다면 그 아이는 중등 수학문제를 풀 때가 아니다. 문제풀이 수준의 모국어를 먼저 점검해야 할 때일 수도 있다. 항상 강조하는 것은 어떤 공부를 해도 모국어가 최우선이라는 것이다.

초등학교 1, 2학년은 기회의 시간이다. 학년이 올라갈수록 소화해야 할 학습과 과목이 계속 늘어나고, 뇌는 빠르게 굳어가기 때문에 다양한 기초학력을 만들 금쪽같은 시간이다. 재미있는 한자공부로 뜻도 유추해 보고 어떤 한자인지 의미도 확인해 주는 공부가 꼭 포함되어야 한다. 성과지향적인 아이는 한자능력검정시험에 도전하거나 중국어에 입문해 뚜렷한 목표를 정하고 한자공부를 하는 것도 방법이다.

적정 공부시간

6, 7세에는 공부보다 성향 파악과 다양한 체험에 주력했다면 초등학교에 입학하면서부터는 본격적으로 공부 습관을 들여야 할 시기이다. 혼자 공부하는 습관을 들이기에 좋은 적정 시간은 자기 학년에 30분을 곱하는 것이다. 학원이나 과외, 엄마표 등 누군가와 같이하는 것을 제외한 시간이다.

초등학교 1학년이면 하루 30분, 2학년이라면 한 시간 정도는 빼먹지 않고 매일 주 5일은 당연히 공부하는 습관을 들이는 게 좋다. 누가 시키지 않아도 자연스럽게 하는 것을 습관이라고 한다. 아침에 일어나면 양치를 하는 것처럼 공부 습관도 마찬가지로, 누가 시켜서가 아니라 내가 꼭 해야 하는 것이라는 개념을 갖고 있어야 한다. 이러한 공부 습관을 들이지 않고 고학년에 올라가서 자기주도학습을 시도하려면 아이도 엄마도 무척 힘들어한다.

초등학교 1학년 때부터 초등학교 3학년 때까지 하루에 연산문제를 학교 가기 전에 한 장, 학교 다녀와서 바로 한 장, 짬짬이 시간에 수학 문제를 푸는 습관을 들인 아이가 있었다. 루틴이 되고 나니 으레 연산 문제집부터 챙기게 되었고, 초등학교 4학년에 올라가면서부터 중학교 수학에 도전하기 시작했다. 아이 성향에 따라 꼭 30분이 아니더라도 분량으로 루틴을 만드는 것도 좋은 방법이다. 무리한 시간 배정은 공부를 질리게 할 수도 있으므로 아이 성향과 체력에 맞게 좋아하는 과목으로 매일 조금씩 꼭 하는 습관을 들이고 시간은 점차 늘려도 괜찮다.

다양한 공부 방식을 접해 보기

이 책에서 6, 7세와 초등 저학년을 같이 묶은 것은 여전히 다양한 경험을 통해 아이 성향에 맞는 길을 찾을 가능성이 열려 있는 시기이기 때문이다.

사고력 수학과 연산을 병행했는데 사고력 수학을 너무 골치 아파하면 연산이나 교과서 수학에 집중해서 잠시 환기하는 시간을 가져도 좋다.

영어도 마찬가지이다. 4대 영역을 골고루 진도 나가는 어학원에 보냈더니 따라가기 어려워하면 잠시 쉬면서 영어도서관에 다녀도 되고, 좀 더 느슨하고 쉬운 영어학원으로 옮겨 봐도 괜찮을 때이다. 교과영어를 해야 하는 시기가 오면 이러지도 못하고 저러지도 못하는 상황이 발생할 수 있으니 미리 맛을 보는 것이다.

그렇다고 해서 수학은 사고력, 영어는 4대 영역을 고정관념화해서 고집할 필요는 없다. 아이가 못 따라가고 힘들어한다면 퇴행하지 않는 수준에서 다른 수업을 찾아 줘야 할 것이다. 처음부터 계속 언급하는 것이지만 아이의 성향과 수준을 파악하지 않으면 부모의 모든 노력은 엉뚱한 밭에 물을 주는 격이 되고 만다. 자기 토양을 만나기 전까지 잘 자랄 수 있도록 각별히 신경 써야 할 시기이다.

공부 기를 살리는 안정적인 톤 앤드 매너

학원을 보내든 안 보내든 어쨌든 엄마가 붙들고 무언가를 시도하는 시기이다. 소리치지 않고 화내지 않고 내 아이를 가르치기란 얼마나 힘든 일인가. 안정적인 톤 앤드 매너와 비언어적인 표현으로 학습에 대한 정서가 깨지지 않도록 하는 것, 이것이 어찌 보면 제일 중요할지도 모른다.

엄마표 학습이나 자녀의 습관 관리는 정말 어려운 일이다. 같이 공부하다 싸우고 울고 책을 집어던지는 등의 문제행동을 부모가 자신도 모르게 하게 된다. 내 자식이기 때문에 사실 톤 앤드 매너를 지키기가 너무 어렵다. 갈등 없이 아이를 내가 원하는 방향으로 데리고 갈 수 있으면 어느 부모가 소리치고 싶겠는가. 그게 안 되는 까닭도 너무 이해가 된다.

그럼에도 해야 한다. 안정적인 톤 앤드 매너의 핵심은 일관성이다. 아무리 화가 나는 상황이 와도 평상심을 유지하고 부처처럼 해탈하겠다는 자세로 아이를 대하는 것이다. 그렇다고 해서 훈육해야 하는 순간에도 "저런, 그랬구나."를 하라는 것이 아니다. 숙제를 안 하고도 했다고 거짓말을 하거나, 부모 휴대폰으로 게임 아이템을 몰래 산다든지 하는 일탈이 올 때에는 당연히 다른 조처를 취해야 한다. 여기에서 말하는 안정적인 톤 앤드 매너는 '공부 습관'에 관한 것이다.

초등학교 1, 2학년은 천방지축 사방팔방 뛰어다니는 나이이다. 호기심이 많고, 돌발행동이 많기 때문에 습관 잡기가 쉽지가 않다. 학교에서 새 친구를 사귀고 놀이에 참여하다 보면 약속한 시간을 어기기 일쑤이다. 예를 들면 저녁 먹고 7시 30분에 30분 동안 혼자 공부하기로 했다고 하자. 그런데 어떤 이유로 그 시간을 맞추기 어려운 상황이 되었다고 가정해 보자. 아이가 피곤해할 수도 있고 집에 늦게 들어오기도 한다. 그러면 '자기 전에 30분이라도 오늘 안에만 하면 되지 않을까? 피곤해하는데 좀 쉬게 하고 오늘 안에만 하면 되지. 무슨 일이 있어도 지키려고 하다가 또 지지고 볶느니.' 하는 마음이 들면서 어느 정도 융통성을 발휘한다고 생각할 것이다.

그러나 이런 고무줄 태도는 아이의 공부 습관을 형성하는 데 전혀 도움이 되지 않는다. 이 30분에서 공부 습관이 결정된다. 7시 30분부터 시작인데 7시부터 공부해야 한다고 서두르는 아이라면 부모의 큰 노력 없이 공부의 길에 들어설 수 있다. 그런데 내 아이가 그렇지 못하다면 그 길에 들어서게 부모가 확실한 태도를 보여야 한다. 이 책을 보는 이유도 그런 길로 인도하는 방법을 더 알고 싶기 때문일 것이다. "힘들어? 못하겠어? 그럼 쉬어."라고 말해서는 안 된다. 어리지만 타협 없이 힘들어도 해야 하고, 할 수밖에 없다는 인식을 심어 주어야 한다. 그래야만 자기주도성이 어렴풋하나마 형성되기 시작한다. 오늘 중에만 30분 하면 되지, 이렇게 해서 습관이 형성된다면 다 공부를 잘하지 못하는 아이가 어디 있겠는가.

아직은 본인이 혼자서 의사결정을 할 수 있는 나이가 아니기 때문에 오히려 습관을 형성하기에 적절한 시기이다. 아이의 의사를 존중한답시고, 융통성을 발휘한답시고 정한 규칙을 오락가락 바꾸는 것은 금물이다. 의사존중은 적어도 자기 행동에 일관성이 생기고, 책임 있게 행동할 수 있을 때에 가능한 것이다.

아이의 의사를 존중하고, 힘들면 오늘 안에만 하면 된다는 교육관은 국제학교 같은 프리스타일 교육을 연속적으로 제공할 수 있을 때에는 효과적이다. 적어도 한국식 중·고등학교 내신 평가와 입시를 치러야 하는 경우에는 힘들더라도 부모가 일관성 있게 습관 형성을 도와야 한다.

안정적인 톤 앤드 매너 안에는 연속성도 포함된다. 프리하게 키우려면 끝까지 프리하게 키워서 그쪽에서 길을 발견하고, 타이트하게 키우려면 끝까지 관리해야 한다. 그 관리하는 능력을 부모 둘 중 한 사람이라도 지녀야 한다. 그래야 혼란에 빠지지 않고 로드맵을 그릴 수 있다.

내 아이는 어떤 유형인지 잘 알고 있는가? 아이에게 속아서도 안 된다. 엄마가 야단치면 좀 하는 척하면서, 속으로는 엄마 잔소리 때문에 점점 더 하기 싫어하는 쪽으로 가고 있는지 모를 일이다. 내성적인 아이와 외향적인 아이는 공부 습관 잡는 방법도 달라야 한다. 일단 아이를 알고, 방향을 정하고, 아이에게 맞는 방법을 갖추고, 일관되고 연속성 있게 나아가야 한다.

자기주도학습의 싹을 틔우는 법

공부는 엄마주도가 아니라 자기주도라는 것을 인지하고 있어야 한다. 제일 중요한 '공부에 대한 주인의식'이 생겨야 한다.

"그냥 욕심 없이 제 할 일 잘하고 그렇게 컸으면 해요."

불가능을 바라는 말이다. 대학입학 전까지 제 할 일 가운데 가장 큰 비중을 차지하는 것이 공부인데, 욕심 없이 공부하는 것은 일하지 않고 돈이 생기면 좋겠다는 것과 비슷한 발상이다. 적어도 공부는 엄마가 하라니까, 공부하면 엄마가 좋아하니까 이런 생각으로 하면 입시까지 긴 시간을 버티기 힘들다. 비즈니스에 비유하자면 공부라는 회사는 엄마 소유인데 아이는 공부 소유자인 엄마가 시키는 대로만 하는 회사원처럼 구는 것이다. 직원이라면 월급을 주니까 일하지, 사업 소유주처럼 어떻게 하면 조금이라도 더 수익을 낼 수 있을지 고민하지 않는다. 이 비즈니스는 내 소유여서 아웃풋이 안 나고 손님이 뚝뚝 떨어지면 막 절박하게 안달복달하면서 강박석으로 방법을 찾고 도웃을 구해야 자기주도학습인데, 엄마가 시켜서 한다면 엄마주도 학습이 되고 만다.

학원에서 시키는 것만 하는 경우도 마찬가지이다. 그것은 학원주도 학습일 뿐이다. 교육을 교통 환경에 비유해 생각해 보자. 목적지는 입시, 도로는 교과과정, 걸어서 가면 더디니 자동차라는 학원의 도움, 부모는 유류대 제공, 운전을 하든가 걷든가는 아이 몫이다. 학원에서 시키는 대로만 한다면 분명 차에 올라탔는데 안 움직이고 그 자리에 계속 정차해 있는 격이다.

이 시기에는 부모가 '공부는 내 것'이라는 주인의식을 아이한테 심어주려고 애써야 한다. 이 공부는 내 것이라는 주인의식은 어디서 올까?

첫째, 흥미와 선호도

공부 의지가 강한 아이들은 이렇게도 외워 보고 저렇게도 외워 보고 물어도 보고 찾아도 보고 하는 마음을 갖는다. 그러나 모든 과목에 그런 마음이 내재된 것은 아니다. 좋아하면 그럴 수 있다. 유독 좋아하는 과목이 있다면 그 과목만큼은 내가 다른 아이들보다 잘해야지 하는 마음이 저절로 생긴다. 좋아하고 잘하는 과목에 대한 자부심이 자발적인 공부 욕심을 내게 한다. 이럴 때는 잘하는 것을 더욱 잘할 수 있게 그 부분을 계속 칭찬해 주면 좋다.

둘째, 성취감

이렇게도 해보고 저렇게도 해보다가 외워지고 문제를 맞혔을 때 그

쾌감을 맛봐야 한다. 자기가 생각해도 어깨가 으쓱 올라갈 정도로 성적이 잘 나오고, 칭찬과 부러움을 받으면 인정욕구가 채워지면서 자기도 모르게 공부에 대한 주인의식이 생겨난다.

역사에 관심이 없어도 학교에서 역사시험을 보니까 기출문제도 풀고, 모의고사 문제집도 풀고, 자료도 보고, 책도 외워 보고, 해도 해도 안 되니까 거꾸로도 외워 보고, 외운 것은 화이트로 지워 보기도 하는 태도, 이런 자세가 자기주도적인 것이다.

자기주도학습이 되는 아이는 설사 싫은 과목이나 흥미가 없다 할지라도 해야만 하는 것이기 때문에 하려는 자세를 보인다. 없다면 부모가 형성되게끔 도와줘야지 '안 되는 걸 어떡해.' 하는 마음으로 팔짱을 끼고 방관하면 자기주도는 더 힘들어진다. 아이가 자기주도성을 갖고 있어도 부모가 계발을 안 해줘서 모르고 지나가는 경우도 있다. 무심코 지나치지 말고 못하는 것을 해냈을 때나 아이가 애쓰고 있을 때 꼭 격려해 주자.

셋째, 성숙한 목표의식

조숙하다고나 할까, 어른들의 세계를 빨리 받아들였다고나 할까, 자기주도적인 아이들은 자신이 하고 싶거나 해야 할 일에 대한 목표가 미래지향적으로 확립되어 있다.

예를 들면 '공부 잘해서 좋은 대학 나와 인정받고 돈도 잘 벌고 안정적으로 살지.'라는 어른들의 세속적 욕망을 거부감 없이 받아들일 정도이다. 말로만 '나도 우등생이 되고 싶어요, 좋은 대학 가고 싶어요.'가 아니라 그것을 진심으로 받아들이고 확고한 목표를 가진다. 자기주도가 되는 아이들은 세속적 성공과 경제적 안정의 의미를 이해하고 있다.

여기에서 한 발 더 나아가 성숙한 사고를 하는 아이도 자기주도 능력이 있다. 즉 공부를 통해서 배우고 성장하고 익힌 이 좋은 습관들이 필요한 것임을 안다. 그리고 청소년기에 익힌 습관을 바탕으로 훗날 사회에서 중요한 역할을 할 것이라는 자기 기대감도 있다. 다른 의미의 성숙미를 갖고 있는 것이다.

다시 말해 자기주도가 되는 아이는 어떤 식으로든 자기가 하는 공부에 의미를 부여할 줄 안다는 의미이다. 부모는 어떤 내용이든 공부를 통해 얻는 것이 성적뿐만 아니라 다른 좋은 점들이 있다는 것을 일깨워 줄 필요가 있다.

사고가 성숙하면 재미없는 것도 참고 인내하면서 수행할 만한 값어치가 있음을 안다. 내적 질서가 잡혀 있다는 뜻이다. 그렇지 않고 "나 이 공부 다 하면 뭐 해줄 거예요?"라고 묻는다면 아직 좀 더 가다듬어야 할 때이다. 그리고 조건은 단호하게 거절해야 한다. 조건이 붙는다는 것 자체가 공부를 자기 소유가 아니라 부모 소유로 여긴다는 뜻이다.

넷째, 내적인 의지

자기주도성을 보이는 아이들은 성숙한 사고가 가능하듯, 뇌의 성장도 남다르다. 힘들지만 받아들일 수 있는 인내심과 과제 규범성을 따르는 내적인 힘이 있는 아이들이 자기주도도 가능하다. 이런 아이들은 목표의식도 강하다. '꼭 특목고에 가고야 말겠어.', '이번 경시에서 상을 타겠어.', '톱에 꼭 들 거야.' 등등 엄마가 시켜서가 아니라 스스로 목표를 세우고 의지를 보인다.

이런 자기주도적인 특징들이 초등학교 저학년 시기에 온전히 나타나는 것은 아니다. 초등학교 1, 2학년 때에는 그 가능성 여부를 판별할 수 있다. 자기주도성이 얼마나 지속될지는 사춘기를 통과해야 하는 등 변수가 너무 많기에 쉽게 판단할 수 없다. 따라서 부모는 계속 그것을 일깨우는 역할을 해야 한다.

기본적으로 모든 아이들은 이 자기주도성을 갖고 있다. **정도와 발산력은 아이마다 다르겠지만 자기주도성이 없는 아이는 없다. 그것을 끄집어 내는 것이 이 시기 부모의 과제이다.**

셔츠에 단추를 여밀 때 위에서부터 차례로 어긋나지 않게 꿰는 것을 가르쳐 주듯이 자기주도성도 가르쳐 줘야 한다. 공부는 이렇게 하는 것이고, 모를 때는 물어봐야 하고, 학교나 학원에서 집으로 돌아오면 시키지 않아도 해야 되는 것들의 순서가 있음을 부모가 처음은 가르쳐 줘야 시작이 된다. 막연한 기대로 저절로 되는 일이 없다는 것을 기억하자. 아이는 부모의 시간과 돈을 쓰기 위해 태어난 존재이다.

TCI 기질성격 검사
Temperament and Character Inventory

개인의 고유한 인성personality을 종합적으로 알아보는 심리 검사이다. 기질과 성격이라는 두 파트로 알아볼 수 있는 것이 특징이다. 기질적으로 인내심을 갖고 꾸준히 성장할 수 있는지, 탐색을 좋아하고 흥분을 잘하는 아이인지, 성격적으로는 수용을 잘하는지, 이타성이 있는지 등등을 알 수 있다. 검사를 통한 객관적 지표와 전문 상담가의 조언은 교육 로드맵을 짜거나 공부 습관을 형성하는 데 큰 도움이 된다.

기질	자극추구 (NS)	관습적 안정성과 탐색적 흥분의 정도, 심사숙고와 충동성 여부, 절제 정도, 질서정연함과 자유분방함의 추구성향 등을 검사.
	위험회피 (HA)	낙천성과 예기불안, 불확실성에 대한 두려움과 수줍음 정도, 활기와 지치는 정도를 검사.
	사회적민감성 (RD)	정서적 감수성, 정서적 개방성, 친밀감과 거리두기 정도, 의존성과 독립성 여부 등을 검사.
	인내력 (PS)	근면성, 끈기, 성취욕, 완벽추구 등을 검사.
성격	자율성 (SD)	책임감, 목적의식, 유능함, 자기수용성, 자기일치성의 정도를 검사.
	연대감 (CO)	타인 수용, 공감, 이타성, 관대함, 공평함 정도를 검사.
	자기초월 (ST)	자의식 여부, 우주 만물과의 일체감, 합리적 유물론과 영성 수용능력 등을 검사.

[TCI 기질성격 검사 예시]

JTCI™ 기질 및 성격검사 아동용 결과지

○○○ (여자/7세) / 20221229

* 규준집단의 평균(M) 및 표준편차(SD)에 따라 원점수의 상대적 위치를 나타낸 표입니다.
  JTCI 하위척도들에 포함되는 문항 수가 매우 적으므로 하위척도 결과는 참고자료로만 활용하시기 바랍니다.

☰ JTCI 7-11 하위척도

척도	하위척도	원점수	규준집단 M (SD)	낮은 점수	-1SD	M	+1SD	높은 점수
자극추구 (NS)	NS1	12	6.5 (2.4)	관습적 안정성			●	탐색적 흥분
	NS2	5	4.6 (2.4)	심사숙고		●		충동성
	NS3	10	3.9 (2.2)	절제			●	무절제
	NS4	8	5.4 (3.4)	질서정연			●	자유분방
위험회피 (HA)	HA1	6	3.4 (2.2)	낙천성			●	예기불안
	HA2	9	7.5 (3.9)	(낮은) 불확실성에 대한 두려움			●	(높은) 불확실성에 대한 두려움
	HA3	5	6.3 (3.2)	(낮은) 낯선 사람에 대한 수줍음	●			(높은) 낯선 사람에 대한 수줍음
	HA4	2	4.4 (2.4)	활기 넘침	●			쉽게 지침
사회적 민감성 (RD)	RD1	9	7.8 (2.4)	(낮은) 정서적 감수성			●	(높은) 정서적 감수성
	RD2	9	6.8 (2.5)	(낮은) 정서적 개방성			●	(높은) 정서적 개방성
	RD3	7	7.9 (2.1)	거리두기	●			친밀감
	RD4	10	7.1 (2.2)	독립			●	의존
인내력 (PS)	PS1	6	7.0 (2.4)	(낮은) 근면		●		(높은) 근면
	PS2	8	6.6 (2.3)	(낮은) 끈기			●	(높은) 끈기
	PS3	7	5.9 (2.4)	(낮은) 성취에 대한 야망		●		(높은) 성취에 대한 야망
	PS4	5	5.6 (2.4)	(낮은) 완벽주의		●		(높은) 완벽주의
자율성 (SD)	SD1	6	8.5 (2.1)	(낮은) 책임감	●			(높은) 책임감
	SD2	10	8.6 (2.2)	(낮은) 목적의식			●	(높은) 목적의식
	SD3	8	7.0 (2.2)	(낮은) 유능감			●	(높은) 유능감
	SD4	7	8.8 (1.9)	(낮은) 자기수용	●			(높은) 자기수용
연대감 (CO)	CO1	5	8.0 (2.4)	(낮은) 타인수용	●			(높은) 타인수용
	CO2	9	8.5 (2.3)	(낮은) 공감			●	(높은) 공감
	CO3	6	4.9 (1.6)	(낮은) 이타성			●	(높은) 이타성
	CO4	6	7.4 (2.3)	(낮은) 관대함	●			(높은) 관대함
	CO5	7	6.8 (1.4)	(낮은) 공평		●		(높은) 공평
자기초월 (ST)	ST1	7	7.2 (3.9)	(낮은) 환상		●		(높은) 환상
	ST2	6	6.2 (2.7)	(낮은) 영성		●		(높은) 영성

1기

유아기에서 초등학교 1, 2학년
공부 정서 만들기

국어 읽기 독립, 바른 글씨
영어 4대 영역 파닉스
수학 사고력 수학, 연산

★ TCI 기질성격검사

2기

초등학교 3, 4학년
공부 습관 만들기

국어 어휘력·독해력·문해력 확장, 독후활동 필수
영어 4대 영역 가운데 잘하는 분야 집중
수학 교과수학으로 전환

★ MBTI 검사 동기부여

3기

초등학교 5, 6학년
공부 독립 시키기

국어 마인드맵으로 내용 숙지
영어 교과문법 기초 확립
수학 사칙연산 마스터

★ 웩슬러 지능검사, 문이과 성향 파악

4기

중학교 1, 2학년
공부 실속 챙기기

국어 교과문법, 수준 높은 독서
영어 문법 마스터
수학 교과수학 충실, 선행은 최대 1년

★ 시험 적응 공부법 터득, 목표 고등학교 설정

5기

중학교 3학년, 고등학교 1학년
공부 몰입 시키기

국어 독해력은 비문학, 문해력은 문학에 활용
    국어문법 완성, 독서량 풍부하게
영어 리딩, 라이팅 마스터
수학 고교학점제 대비 수학기초 다지기

★ 플래닝과 6주5회독

2기

초등학교 3, 4학년

공부 습관 만들기

국어

어휘력·독해력·문해력 확장, 독후활동 필수

영어

4대 영역 가운데 잘하는 분야 집중

수학

교과수학으로 전환

★ MBTI 검사 동기부여

초등학교 3, 4학년은
공부 습관의 골든타임

슬슬 부모를 따돌리고,
친구관계가 더 중요해지고,
분화가 일어나서
과목 간 호불호가 뚜렷해집니다.
공부 능력이 유추되는 시기이니만큼
습관 잡기에 총력을
기울일 때입니다.

본격적인 교과학습의 시작점

느낌적인 느낌, 말하지 않을 뿐 초등학교 3, 4학년이 되면 자녀의 수준을 직감으로 알 수 있다. 될 놈인지, 할 놈인지, 놀 놈인지 알고 나면 그때부터 불안감이 엄습해 온다.

그 바람에 지금까지 해놓은 공부가 엉클어지고, 학습 플랜이 도로 엉망이 되는 경우도 있다. 30분 혹은 1시간 혼자 공부, 학습지나 학원 숙제하는 시간, 국영수 학원시간 등 계획대로 실천하던 것들이 엄마의 불안 때문에 계속 학습을 추가하면서 흔들리는 시점이 온다. 선행하려다 아이 그릇이 넘치는지도 모르고 계속 수도꼭지를 틀어 놓는 경우가 허다하다.

마냥 불안해할 필요는 없다. 아직까지는 보이는 특징만으로 판단할 수 없기 때문이다. 잠재력이 여전하고, 속도를 조금씩 올려 갈 수 있는 능력이 생겨나고 있으며, 뇌 가소성이 살아 있어 학습환경을 재정비하면 탄력을 받을 때이다. 이때 부모가 할 일은 선행에 대한 조급함보다는 학습 결손을 발견해 내는 것이다.

공부는 크게 초중고 세 번의 대전환기가 있다. 초등학교에서는 자기주도 습관이 확실하게 자리 잡아야 한다. 중학교에서는 자기만의 공부 방법으로 스스로 해 나가고, 고등학교에서는 안정적으로 입시를 대비한 심화학습을 해 나가야 한다.

이 굵직한 흐름 속에 초등학교 1, 2학년에서는 공부는 즐겁고 재미있다는 인식 아래 공부 정서를 기르고, 초등학교 3, 4학년에서는 자기에게 맞는 공부 스타일을 갖고 시키지 않아도 하는 습관이 생겨야 하고, 초등학교 5, 6학년에서는 중학교 선행을 못했다 할지라도 6년 동안 배운 것은 모두 숙지되어 있어야 한다.

초등학교 3, 4학년에서 공부 스타일을 찾아야 하는 것은 이 시기 공부는 이전과 다른 양상으로 전개되기 때문이다. 다음 표는 2022년에 발표한 개정교과과정이다. 초등학교 3, 4학년에서는 국어, 수학 수업 시수는 줄어들고, 사회, 영어, 예체능 시간이 생기지만 초등학교 1, 2학년에 비해 전체 수업 시수는 늘어남을 알 수 있다.

표를 보면 초등학교 3, 4학년부터 본격적인 교과과정이 시작된다. 바르고 슬기롭게 즐거운 생활을 하던 자리가 영어, 과학, 사회 등으로 채워진다. 마냥 즐겁게 씩씩한 목소리로 대답하던 아이가 점차 목소리가 작아지고, 문제를 풀기 위해 코가 책상에 닿기 직전이 된다.

환경이 크게 바뀌는 만큼 부모도 아이로 대할 게 아니라 이제는 제

[22년 개정교육과정 초등학교 교과]

구분		초등학교 1, 2학년	초등학교 3, 4학년	초등학교 5, 6학년
교과 (군)	국어	국어 482	408	408
	사회/도덕		272	272
	수학	수학 256	272	272
	과학/실과	바른 생활 144	204	340
	체육	슬기로운 생활 224	204	204
	예술(음악/미술)		272	272
	영어	즐거운 생활 400	136	204
	소계	1,506	1,768	1,972
창의적 체험활동		238	204	204
학년군별 총 수업 시간 수		1,744	1,972	2,176

법 학생으로 대해야 한다. 아이와 학생의 차이? 말도 더 안 듣고, 공부도 많이 해야 하고, 친구도 늘어나고, 비밀도 생기고, 하고 싶은 것도 많아지고, 먹고 싶은 것도 많아지는 것 아닐까. 한마디로 내 자식 내 마음대로 안 되는 시기가 도래하는 것이다.

객관적 지표를 가지고 공부 스타일 파악하기

초등학교 1, 2학년을 잘 넘기면 부모는 아이가 학교에 잘 적응했다고 생각하기 쉽다. 하지만 방심은 금물이다. 즐겁게 잘 다닌다고 해서 학교수업도 잘 따라가는 것은 아니기 때문이다. 초등학교 1, 2학년처럼 학교생활을 여전히 놀이로 여기고 있다면 한층 어려워진 수업에 집중하지 못하고 쉬는 시간만 기다리고 있을 수 있다.

입학하면서 생긴 격차를 좁히지 못하고 3학년을 맞이하면 개인차는 점점 벌어질 수밖에 없다. 난이도와 분량이 쑥 올라감에 따라 점점 더 공부에 흥미를 잃고 멀어질 수 있다. 학습격차는 성장속도만큼이나 빠르게 진행된다. 초기에 바로잡을 수 있도록 많은 신경을 써야 한다.

학습격차를 잡기 위해 무조건 책상에 끌어다 앉히려고만 해서는 안 되고 아이마다 다르게 전략적으로 접근해야 한다. 어떤 아이는 30분 동안 내리 공부하는 것이 효과적이지만, 또 어떤 아이는 10분 공부하고 잠시 쉬었다가 다시 10분 공부하는 것이 더 효과적이다. 학원에서 친구들과 같이 공부하면서 자극을 받는 아이가 있는가 하면, 또 어떤 아이는 혼자 공부해야 제대로 한다. 계획대로 충실히 공부하도록 유도해야 하는 아이도 있고, 자유롭고 여유 있게 공부해야 따라오는 아이도 있다.

가정에서 이를 확인하는 가장 간단한 방법은 교과서 수학문제를 풀어 보게 하는 것이다. 초등학교 3학년 수학 익힘책 두 페이지에 대략 네 문제가 있다. 네 문제를 푸는 데 얼마나 시간이 걸리는지, 쓰면서 푸는지 눈으로 푸는지, 바른 자세로 푸는지 풀기 시작하자마자 몸을 뒤트는지, 네 문제를 푸는 데에도 화장실을 가고 물을 마시러 가는지, 눈 깜짝할 사이에 네 문제 다 풀고 다음 페이지를 넘기려고 하는지 등등 금세 특징을 파악할 수 있다.

특징을 알면 그다음에는 무엇을 해야 할까. 대부분의 부모가 아이의 특징이나 성향을 알게 되어도 다음 스텝을 정하지 못한다. 아이 성향을 아는 것과 공부 스타일을 만드는 것은 다른 영역이기 때문이다.

'우리 아이는 자주 자리에서 일어나니까 하루 분량을 내 주고 알아서 하라고 해야지.'

이렇게 주먹구구식으로 대처해 버리곤 한다. 공부 스타일은 TCI 기질성격 검사, 자기주도학습유형 검사, 웩슬러 지능검사, 그림 검사, MBTI 검사, 학습 매니지먼트 상담 등 여러 객관적 지표를 통해서 전략적으로 마련해야 한다.

성향에 맞는 공부 스타일을 찾으면 공부하는 것이 스트레스가 아닌 내가 해야 할 일로 인식되고, 서서히 자발적으로 한 걸음 더 나아가면 자기주도적인 성향을 갖추게 된다. 도무지 성향에 맞는 공부 스타일을 못 찾거나, 공부에 대한 인식도 없고, 기초도 모르고, 조정할 것이 한두 가지가 아니라면 학습 매니지먼트를 통해 공부법을 코칭받을 수도 있다.

하지만 학습 매니지먼트도 초등학교 고학년, 사춘기 초입은 되어야 받을 만한 곳이 있다. 초등학교 3, 4학년은 손이 너무 많이 가서 학습 매니지먼트를 해주지 않으려 한다. 그만큼 이 시기에 공부 스타일을 찾고, 자기주도성을 기르는 것은 어려운 일이다.

이과성과 문과성이 확인 되는 '분화' 시기

강연이나 유튜브 라이브 방송에서 자주 사용하는 '분화'라는 말이 있다. '분화'란 가지를 뻗는다는 뜻이다. 인간관계가 엄마와 가족 위주에서 친구와 선생님으로 확대되고, 행동반경이 학원과 집, 학교를 벗어나 점차 넓어진다.

남아의 경우 주거환경에 대한 시각이 넓어져서 건물이나 지형을 파악하는 능력이 빠르게 발달한다. 여아는 공간 감각보다는 시각적 감각이 발달해, 세심한 관찰력으로 눈에 보이는 현상의 차이를 금방 발견해 낸다.

교과는 각 과목별로 학습목표가 정교해지고, 정해진 시간 내에 소화해야 할 학습량이 많아진다. 숙제도 눈에 띄게 많아져서 숙제하는 태도만 봐도 공부를 도와줘야 하는 아이인지 자기주도가 가능한 아이인지 알 수 있다. 따라서 공부에 관한 특징, 개성이 아이마다 뚜렷하게 표출된다. 그전까지는 엄마나 선생님이 시키는 대로 곧잘 따라오던 아이가 각자 속도와 소화 가능한 범위가 생겨 주춤주춤하는 순간도 많아진다.

좋아하는 과목과 두각을 나타내는 과목, 싫어하는 과목과 따라가지 못하는 과목 등으로 문이과 성향도 점차 드러난다. 수학이 어려워서 도저히 못하겠다고 징징대고, 영어로 노래하기를 좋아하다가 느닷없이 작곡을 하겠다고 한다. 수학을 너무 좋아해서 고등학교 수학 문제집을 사 달라는데 사 줘도 되는지 물어보는 부모도 있고, 어디서부터 어떻게 해야 할지 모르겠다는 부모도 있다.

그래서 이 시기를 '분화'의 시기라고 한다. 이 시기에는 아이는 할 게 많아지니까 정신이 없고, 엄마는 급한 마음에 여러 가지 선행에 대한 관심이 부쩍 늘어난다. 급한 마음에 뒤에 따라오는 아이를 내버려두고, 엄마 혼자 버스를 놓친다고 막 뛰어간다. '어머니, 그 버스는 어머니가 타시는 게 아니라 아이가 타야 합니다.'라고 말해 주고 싶을 때가 한두 번이 아니다.

분화가 일어난다는 것은 공부 독립을 시킬 수 있는 기회라는 뜻도 된다. 부모가 앞서가지 않고 아이 속도에 발을 맞춰 학습 손실을 막도록 주의를 기울여야 한다.

선행과 속진의 구분

속진은 능력이 있어서 미리 공부하는 것이고, 선행은 남들에 비해 뒤처질 것을 대비해 공부하는 것이다. 잘하는 과목은 속진을, 못하는 과목은 진도를 완벽하게 소화한 다음 선행을 고려해야 한다.

한때 부모세대에 회자되던 '할놈할, 될놈될, 철들공'이라는 우스갯

소리가 있었다. '할 놈은 한다, 될 놈은 된다, 철들면 공부한다'의 줄임말이다. 이 말에는 기다리다 보면 다 알아서 공부하기 마련인데 쓸데없이 아이에게 공부를 강요해서 스트레스를 주지 말라는 항변이 밑바닥에 깔려 있다.

부모세대만 하더라도 수시, 정시가 없던 시절이라 '철들면 공부해도' 얼마든지 갈 수 있는 대학의 문이 열려 있었다. 하지만 지금은 내신, 활동, 논술, 정시라는 4개의 문을 잘 활용해야 대학에 들어갈 수 있다. 뒤늦게 철이 들면 내신이나 활동으로 들어가는 문은 닫힌 뒤이고, 열 수 있는 문은 논술과 정시뿐이다. 그나마 논술은 갈수록 문이 좁아지는 추세였다가 다시 확대되는 등 갈피가 잡히지 않아서 미리 준비하지 않으면 정시를 선택할 수밖에 없는 게 현실인 것이다.

2028학년 대학입학시험은 지금과는 또 다른 양상으로 전개될 것이다. 과정 중심으로 내신이 더 강화될 수도 있고, 내신과 수능의 비중이 동시에 강화될 수도 있다. 어떤 방식으로 전개될지 확정된 것은 아니므로 미리 잘하는 과목은 강화하고, 못하는 과목은 평균치 이상으로 끌어올리는 세심한 전략이 필요해졌다.

초등학교 3, 4학년에서는 국어의 읽기 쓰기 능력을 최대한 많이 끌어올려 놓고, 영어도 이에 못지않게 흡수시켜야 한다. 초등 저학년에서 수학 선행이 어려웠던 아이는 제 학년 교과과정을 제대로 따라가기만 해도 다행이다. 초등학교 3학년에는 분수의 계산 방법과 기초 개념 공부, 초등학교 4학년에는 분수를 본격적으로 계산하기 시작한다.

초등수학은 '분수 계산을 위한 6년의 여정'이라 할 수 있다. 이 여

[개정 교과과정을 적용하는 생년]

교과 시작일	해당 학년
2024년 3월 1일	초등학교 1~2학년(2016-17년생)
2025년 3월 1일	초등학교 3~4학년(2015-2016년생) 중학교 1학년(2012년생) 고등학교 1학년(2009년생)
2026년 3월 1일	초등학교 5~6학년(2014-15년생) 중학교 2학년(2012년생) 고등학교 2학년(2009년생)
2027년 3월 1일	중학교 3학년(2012년생) 고등학교 3학년(2009년생)

- 2009년생부터 개정교육과정으로 고교학점제로 대학교 입시 치름.
- 2012년생부터 개정교육과정으로 중학교 개정교과 반영 시험.
- 2017년생부터 개정교육과정으로 초등학교 입학.

정의 출발이 초등학교 3학년이고, 연산이 심화되는 시점은 초등학교 4학년이다. 이때부터 수학에 재미가 확 떨어진다. 심지어 수학이 싫어 등교를 거부하는 아이가 있을 정도이다.

아이를 수포자로 만들면 안 되겠다는 급한 마음에 무리한 선행을 시도하기도 한다. 하지만 수포자를 방지하려면 선행학습보다 학교 진도를 잘 소화해서 자신감을 갖는 것이 중요하다. 수학에 대한 두려움부터 없앤 다음에 선행을 고려해야 하는 것이다. 속진 능력이 있는 아이가 아니라면 무리한 선행보다 교과수학을 완벽하게 해내는 게 더 시급하다.

자기주도성이 확고하게 자리 잡도록

분화가 시작되면 친구관계에도 그대로 투영된다. 특히 좋아하는 친구가 생기면 끼리끼리 어울리고 싶어 한다. 문과성인지 이과성인지에 따라 공부 전략을 세우다 보니 친구를 사귀는 것도 사교육 스케줄과 무관하지 않다.

조심스러운 것은 공부 기준으로 친구관계도 형성되면 친구관계에 문제가 발생할 경우 그대로 학습에 영향을 미친다는 것이다. 자기주도성이 필요한 또 하나의 이유가 여기에 있다. 자기주도성이 강한 아이는 공부에서만 주도성을 가지는 게 아니다. 친구와의 사소한 다툼이나 언쟁에도 마음 쓰지 않고 자기 나름대로 분석하고 결론을 내린다. 생활 전반에 걸쳐 높은 자존감을 갖고 당면한 문제들을 해결해 나가는 자세를 지니는 것이다. 자존감이 높은 아이가 공부도 주도적으로, 교우관계도 주도적으로 헤쳐 나간다. 친구 사이에 사소한 문제가 발생해도 큰 문제로 키우지 않고 대화나 인내를 통해 스스로 해결해 나가는 능력이 있는 것이다.

초등학교 3, 4학년에는 모든 면에서 한 단계 성장하는 만큼 자신이 한 일이나 행동을 설명하며 인정받고 싶어 하는 욕구도 강하게 나타난다. 동시에 친구와의 비교를 통해 경쟁의식도 본격적으로 생긴다. 이때 모든 면에서 또래를 압도하는 출중한 아이가 아니라 하더라도 자기주도성을 가진 아이들은 기죽지 않고 꾸준히 상향 발전한다.

자기주도성이 있는 아이로 키우려면 칭찬으로 기를 살리는 것은 기본이다. 또한 타인과 자신의 감정을 잘 이해할 수 있도록 많은 경험이 쌓여야 한다. 조그마한 일에도 부모가 끼어들어 해결해 주면 아이는 자기 자신이 중요하다는 걸 깨달을 틈이 없다. 다양한 도전을 하는 가운데 겪는 시행착오, 성공과 실패의 원인과 결과를 분석하고 받아들이는 경험을 해야만 한다. 이 과정을 통해 자기 스스로 상황을 극복할 수 있고, 자신에게 주어진 과제를 성공적으로 수행할 수 있다는 자신감이 생기는 것이다.

경험에서 얻어진 자신감은 누구에게도 빼앗기지 않는 소중한 자산이 된다. 자신에게 주어진 학습이나 인간관계에 얽힌 과제들을 열심히 해내면서 높은 성취수준까지 나아간다.

반면 자신감이 부족하면 부정적으로 자신을 평가하고, 매사 머뭇거리고, 고민하고, 표현하기 어려워하고, 새로운 도전에 맞닥뜨렸을 때 조그마한 어려움만 생겨도 쉽게 포기하는 성향을 보인다.

자신감과 자기 효능감이 있는 아이는 부모에게 기다리면 된다는 믿음을 준다. 이 믿음 또한 부모가 심는 씨앗이다. 아이를 칭찬하고, 기분 나쁜 일도 겪을 수 있음을 알게 하고, 스스로 극복할 때 자기 것이 된다는 것을 깨닫게 해야 아이도 부모에게 믿음을 돌려준다. 상호 영향을 주는 것이다.

이러한 감정적인 부분도 어릴 때부터 함께 만든 공부 정서에 포함되어 있다. 자기주도성에 대한 부모의 올바른 이해가 먼저이다. 부모가 자기주도가 무엇인지 모르는데 어떻게 자기주도적 공부 습관이 형성되겠는가. 모든 아이는 자기주도성이 내적으로 존재한다. 기다려주면 되는데 기다리지 못하는 조바심이 아이의 자기주도성을 서서히 마르게 하는 것이다.

"너는 공부만 해, 엄마가 다 알아서 할게."

이런 말은 아이에게 독이 된다. 실패와 결핍의 경험도 필요하다. 공부를 잘하기 위해서는 두뇌, 습관, 집요함, 감정 컨트롤, 공감능력, 문제해결 능력 등등이 두루 필요하다. 그것을 어떻게 부모가 다 넣어줄 수 있겠는가. 초등학교 3, 4학년부터는 아이의 경험을 부모의 경험과 동일시하는 데에서 서서히 퇴장하고, 스스로 성장할 수 있도록 기회를 줘야 한다.

영어도 색깔을 분명하게

꾸준히 파닉스나 다양한 매체를 통해 영어를 재미있게 하고 있다면 초등학교 3, 4학년에서는 학교영어 때문에 힘들 일은 없다. 이 시기까지는 학교 영어에서도 재미있는 영어를 지향하기 때문이다.

분화의 시기인 만큼 언어이해가 뛰어난 아이는 그 기질이 엿보인다. 영어나 제2외국어를 유창하게 구사하고 싶어 하고, 읽기, 쓰기, 듣기, 말하기 4대 영역 가운데 자기가 좋아하는 파트도 따로 생긴다.

읽고 쓰는 쪽이 발달했다면 JET, TOSEL, TOEFL Junior 같은 어학인증시험에 도전해 볼 만한 시기이다. 그리고 표현을 잘한다면 말하기나 토론대회에 관심을 가져 볼 만하다. 이렇게 무언가에 도전하는 성취 목표를 제시하면 아이가 영어에 긴장을 늦추지 않고 계속 관심을 가지게 된다.

나중을 생각한다면 지금부터는 '정확한 영어'를 공부할 필요가 있다. 영어유치원에 다녔고, 프리토킹도 잘 되고, 원서도 읽는 수준인데 막상 문법이 시작되면 영어를 싫어하는 경우가 많다.

어렸을 때는 시간가는 줄 모르고 《해리포터》를 읽고, 〈겨울왕국〉에 빠져 '렛잇고~ 렛잇고~' 노래 부르며 재미있게 배우다가 갑자기 중학교에서부터 to부정사, 동명사, 동사, 시제, 태, 조동사 등등 나오니 적응을 못하는 것이다.

어떤 중·고등학교는 시험범위로 테드TED 강연 스크립트, 외국 신문기사, 원서 등을 제시하지만 대부분 문제들이 수능과 내신 유형에서 벗어나지 않는다. 읽기, 문법, 쓰기에서 조금 더 진전이 있을 뿐, 입시영어는 바뀐 게 거의 없다.

그래서 영어책 읽기를 좋아해서 상당히 높은 레벨까지 도달했다면 쓰기를 통해 머릿속에 섞여 있는 영어를 문장으로 만드는 능력을 키우는 것도 방법이다. 일찌감치 영어로 놀았던 감각이 있기 때문에 본격 영문법을 몰라도 라이팅Writing을 할 수 있다. 비교적 쉬운 문장에서 시작해 단어를 추가하고 발전시키다 보면 필요한 문법을 익히게 되고, 익힌 것을 점검하면서 입시영어 쪽으로 접점을 찾아가게 된다.

초등학교 3, 4학년 때부터 즐기는 영어에서 벗어나 좀 더 빨리 입시영어로 옮겨 가고 싶다면 중학교 수준의 교과영어 문제집을 풀게 하고 많이 틀리는 챕터만 골라 다시 학습하는 것도 요령이다. 다 모르면

[각종 영어 관련 대회]

말하기	1. 외워서 말하는 대회 2. 대본을 사전에 제출하고 대본이 통과되면 본선에 진출 3. 스피치를 마친 다음에 즉석 인터뷰 - 미래 희망기구 영어 말하기 대회 - 중앙일보 ESU 영어 말하기 대회 - 세계 예능교류협회의 대한민국 학생 영어 말하기 대회 - 청심 영어 말하기 대회 - 코리아헤럴드 영어 말하기 대회

토론	1. KYDC 한국청소년영어토론대회
	 - 국내외 초중학생 대상으로 서울교대, 헤럴드와 공동 주최하는 아시아 의회
	  식 토론 형식의 전국 토론대회.
	2. YTN·HUFS Youth English Debating Championship YTN·한국외국어대
	  학교 주최 「청소년 영어토론대회」
	 - 팀 참가로 주어진 주제를 영어로 디베이트.
	3. WSC(the World Scholar's Cup) 대회
	 - Scholar's Bowl, Collaborative Writing, Scholar's Challenge, Team
	  Debate 4파트로 나뉘어 있다. 미리 주제를 준다.

캠프	민족사관고등학교(이하 민사고)에서 실시하는 방학캠프(GLPS), 용인한국외 국어대학교부설고등학교(이하 용인외고) 캠프(HAFS), 숭실대학교 영어캠프, 청심ACG영어캠프 등이 학생들에게 인기가 많다. 존스홉킨스대학교 영재캠프는 준비를 도와주는 학원이 등장할 만큼 인기이다.

두렵지만 아는 문제가 나오면 반가운 것이고, 조금만 더 하면 내가 할 수 있다는 자신감이 생긴다.

입시나 교과영어 위주로 진도를 나가는 학원에서도 문법공부 후에 독해만 하는 게 아니라, 라이팅을 많이 보강하는 추세이다. 영상을 보거나 책을 읽고 비판적 독서를 하는 크리티컬 리딩Critical Reading, 찬반 토론을 하는 디베이트Debate, 에세이 라이팅Essay Writing 등을 통해 실전에 활용하고 응용하는 식으로 접근하고 있다.

본격 입시영어와 즐기는 영어를 반반 섞어서 하는 경우도 있고, 토플 전담 학원에 다니는 아이도 있다. 학원 인프라가 부족하고, 아이 수준과 특성에 맞는 학원을 찾지 못할 경우 온라인 플랫폼을 적극 활용하고, 영어책 읽기를 통해 계속 영어에 대한 관심을 잃어버리지 않게 유도해야 한다.

유튜브 등 영상매체의 애니메이션이나 영화, 드라마, 노래를 이용해서 공부한다면, 어렸을 때보다는 내용을 좀 더 문법적으로 파악하려고 노력하면 좋을 듯하다.

국어는 어휘력, 독해력, 문해력으로 확장시켜 나가기

초등학교 1, 2학년 국어 교과서는 읽기와 듣기 중심의 짧은 글로 구성되어 있다. 이때에는 한글 맞춤법에 틀리지 않고 읽기와 쓰기를 완벽히 습득하는 것이 중요하다. 초등학교 3, 4학년에 올라가면 국어에서 쓰기 비중이 높아지면서 본격적으로 독해력을 키우는 교육이 시작된다. 기본적으로 문단을 나누고, 주제를 파악하고, 내용을 요약할 수 있는 수준에 도달해야 한다.

갈수록 국어가 어렵고 어휘력이 떨어진다고 한다. 문해력은 세대를 막론하고 사회적 화두가 되었다. '2021 국가수준 학업성취도 평가결과 및 대응 전략 발표'에 따르면 우리나라 학생들의 국어 성적은

[교과별 '3수준(보통학력) 이상' 비율]

구분 연도	중3			고2		
	국어	수학	영어	국어	수학	영어
2019	82.9 (0.54)	61.3 (0.94)	72.6 (0.82)	77.5 (0.90)	65.5 (1.24)	78.8 (0.98)
2020	75.4 (0.76)	57.7 (1.01)	63.9 (1.1)	69.8 (1.14)	60.8 (1.27)	76.7 (1.07)
2021	74.4 (0.79)	55.6 (1.05)	64.3 (1.01)	64.3 (1.23)	63.1 (1.32)	74.5 (1.17)

(단위: 퍼센트)

3년간 떨어지고 있다. 실제로 2019년부터 2021년 3년간 국어 보통 학력 이상인 중3 학생의 비율은 2019년 82.9퍼센트에서 2021년 74.4퍼센트로 하락했다. 고등학교 2학년 학생을 기준으로 했을 때, 국어수업을 따라가지 못하는 학생들은 2019년 4퍼센트에서 2021년 7퍼센트대로 늘어났다.

국어임에도 갈수록 무슨 말인지 알 수 없고, 단어의 정확한 의미를 모르겠고, 읽다가 자꾸 딴생각이 머리에 들어오고, 인내심이 바닥을 보이는 아이들이 늘어날 것이다. 물러서지 않고 이 시기 국어 기초를 잘 닦으면 앞으로 10년 공부에 큰 도움이 된다. 국어가 어렵고 이해되지 않으면 다른 과목들을 아무리 열심히 공부해도 성과가 나오지 않는다. 모든 공부의 바탕은 국어에서 출발한다.

그 중요성을 알기에 읽기 독립을 초등학교 1, 2학년에 시도했다가 이후에는 잘하고 있다고 여기고 확인을 안 하는 경우가 많다. 그러다 중·고등학교 내신 등급을 받아 보면 깜짝 놀란다. 배신감을 느낀다는 부모도 있지만, 내신 등급을 좌우하는 국어문제는 매우 어렵다.

고등학교 국어의 비문학 문제는 지문이 한 페이지가 넘는 경우가 허다하다. 기후 변화와 메이저리그, 풍수지리설과 서울, 현실에서의 통화정책 효과 등등 전문가 수준의 지문을 읽고 맥락을 파악해서 문제를 풀어야 한다. 읽는 동시에 맥락을 파악하지 못하면 시간 내에 다 풀기도 어렵다.

본격적인 교과과정이 시작되는 초등학교 3, 4학년에서부터 어휘력, 독해력, 문해력을 갖추지 않으면 수포자가 아니라 학포자가 되기 쉽다. 학교포기자. 내신으로는 도저히 입시의 관문을 통과하지 못할 듯해서 자퇴하고 고등학교 검정시험 본 다음에 정시재수학원으로 직행하는 케이스가 매년 늘고 있다.

아이의 국어 수준이 어디까지 와 있는지 틈틈이 점검하면서 계속 어려운 어휘들을 축적해 둬야 한다. 우리말이다 보니 미친 듯이 공부해도 한 문제도 안 틀리기는 어렵고, 우리말이다 보니 완전히 다 틀리는 경우도 없다. 어휘력, 독해력, 문해력 순으로 국어 실력을 확장해 나가는 방법은 간단하다. 독후활동이라는 후속 공부를 하는 것이다.

읽기만 하지 말고 독후활동 꼭 하기

우선 작품을 하나 선택해 끝까지 읽게 한다. 그다음 A4 용지를 주고 그 내용을 써 보게 한다. 줄거리만 나열하는 아이, 주인공에 빙의된 아이, 작품 제목도 똑바로 못 쓰는 아이, A4 한 장으로 모자라는 아이, 그림까지 그리면서 전혀 다른 이야기책을 만드는 아이 등등 다양한 모습을 보인다.

어찌되었든 한숨부터 쉬지 말고 아이가 쓴 A4 용지를 보면서 "여기에 쓴 거 이야기해 줄래?" 하고 아이의 이야기를 듣는다. "너 이거 왜 이렇게 썼어?" 하고 따지듯 묻지 말고, 아이가 쓴 내용을 거침없이 말할 수 있는 기회를 줘야 한다. 말로 전달하다 보면 종이에는 쓰지 못했지만 기억나는 다른 내용을 말할 수도 있고, 쓰지 못한 것을 다시 쓰려고 시도하는 아이도 있다. 말 그대로 독후활동을 하는 것이다.

이 일련의 과정에는 읽기, 쓰기, 말하기, (엄마의) 듣기 등 언어의 4대 영역이 다 포함되어 있다. 아이의 수준을 점검할 때에는 출판사나 온라인에서 제공하는 포맷이 있는 독후활동지를 사용하지 말고 꼭 백지를 사용하도록 한다. 틀이 제공되면 생각이 제한되고, 엄마와의 독후활동이 평가받는 의미로 다가갈 수 있기 때문이다.

그리고 또 한 가지 주의할 부분은 '대화' 태도이다. 대화는 기본적으로 이어 가는 것이다.

"이 작품 내용이 뭐야?"

"누가 썼어?"

"읽고 느낀 점 이야기해 봐."

엄마들의 대화란 이런 질문이 거의 대부분을 차지한다. 여기에는 아이가 자기 생각을 정리해서 말하고, 다시 엄마와 대화를 이어 나갈 여지가 없다. 심하게 말하면 대화가 아닌 캐묻기를 하는 것이다.

아직 초등학교 3, 4학년이다. 중간중간 추임새만 넣어 주어도 아이는 신이 나서 자기가 읽은 내용을 엄마에게 전달하려고 애쓴다. 그런데 엄마는 질문만 던져 놓고 핸드폰으로 학원 차량시간 체크하고, 단톡방에 대답하고, 배달앱 켜서 음식 시키고 정신이 없다.

최소 30분 독후활동 시간만큼은 아이에게 집중해서 이야기를 들어주고 서로 주고받는 대화를 할 필요가 있다. 이어지는 대화 속에서 자기 생각을 촘촘하게 다듬고, 반론을 제기하면서 스스로 작품이 전하려는 의미를 파악해 나가는 능력이 생긴다. 그것이 바로 문해력이다.

엄마와 함께하는 독후활동은 단순한 문해력 증진 이상의 의미도 있다. 바쁜 가운데에서도 엄마의 지지와 격려를 느낄 수 있는 소중한 시간이 된다. 매일 그렇게 할 수 없다 하더라도 어휘력, 독해력, 문해력을 체크할 시간은 있지 않겠는가. 이왕 하는 것, 샤우팅은 그만 하고 보듬고 나아갔으면 한다.

독해력과 문해력의 차이

자기주도학습에서 말하는 문해력은 독해력과는 다른 의미이다. 독해력은 곧이곧대로 정보를 사실관계에 입각해 정확하게 받아들이고, 그것을 문장 단위로 이해하는 능력이다. 문해력은 객관적으로 파악한 정보를 넘어서 단순 이해가 아닌 글 단위로 맥락을 파악하는 능력이다.

어휘와 독해로 내용을 받아들이고, 맥락을 파악한 뒤, 추론까지 나아가야 하는데 독해부터 안 되는 아이도 많다. 글자는 읽지만 무슨 말인지 모른다. 어휘량이 부족하고, 정확한 의미를 모르기 때문이다.

아이는 자기가 아는 어휘의 양만큼 이해할 수 있다. 제대로 통찰하고 바라보고 이해하고 사고하려면 어휘력을 늘리는 것이 굉장히 중요하다. 이처럼 어휘력이 좋아지면 아이 혼자서도 다음과 같은 다양한 독후활동을 할 수 있다.

- 내용을 요약한다.
- 주요 대목을 필사한다.
- 목차 정리를 한다.
- 마인드맵을 그린다.
- 전체적인 얼개를 써 본다.
- 핵심 단락을 요약해서 외워 본다.
- 새로 알게 된 단어의 의미를 찾아 본다.

이런 다양한 활동을 통해 음미하고 사고하는 기회가 많아져야 독해력도 늘고, 문해력도 늘고, 독서의 진짜 의미를 찾을 수 있다.

또한 논술이나 독서에 치중하다 보면 교과서를 간과하기 쉬운데 국어는 교과서도 중요하다. 교과서 맨 뒤에 보면 어휘가 수록되어 있다. 이 어휘는 해당 학년에 배우고 꼭 알아야 할 단어들이기 때문에 이것을 읽고 의미를 파악하는 것만으로도 어휘 공부가 된다.

배운 내용을 정리하는 필기 습관을 익히는 것도 중요하다. 디지털 학습이 많아지고, 미디어 활용이 일반화 되다 보니 손으로 잘 쓰지 않는다. 하지만 손으로 쓴 것은 머리가 기억한다. 스스로 내용을 정리하면서 필기하고 다시 한 번 쓰는 노력을 하면, 머릿속에 저장되어 필요할 때 꺼내 쓸 수 있다.

기초 한자 1,000자 지금 아니면 못 익혀

초등학교 3, 4학년은 독서와 쓰기를 계속하면서 동시에 한자공부를 시작할 시기이다. 아직은 어려운 한자를 완벽하게 쓰려고 반복적으로 연습할 필요는 없다. 한글로 쓰여진 단어를 보고 한자의 뜻을 유추할 정도면 충분하다.

라이브 방송에서 '악화가 양화를 구축한다'라는 말이 무슨 뜻인지 참여자들에게 물어본 적이 있다. 대개는 구축한다고 하니 쌓아 올린다는 의미로 알고 있었다. 여기에서 구축驅逐은 몰아낸다는 뜻이다.

부실한 돈이 현실통화를 몰아내는 현상인데, 쉬운 예로 우리나라 5만 원 지폐의 품귀현상을 들 수 있다. 5만 원 지폐와 1만 원 지폐는 화폐로서 1:5의 교환 가치를 지니지만, 지폐로서는 1:1의 물리적 가치를 지닌다. 보관이 용이하니 사용자가 많아지고, 5만 원 지폐는 품귀현상이 빚어졌다. 1만 원 지폐 다섯 장을 5만 원 지폐 한 장으로 바꾸기는 어려워도, 5만 원 지폐 한 장을 1만 원 지폐 다섯 장으로 바꾸기는 용이해졌다. 어떤 이유로든 1만원 지폐가 5만 원 지폐를 몰아내고 시장을 장악한 셈이 된다. 구축이라는 단어의 의미를 알면 이러한 현상도 유추해 낼 수 있다. 따라서 한자어 어휘력은 서술형 지문을 파악할 때 필수 요소이다.

초등학교 1, 2학년에서 《마법천자문》 등의 학습만화로 한자를 배우는 재미를 느꼈다면, 초등학교 3, 4학년에서는 구몬이나 장원 같은 학습지를 활용하거나 방과 후 활동으로 한자를 자기 것으로 만들어야 할 타이밍이다. 한자능력검정시험 4급이면 상용한자 1,000자에 해당한다. 이 정도는 초등학교 3, 4학년에서 습득하는 것이 좋다. 중학교에 올라가서 제2외국어로 중국어나 일본어를 선택할 때에도 덕을 본다.

국어 논술학원 꼭 보내야 하나

국어공부법에서 '논술학원에 꼭 보내야 하나'는 빠지지 않고 등장하는 질문이다.

초등학교 3, 4학년부터 논술을 시작하는 데에는 두 가지 목적이 있다. 부쩍 쓰기 활동이 늘어나기 때문에 규칙적인 독서와 독후활동으로 논리력을 키우는 게 첫째 목적이다. 또 하나는 관문은 좁아졌지만 논술로 대학입시를 치를 수도 있기 때문에 미리 대비하려는 목적도 있다. 서술형 시험이 없어지지는 않겠지만 개정된 교과과정으로 입시를 치르는 2009년생이 대입시험을 치를 무렵 이 논술전형이 살아있을지는 모르겠다. 어쩌면 강화될 수도 있다. 아무튼 현재 입시에서는 논술전형도 유효하니, 막연하게 논술을 계속해야 한다는 부모들도 많다.

논리적으로 사고해서 글로 풀어쓰는 능력은 단기간에 형성되지 않는다. 때문에 쓰기가 본격적으로 시작되는 초등학교 3, 4학년에서부터 논리적으로 사물을 바라보고 이해하는 능력을 키우는 것이 필요하다. 하지만 이것이 논술학원으로 채울 부분인지에 대해서는 각자의 판단이 필요한 부분이다.

자발적인 책읽기 습관이 몸에 밴 아이는 논술학원에 갈 시간을 다른 공부에 배분하는 것이 효율적일 것이다. 전혀 책읽기 습관이 들지 않았고, 문장 서술 능력이 부족하다면 차라리 논술에 집중하는 것이 나을 수도 있다. 무슨 말인지도 이해 못하는 아이가 영어나 수학 선행을 계속해 나갈 수는 없지 않은가.

대치동을 중심으로 서쪽의 역삼동, 남쪽의 도곡동 개포동 일원동을 포괄하는 대치권에서 논술로 유명한 두 군데 학원이 있다. 이 두 학원의 공통점은 한마디로 '그룹 독후활동'이라고 요약할 수 있다.

○○○논술학원은 입학 테스트를 통해 읽기 중심의 RNA반, 토론 중심의 DNA반으로 나뉘어 8명이 일주일에 1회 2시간 수업을 한다. 매주 독서과제를 내주고, 토론과 요약의 독후활동을 하고, 독서토론의 수준이 높다. 하지만 수준 높은 책읽기가 오히려 독서에 흥미를 떨어뜨린다는 평가도 있다.

대기시간만 1~2년이라는 ○○원의 경우 유치원 아이부터 초등학교 1학년 사이에 인기가 높다. 그림책부터 고전까지 폭넓게 커리큘럼을 짜서 다양한 책을 읽게 한다. 한 클래스에 5~15명이 정원인데 학년이 올라갈수록 정원이 늘어나는 구조이다. 그림책 만들기, 그림나무 만들기, 독서일기 쓰기 등 다채로운 프로그램으로 독서에 대한 흥미를 유지시킨다는 점에서 선호도가 높다. 하지만 수준 높은 독서를 원하는 부모는 성에 안 찰 수도 있다.

주 1회 하는 그룹 독서 프로그램이 아이에게 얼마나 큰 습관을 형성시킬지는 부모가 판단해야 한다. 꾸준히 해야 한다는 점에서는 논술학원도 한 번 보내기 시작하면 장기 투자를 염두에 둬야 한다. 구몬, 한우리, 교원 등 학습지 회사에서 운영하는 독서 프로그램도 장기 플랜으로 접근해야 하기는 마찬가지이다.

자녀가 어휘력, 독해력, 문해력 중심의 국어가 처지는 편이라면 어떤 형태로든 논술을 따로 배울 필요가 있다. 다만, 사고력 수학과 마찬가지로 초등학교 3, 4학년까지가 적절하다.

사고력 수학에서 벗어나 교과수학으로 전환하기

초등학교 3학년이 되면 학교에서 배우는 여러 과목 중에서 특히 수학이 어려워진다. 나눗셈과 분수와 소수를 배우기 시작하는데 아이 입장에서는 갑자기 난이도가 높아진다. 한 줄로 쓰는 수학이 두 줄로 바뀌는 그 대목을 아이들이 가장 어려워한다. 이 과정을 놓치면 나중에 복구하는 것이 정말 힘들어질 수 있다.

특히 중요한 것은 분수의 기초를 다지고 분수의 개념을 확립하는 것이다. 그렇지 않으면 이후 4학년에서의 분수 덧셈 뺄셈, 5학년에서의 분수 곱셈, 6학년에서의 분수 나눗셈으로 이어지는 과정을 도저히 따라갈 수 없게 된다. 초등학교 수학은 '분수를 향한 대여정'이다. 그래서 초등학교 3학년은 분수의 기초 공사를 단단히 다져 놓아야 하는 수학의 골든타임이라고 할 수 있다.

분수를 제대로 이해하지 못한 채 학년이 올라가면, 갈수록 수학에 흥미를 잃는다. 자녀가 분수도 제대로 못하는 중학생이 되길 바라지는 않을 것이다. 초등수학에서는 분수가 기본 중에 기본임을 명심하자.

아이가 분수 개념을 숙지하고 있는지 확인하고 싶지만 학교에서 시험을 보지 않기 때문에 아이의 수준을 정확하게 알기 어렵다. 학원도 안 다니고 자기주도학습을 하고 있다면 에듀넷의 E학습터(cls. edunet.net) 같은 사이트를 활용하여 객관적으로 아이 수준을 평가하고 확인할 수 있다. 일단 아이의 수학 능력을 확인하면 수준에 맞는 맞춤형으로 대처 방안을 마련하여 아이가 수학에 흥미를 잃지 않게 해야 한다.

[초등학교 학력 평가 방식]

기존 평가 방식	현행 평가 방식
매 학기 치러지는 중간고사와 기말고사 지필 시험 위주로 학습역량을 측정하는 결과 중심의 평가	중간고사, 기말고사 없이 수시로 치르는 단원평가와 수행평가, 수업태도를 통합하는 과정 중심의 평가

초등학교 3, 4학년은 사고력 수학을 계속 할지 말지 결정해야 하는 분기점이다. 만약 아이가 스스로 '재미없어'라고 신호를 보낸다면 사고력 수학 중단을 고려해 보아야 한다. 아이가 흥미를 느끼지 못하는데 굳이 사고력 수학을 고집할 필요는 없다. 이 경우에는 교과, 심화, 약간의 예습 등으로 방향을 전환하는 편이 바람직하다.

연산과 사고력 수학을 다 흡수하고 극강의 선행을 하는 아이들을 보면 너무 공부로 혹사시키는 것이 아닌가 하는 시선도 있다. 하지만 어차피 아이가 받아들이지 못하면 시킬 수도 없다. 극강의 선행도 아이가 감당할 수 있고, 어려운 문제에서 재미를 느끼고 즐긴다면 걱정할 문제는 아니다. 문제는 부모로부터 발생한다. 내 아이를 바로 보지못하고, 남보다 빠른, 남보다 뛰어난 것을 원하는 순간 무리한 선행은 선행학습이 아니라 아동학대라는 비난을 면하기 어렵다.

[2022 개정 초등학교 교육과정 수학]

	1, 2학년	3, 4학년	5, 6학년
수와 연산	• 네 자리 이하의 수 • 두 자릿수 범위의 덧셈과 뺄셈 • 한 자릿수 곱셈	• 다섯 자리 이상의 수 • 분수 • 소수 • 세 자릿수 덧셈과 뺄셈 • 자연수의 곱셈과 나눗셈 • 분모가 같은 분수의 덧셈과 뺄셈 • 소수의 덧셈과 뺄셈	• 약수와 배수 • 수의 범위와 올림, 버림, 반올림 • 자연수의 혼합 계산 • 분모가 다른 분수의 덧셈과 뺄셈 • 분수의 곱셈과 나눗셈 • 소수의 곱셈과 나눗셈
변화와 관계	• 규칙	• 규칙 • 동치 관계	• 대응관계 • 비와 비율 • 비례식과 비례배분
도형과 측정	• 입체도형의 모양 • 평면도형과 그 구성 요소 • 양의 비교 • 시각과 시간 (시, 분) • 길이(cm, m)	• 도형의 기초 • 원의 구성 요소 • 여러 가지 삼각형 • 여러 가지 사각형 • 다각형 • 평면도형의 이동 • 시각과 시간(초) • 길이(mm, km) • 들이(L, mL) • 무게(kg, g, t) • 각도(°)	• 합동과 대칭 • 직육면체와 정육면체 • 각기둥과 각뿔 • 원기둥, 원뿔, 구 • 다각형의 둘레와 넓이 • 원주율과 원의 넓이 • 직육면체와 정육면체의 겉넓이와 부피
자료와 가능성	• 자료의 분류 • 표 • O, X, /를 이용한 그래프	• 그림그래프 • 막대그래프 • 꺾은선그래프	• 평균 • 띠그래프, 원그래프 • 가능성

수학 실력이 오르지 않는 세 가지 이유

수학에서 가장 중요한 것은 개념학습이다. 아무리 교과서를 열심히 읽어라, 개념을 곰곰이 잘 생각해 봐라 해도 아이들에게는 확 와 닿지 않는 모양이다. 개념이 중요한 것은 알겠는데 어떻게 하면 개념을 잘 이해할 수 있을지, 다른 선생님이 알려준 방법대로 해봐도 잘 안 된다고 호소한다.

이렇게 말하는 아이들이 개념을 이해하는 방식에는 크게 세 가지 오류가 있다. 이 오류만 해결해도 수학을 빨리 자기 것으로 받아들이는 데 도움이 된다.

첫째, 잘못된 교과서 읽기

교과서를 어떻게 읽어야 하는지 구체적인 방법을 모른다는 것이 문제이다. 교과서의 중요성을 알면서도 수학뿐만 아니라 다른 과목에서도 교과서를 잘 활용하지 않는다. 어떻게 교과서를 활용해야 하는지 그 구체적인 방법을 모르기 때문이다.

둘째, 개념의 증명과정 설명 불가능

증명과정을 대부분 눈으로 읽고 넘어가기 때문에 알긴 알겠는데 설명을 시켜 보면 정확하게 답하지 못한다. 개념의 증명과정을 적어도 세 번 이상 손으로 써 봐야 한다. 직접 써 보는 것은 해당 과정을 이해하는 데 큰 도움이 된다. 세 번 쓰는 것은 어려운 일이 아니지만 단순

쓰기만 해도 도움이 되는 것은 아니다. 단순히 베껴 쓰는 것은 개념을 이해하는 게 아니라 '나는 개념을 이해하기 위해 이렇게 써 보기까지 했어'라는 자기 위안과 변명밖에 되지 않는다.

셋째, 개념의 반복학습 및 공식 암기 소홀
반복학습은 암기과목에서만 필요한 것이 아니다. 수학에서도 반복학습이 필요하고, 배운 내용에 대한 반복적 이해가 수학 개념 이해에 도움을 준다.

구체적 방법을 모르기 때문에 이런 세 가지 문제를 안게 되고, 이는 수학 실력 향상을 더디게 만든다.

수학을 빨리 잘하고 싶다면 '진짜 개념 이해'의 습관을 들여야 한다. 개념을 읽으며 공식 도출 과정을 반복적으로 학습한 뒤 암기하는 것 또한 개념을 완벽하게 이해했다고 말할 수 없다. '개념 알기'와 '개념이해'는 다른 말이다. 개념 알기는 학생이 학습할 내용 자체를 그냥 보고 아는 것이다.

나눗셈을 예로 들어 보자. 나눗셈의 개념은 '어떤 수를 다른 수로 나누는 계산. 나눗셈은 같은 양이 몇 번 들어 있는지 알아보는 포함제와 똑같이 나누어 한 부분의 크기를 알아보는 등분제의 의미가 있다.'라고 교과서에 쓰여 있다. 개념 알기에서 멈춘 아이는 '나눗셈은 똑같이 나누는 것!'이라고 생각하고 넘어간다. 개념을 이해한 아이는 '나눗셈은 두 가지 의미를 갖고 있어. 필통에 연필이 세 자루 있다면 우리 세 명이 하나씩 나눌 수 있지. 그런데 연필 두 자루는 새 연필이고, 한 자루는 반 정도 썼다면 등분해야 하니까 2.5를 우리 셋이 나누어야 해.'라고 해당 개념을 본인만의 언어로 해석해서 다른 사람에게 설명할 수 있다.

나눗셈 개념을 모르는 친구에게 설명하고 친구도 이해하면 그것은 본인도 개념을 이해한 것이다. 그래서 문제집의 공식을 외우기보다는 스스로 교과서 내용을 자기가 정리해서 쓰는 습관을 들이라고 하는 것이다.

대부분 새로운 개념을 배울 때 선생님의 설명을 듣고, 용어를 인식한 뒤 '공식 무조건 암기하기, 문제 많이 풀기'의 방법에 익숙해져 있다. 이 방식으로 공부하면 자신이 개념을 잘 이해하고 있다는 착각에 사로잡힌다. 초등학교와 중학교에서는 큰 무리가 없지만 고등학교 수학을 할 때에는 점수를 끌어내리는 원인이 된다.

고등학교에 가서는 공식 암기와 문제 많이 풀기로는 개념 이해가 되지 않는다. 그러면 고등수학은 원래 어렵다는 단순 논리로 자신의 수학 실력 부족을 변명한다. 원래 어려운 것이기 때문에 현재의 수학 실력이 아니었다면 이 정도도 못했을 것이라고 위안한다. 이 지경에 이르면 공식을 보고 암기한 뒤에도 문제에 적용하기 어려워지고, 결과적으로 수학 점수는 아무리 문제를 풀어도 하락일로를 걷는다.

아이들에게 교과서 내용을 정리하라고 하면 이렇게 말한다.

"에이, 선생님. 수학을 무슨 노트 정리를 해요. 그거 다 문제집이랑 참고서에 있는데 그것만 알면 되지 시간 아깝게 교과서를 뭐 하러 봐요. 그럴 시간에 문제 하나라도 더 풀지."

"교과서 정리해 봐도 하나도 도움이 안 되던데요. 보니까 다 공식이고. 그럴 시간에 정리된 공식을 한 번 더 보고 외우는 게 낫죠."

이 대답에 동의하는 친구들은 잘못된 개념 이해 방식을 갖고 있다. 제대로 개념을 이해하려면 단순히 공식을 이해하고 문제를 풀어내는 수준에 그쳐서는 안 된다. 실제 풀이한 후 자신이 설명할 수 있어야 하는데, 이 과정을 잘 펼쳐 놓은 책이 바로 학교에서 공부하는 교과서이다.

그럼 어떻게 읽어야 교과서를 제대로 읽는 것일까.

수학교과서는 국어책이 아니다. 따라서 읽어 보기식이 아닌 구석구석 정리되어 있는 내용을 꼼꼼히 살펴서 자신만의 개념노트에 정리할 수 있어야 제대로 읽은 것이라 할 수 있다. 이때 개념 정리가 어렵다고 생각되거나, 자신이 정리한 내용이 옳은지 판단하기 어려울 때, 그때는 참고서를 보며 다시 확인해야 한다. 단순 공식 외우기로 익히는 것이 아니라 개념을 진짜 내 것으로 가져오는 방법이다.

다시 한 번 반복하자면,

첫째, 교과서를 꼼꼼하게 제대로 읽고,

둘째, 개념을 설명할 수 있을 정도로 이해하고,

셋째, 교과서 개념을 자신의 개념노트에 정리할 수 있어야 한다.

초등학교 3, 4학년에는 자신만의 공부 방법을 터득하고 학습능력을 키우는 것이 중요하다. 어떤 공부를 해야 하는지 학습목표를 정하고, 어떤 내용을 익혀야 하는지 인지할 수 있어야 한다. 물론 이 과정에서 아이가 학습목표와 진도를 잘 이행하고 있는지 부모의 확인이 시시때때로 필요하다.

흔히 메타인지 능력이 높으면 공부를 잘할 수 있다고 한다. 메타인지는 자신이 무엇을 알고, 무엇을 모르는지 정확히 아는 능력이다. 학습목표를 정확히 이해하면 목표에 따라 무엇을 공부할지 결정할 수 있고, 반복학습을 통해 그 내용을 정확히 숙지할 수 있게 된다. 초등학교 3, 4학년부터는 이런 식으로 자기만의 학습 프로세스를 갖추어야 한다.

MBTI 성격 유형으로
알아보는
공부법 동기부여

성격과 성향에 따라
공부를 대하는 태도가 다르기 때문에,
동기부여 방식도 달라야 합니다.

아이마다 공부하는 이유가 다르다

보통 어른들은 '아이들이 서로 경쟁하다 보면 잘하고 싶지 않을까?'
라고 생각한다. 물론 어떤 아이는 경쟁을 좋아하고, 경쟁을 통해 경쟁
력이 강화될 수 있다. 하지만 어떤 아이는 경쟁을 싫어하며, 경쟁을
통해 오히려 의지가 꺾이기도 한다. 그래서 경쟁력을 키우려면 아이
의 성격 파악이 우선이다.

공부도 마찬가지이다. 아이의 성격을 잘 파악하면 아이를 공부
스트레스로 힘들게 하지 않으면서도 올바른 공부법으로 유도할 수
있다. MBTI는 성격 유형을 파악하는 여러 방법 가운데 하나이다.
MBTI로 분류해 공부에 동기부여를 하는 것은 기대하는 것 이상의
효과가 있기 때문이다.

요즘 아이들은 만나면 "너 I야? E야? T야, J야?" 하고 묻는 것이 관

심의 표현이고 인사이다. MBTI를 당연하게 자기 정체성의 일부로 받아들인다. 예를 들어 검사해서 ESTJ가 나왔어, ENTJ가 나왔어, 그래서 공부를 이런 방식으로 하는 게 더 좋다라고 권하면 잘 수용하는 편이다.

MBTI는 두 개의 태도 지표(내향과 외향, 판단과 인식)와 두 개의 기능 지표(감각과 직관, 사고와 감정)에 대한 선호도를 밝혀, 총 16가지로 개인의 성격 유형을 분류하고 있다.

첫째 지표는 내향(I)과 외향(E)이다.

혼자 가만히 있으며 만족감을 느끼면 I형, 누군가를 만나 수다를 떨고 감정을 발산하며 만족감을 느끼면 E형이라고 할 수 있다. 내가 생각하는 나 스스로가 만족스러우면 내향, 남이 보는 내가 만족스러우면 외향적 성격으로 구분한다.

둘째 지표는 감각(S)과 직관(N)이다.

N형은 숲 전체를 바라보려고 하고, S형은 숲 안에 있는 나무의 디테일을 보려고 한다. N형은 '다 잘 될 거야'라고 미래지향적이고 이상적인 태도를 취하지만 S형은 '이래 가지고 되겠어'라는 지극히 현실적인 태도를 취한다.

셋째 지표는 감정(F)과 사고(T)이다.

F형이 정서적이라면 T형은 논리적 합리적이다. F형은 '좋으면 하고, 싫으면 안 한다.', T형은 '맞으면 하고, 틀리면 안 한다.' 식의 성격적 특징을 보인다.

넷째 지표는 판단(J)과 인식(P)이다.

이 지표는 꼼꼼한 성격이냐 아니냐로 구분할 수도 있고, 변화에 대한 적응을 보기도 한다. 갑자기 사정이 생겨서 변경이 되어도 괜찮다면 P형, 그것이 힘들다면 J형으로 볼 수 있다. 누구와 만나기로 했는데 갑자기 약속이 깨지는 상황이 발생했다고 해보자. 아마도 P형은 '그럴 수 있지 뭐, 이제 뭘 할까?', J형은 '이게 뭐야! 내 계획이 틀어졌잖아, 기분 나빠.'라고 반응할 것이다.

다음은 이 지표를 토대로 만들어진 16가지 성격 유형에 맞게 솔루션을 제시한 것이다. 문제와 사물을 바라보는 방식이 다름을 이해하면 어떻게 동기부여를 해야 할지 길이 보일 것이다.

ISTJ형
계획표가 곧 동기부여

거짓말을 모르고, 논리적이며 현실적으로 사고한다. 세밀한 계획과 마스터플랜 짜는 것을 굉장히 중요하게 생각한다. 계획대로 움직여야 심리적으로 편안함을 느끼며, 계획을 짜는 것만으로도 동기부여가 되고 그대로 실천했을 때 성취감을 느낀다. 직업적으로 세무사, 회계사, 감정평가사 같은 금융전문가에 적합하며, 한 가지를 맡으면 깔끔하게 끝까지 해내는 유형이다.

이런 성향을 가진 아이는 책임감이 크고 일을 끝까지 완수하려는 욕구가 강하기 때문에 공부에 유리하다. 가령 숙제를 다 마치지 않으면 본인 스스로 스트레스를 받는다. 계획표를 짤 때에도 꼼꼼하게 시간 단위로 잘 짜는 편이다. 최상위권 학생 가운데 가장 많은 유형이다.

하지만 신중하고 꼼꼼한 대신 순발력과 창의성은 부족한 편이다. 그래서 예기치 않은 뜻밖의 상황이 닥치면 당황할 수 있다. **시험 볼 때 처음 풀어 보는 새로운 유형의 문제나 킬러문항에 미처 준비가 되어 있지 않으면 당황한 나머지 아는 문제도 풀지 못하는 경우가 종종 있다.** 순발력 있게 상황에 대처하는 능력이 떨어지는 것이다.

만약 아이가 ISTJ형이라면 이런 상황에 당황하지 않도록 미리 많은 연습을 시켜야 한다. 시험을 칠 때 어려운 문제는 별표를 치고 넘어가기, 문제에 대한 아이디어 발상법, 마킹하는 시간 등등 디테일한 부분까지 정해 놓아야 안심하고 자기 능력을 충분히 발휘할 수 있다.

또한 지나치게 꼼꼼하게 공부하려다 시험범위를 다 공부하지 못하는 우를 범할 수 있으므로, 대범하게 핵심 위주로 공부할 수 있도록 훈련시켜야 한다. 먼저 전체적으로 빠르게 훑어 본 다음 처음으로 돌아와 반복하는 공부법이 효과적이다.

ISTJ형 아이와 ENFJ형 부모

서로 상극이라 할 만큼 다른 타입이다. ISTJ형 아이는 계획을 세우고 꼼꼼하게 실천하고 자기 시간을 가지길 원하는 반면 ENFJ형 부모는 자신의 조언을 자녀가 귀담아듣고 태도를 개선해야 한다고 생각한다. 아이는 부모가 계속 참견한다고 느끼고, 부모는 아이가 외곬이라 말을 잘 안 듣는다고 느낀다. 시간을 두고 지켜보면 아이 혼자서도 잘하는데 부모가 참지 못하고 계속 잔소리로 푸시하면 사이가 안 좋아질 수 있으므로 인내심을 가질 필요가 있다.

ISTP형
반복학습만이 살 길

'모 아니면 도'이다. 가능해 보이면 시도하지만 불가능해 보이면 아예 시도조차 하지 않는다. 당장 내일이 시험인데 시험공부를 하나도 안 했다면 '어차피 지금 공부해 봤자 점수도 안 나올 텐데 잠이나 자자.'는 식이다. 이런 아이라면 남은 시간이라도 공부하면 단 30점이라도 올릴 수 있고, 그것이 중요함을 일깨워 줘야 한다.

ISTP형 아이는 조용하고 말이 없으며, 최소한의 노력으로 최대 효과를 끌어내려는 습성이 있다. 따라서 좀 더 열심히 노력하면 훨씬 더 잘할 수 있다는 것을 깨닫게 해야 한다.

반복학습 계획을 잘 짜 주면 좋은 효과를 볼 수 있다. **미루는 습성이 있으므로, 계획을 짜고 계획대로 공부하는 습관을 들이는 것이 바람직하다.** 여러 번 많이 공부할 수 있도록 습관화시켜 주어야 한다. 이 단점이 극복되면 과학기술이나 엔지니어 계통에서 최적의 직업을 찾을 수 있다.

그리고 만만한 공부만 하려는 경향도 있다. 원인과 결과가 명확한 수학이나 과학을 좋아하는 편이지만, 심화학습에 들어가면 자꾸 움츠러들고 안 하려고 한다. 실력 향상에 한계가 올 수밖에 없으므로 심화학습에 각별한 신경을 써야 한다.

또한 혼자 편하고 자유롭게 공부하는 걸 좋아해서 왁자지껄 친구들과 어울리는 것엔 별 관심이 없다. 혼자서도 잘 놀기 때문에 앞에

놓인 문제가 어렵고 흥미를 못 느끼면 게임기를 붙들고 앉을 가능성이 농후하다.

최소한의 노력으로 최대한의 효과를 거두려는 매우 경제적인 행동 방식을 갖고 있어서 소란하고 지저분한 환경에서도 공부에 집중할 수 있는 타입이다. 환경에 동요되지 않고 하기만 하면 되는 스타일이다. '이렇게 지저분하게 해놓으면 정신없어서 공부가 되겠느냐.'고 잔소리할 필요가 없다.

이 유형의 아이는 칭찬을 해도 별로 감흥을 받지 않는다. 남의 칭찬보다 자기만족이 더 중요한 아이이다. 칭찬받을 행동을 해도 자기 자신에게 비판적이며 냉정하게 평가하려 든다. 아이가 시험에서 90점 받을 것 같다고 해도 실제 점수는 95점이 나올 수 있다. 그러므로 칭찬 열 번보다 한 번의 보상을 확실히 해주는 편이 훨씬 더 효과적이다.

ISTP형 아이와 ENFJ형 부모

무뚝뚝한 ISTP형 아들과 잔소리 작렬하는 ENFJ형 엄마가 만나면 역시 '모 아니면 도' 관계가 된다. ENFJ형 엄마는 최대한 자제하는 노력이 필요하다. 관심은 마음속에 묻어 두고 계획을 세울 때 점검하고, 손을 놓지 않도록 살피는 정도여야 한다. ISTP형 자녀는 논리적 타당성이 입증되어야 행동하기 때문에 공부에 관한 대화를 할 때에는 논리적 근거를 갖고 차분하게 설득해야 한다. 협박도 과장도 안 통하는 성격이어서 샤우팅은 귓등으로도 안 듣는다는 것을 명심하자.

ESTP형
잘하는 옆 친구가 원동력

공부보다 재미를 추구하며 충동적으로 행동한다. 스터디카페에 간다면서 PC방이나 코인노래방이 보이면 옆길로 새기 십상이다. 그렇다고 억지로 제어하려 들면 반항심만 커질 뿐이다.

제재를 가하기보다 주변에 공부하는 친구들밖에 없는 것이 더 효과적이다. 친구를 만나려면 공부할 수밖에 없는 환경이면 공부한다. **주변의 영향을 많이 받기 때문에 상향 발전을 자극하는 친구가 있으면 도움이 된다.** 공부 못하는 남학생이 공부 잘하는 여학생과 같은 학원에 다니기 위해 밤새 공부하는 드라마틱한 일이 벌어질 확률이 제일 높다.

ISTP형 못지않게 노력 대비 성과를 극대화하는 것을 좋아하지만 인내심은 강하지 않다. ISTP형은 혼자 잘 논다면, ESTP형은 같이 놀거리를 찾아낸다. 이런 성향을 고려하여 짧은 시간이라도 집중해서 공부하고, 나머지 시간은 친구와 놀게 해주는 것이 통한다. 친구 좋아하고 재미를 추구하는데, 가성비를 중요하게 여기니 활동가형이라고 하는 것이다. 경영이나 마케팅, 스포츠 산업 쪽으로 진로를 잡는 친구들이 많다.

이 유형의 아이는 70퍼센트 정도 해놓고도 다 했다고 주장한다. 나머지 부족한 30퍼센트를 끊임없이 피드백해서 100퍼센트를 마저 채울 수 있게 해 주어야 한다. 따라서 장단기 목표를 부모가 세심하게 세우고 관리해 나가는 것이 필요한 아이라고 할 수 있다.

모험적이고 선입견이 별로 없기 때문에 개념과 규범에도 다소 취약하다. A=B라는 단순한 규칙도 자기 나름대로 A=C로 받아들이는 식이다. 개념 이해를 어려워할 수 있으므로 교과서 수학을 제때에 잘하고 있는지 점검해야 한다.

여럿이 모이고 어울려 과제를 수행하는 것을 즐기기 때문에 소수 정예 학원이나 소그룹 과외 방식을 추천한다. 혼자서는 심심해서 공부하기 힘들어할 수 있다. 공부에 자기주도성을 확립하기까지 많은 주의와 노력이 필요한 친구들이다.

ESTP형 아이와 ENTJ형 부모

자유롭고 개방성이 높은 아이를 엄격하게 관리하는 스타일의 부모가 키우다 보면 아이 입장에서는 부모가 옥죈다는 기분을 자주 느낄 수밖에 없다. 부모 눈에는 아이가 임기응변으로 빠져나갈 궁리만 하는 것으로 보인다.

계획이나 목표를 세울 때 부모가 시켜서 하는 기분이 들지 않게 아이가 주도해서 세우도록 기회를 주고, 공동의 목표로 만드는 것이 좋다. 장기 계획을 거창하게 세우기보다 단기목표를 세워 달성하면 보상하는 방식으로, 치고 빠지는 전략을 구사하는 것도 방법이다.

ESTJ형
계속 오르는 점수가 중요

현실적인 타입이다. 지나치게 사무적이고 현실적이라 친구관계에서 상대방이 상처를 입을 수 있다. '자기밖에 모른다'는 소리를 듣기 쉬우므로 이 부분만 보완하면 주도성도 좋고, 계획도 잘 짜기 때문에 공부에 좋은 영향을 미칠 수 있다. 특히 자기주도학습을 하기에 적합한 성향이다. 실현 가능한 현실적인 목표가 있고, 방향이 명확하면 빠른 수행능력으로 엄청난 성과를 낼 수 있다.

이상적인 비전이나 투철한 사명감보다 현실적으로 자신에게 이득이 되는 것에 대한 계산이 정확하다. 예를 들어 학원에 등록할 때에도 '이 돈을 내고 수업을 들으면 확실히 실력이 늘고 도움이 될 수 있을까?'를 먼저 따진다. 약간 어른스러워 보일 정도로 사리분별과 판단력이 좋은 편이다. 그리고 그것을 인정받는 것이 중요해서 칭찬에 약한 편이다. 자기가 얼마나 공부했고, 점수가 얼마나 올랐는지 보여 주는 것을 좋아한다. 이 성향의 아이라면 결과도 결과지만 그 과정을 잘 지켜보면서 칭찬하고 인정해 주면 거기에 응답하듯 더 보란 듯이 잘 해낸다.

ESTJ형은 주도면밀한 타입이어서 공부를 진짜 자기 비즈니스라고 인식하는 순간 어떻게든 성과를 내고 목표를 달성하기 위해 최선을 다한다. 계속 점수가 오르면 그 끝을 보기 위해 있는 힘을 다하기 때문에 목표를 상향해서 잡는 것도 나쁘지 않은 선택이다.

마인드맵을 활용해서 학습전략을 구체화시키고 실행하면 공부 성과가 눈에 띄게 보인다. 현실 감각이 좋기 때문에 법률, 행정, 회계 등 시험을 봐서 통과하는 전문직 쪽으로 진로를 잡아도 좋다.

ESTJ형 아이와 INFP형 부모

ESTJ형은 자신처럼 타인도 그러해야 한다고 믿기 때문에 반대 성향의 사람에게는 그 의견을 무시하거나 적대감을 내비치기도 한다. 이에 반해 INFP형 부모는 타인의 감정을 소중히 여기는 공감능력이 뛰어나다. 정반대되는 현실감각이 뛰어난 아이와 감정 성향이 뛰어난 부모가 만났기 때문에 소위 말해 '아이에게 휘둘리는' 경우가 많다. 사춘기나 고등학교에 올라가면 부모의 조언이나 코칭이 안 통할 수 있기 때문에 아이와 비슷한 유형의 멘토를 통해 우회적 코칭을 시도하는 게 나을 수 있다.

ENTJ형
경쟁하며 성취할 때 힘을 발휘

리더십이 대단히 강하며 우두머리가 되는 걸 좋아한다. 한마디로 골목대장 스타일이다. 자기주장이 강하며 비전과 리더십을 잘 발휘한다. 스터디그룹에서 리더 역할을 하기에 적격이다. 가끔 건방져 보인다는 소리도 듣지만 누가 시키지 않아도 나서서 다른 사람을 잘 도와준다. 하지만 자기주장이 워낙 강해서 부모 말을 잘 안 듣는 경향을 보이기도 한다. 시켜서는 절대 안 하는 유형이라고 할 수 있다.

자존심이 매우 강한 것도 특징이다. 지킬 수 없는 엄청난 양의 계획이나 혁신적인 공부법을 해보겠다고 호언장담하다가 실천하지 못하면 자존심 때문에 잠수를 타는 아이도 있다. 자기 뜻대로 되지 않으면 마구 화를 내기도 한다. 때문에 실현 가능한 목표를 갖고 단계별로 계획을 세워 차근차근 실행하는 습관을 들여야 한다.

ENTJ형 아이가 공부에서 가장 큰 보람을 느낄 때에는 논제를 치열하게 파고들어서 자기 생각과 주장이 먹힐 때이다. 브레인스토밍에 강한 아이들이다. 따라서 비슷한 성향을 가진 아이들과 그룹을 지어서 구멍을 메우고 빨리 진도를 나가서 계속 새로운 지식을 습득하는 것도 방법이다. 선행효과가 좋다. 정보를 취합해서 자기만의 방식으로 바꾸는 것도 탁월하기 때문에 동기부여만 확실하게 되면 손을 타지 않는다.

단점이라면 자기 자신을 과신하는 바람에 암기를 소홀히 할 수 있다는 것이다. 친구가 되었든 부모가 되었든 선생님이 되었든 현실적으로 달성 가능한 목표를 제시하는 참모 역할이 필요하다. 뒤에서 누가 따라오는 것을 즐긴다. 경쟁하고 전략적으로 노력하는 것을 좋아하므로 경쟁 환경에서 공부하는 것도 나쁘지 않다.

긴장감을 즐기는 타입이므로 타이트한 스케줄로 움직이는 기업 CEO, 정치인, 투자전문가, 마케팅 책임자 등의 직업이 어울리는 아이이다.

ENTJ형 아이와 ENTJ형 부모

ENTJ형은 높은 자존감과 열정과 지적 호기심을 지니고 있어서 타인과 큰 갈등을 일으키지 않는다. 스스로가 너무 중요하기 때문에 타인의 영향을 거의 받지 않는다. 오히려 남아도는 에너지로 타인을 이끌어 주는 편에 가깝다. 같은 성향의 ENTJ형 부모와 잘 맞을 수도 있지만 삐걱거리기 시작하면 두 개의 태양이 나란히 불타는 듯 주변을 힘들게 한다. 아이가 도움을 요청하기 전에 나서서 이래라 저래라 간섭하지 않되, 도움을 청할 때에는 '나라면 어떻게 했을까?'를 먼저 떠올려 보고 해법을 제시하면 거의 성공한다.

INTJ형
스스로 깨닫는 공부 백신 놓기

ENTJ형과 똑같은데 내향형이다. 웬만해서는 외부의 조언이나 충고를 귀담아듣지 않는 고집불통이다. ENTJ형은 타인까지 고려하는 반면 INTJ형은 혼자 잘난 맛에 공부한다. 장점이라면 혼자서 잘 해낼 수 있다는 것이다. 어차피 남의 말을 잘 안 듣기 때문에 학원이나 사교육보다 자기주도학습으로 공부하는 편이 훨씬 더 효과적이다.

또한 고집이 매우 세고 성취 기준도 높아 현재 능력치에 아랑곳하지 않고 항상 100점을 추구한다. 전교 30등이어도 전교 10등이 아닌 전교 1등을 바라보고 공부한다. 자기를 이기려고 공부하는 타입이다.

공부 스타일을 잡아주기 위해 공부하는 시간 동안은 꽉 막힌 방음 부스를 설치해서 외부와 완벽 차단되는 공간을 마련해 줘도 좋다. 공부 부스라고 부르는 독서실 책상이나 방음 부스는 ESTP형 아이에게 설치해 줬다가는 난리가 나지만 INTJ형 아이에게는 효과적이다.

고집불통에 높은 성취욕을 갖고 있어서 누군가 반론을 펼치면 끝까지 자기주장을 관철하려 든다. 선생님이 '물리경시대회에 나가려면 수학을 더 우선시하고 공부해야 해.'라고 조언하면 그 말을 순순히 받아들이지 않고 '저는 물리를 좋아하니까 이번 경시대회에 나가기 위해 일반물리책을 보겠습니다.'라고 답하는 식이다.

이런 성향의 아이는 부모나 선생님의 말을 잘 듣지 않기 때문에 시행착오를 겪을 수밖에 없다. 고집불통이라 말을 안 든다고 화를 내거나 짜증을 내도 소용이 없다. 오히려 가급적 빨리 시행착오를 겪게 해서 '내가 이런 시행착오를 했구나.' 하고 스스로 깨닫게 해주는 편이 낫다. 본인이 스스로 깨달아 잘못된 점을 고칠 수 있게 일종의 백신을 빨리 맞히는 것이다.

집중력이 높고, 논제에서 증명하고 이기는 것을 좋아하고, 자기만의 스타일로 혼자 승부를 내려는 성향이기 때문에 과학자, 시스템 개발자, 제약회사나 화장품 회사 연구원 등의 진로를 추천하고 싶다.

INTJ형 아이와 ESTP형 부모

생각이 많고 높은 수준을 성취하고자 하는 INTJ형 아이에게 확인사살은 금물이다. 알아서 하기 때문에 갑자기 '너 그거 다 했어?'라고 확인하고 끼어들면 안 된다. INTJ형 아이는 자기만의 방식과 시간을 존중받아야 열정이 돋는다. ESTP형 부모는 자극을 추구하고 즉흥적인 면이 있기 때문에 기분에 따라 채근하는 일이 없도록 항상 조심해야 한다. INTJ형 아이는 항상 두뇌와 정서가 긴장하고 있어서 쉽게 피로를 느끼고 기댈 곳을 찾기도 한다. 그때 부모로서 유연하고 편안하게 기댈 수 있도록 대응하면 된다.

ISFJ형
칭찬과 심신의 안정이 최고

성실하고 온화하며 협조를 잘한다. 말과 행동이 무척 조심스럽다. 소심해 보이고 표현을 잘 안 하지만 인정욕구가 강하고 참을성이 많다. 이 성격은 공부할 때에도 끈기 있게 한다. 남을 조용히 도와주는 것도 무척 좋아한다. 도움을 받은 상대가 고마움을 표시하면 그것 또한 매우 좋아한다. 쪽지를 써 주고 답장을 받으면 감동하는 스타일이다. 누군가를 신경 써 주고, 배려해 주고, 선물 주고받기를 좋아한다.

반면 자존감과 자신감은 약한 편이다. '내가 정말 잘할 수 있을까?' 고민하며 스스로를 잘 믿지 못한다. 골대 앞까지 드리블을 잘했음에도 망설이다가 정작 슛을 날리지 못하는 타입이다. 그러므로 ISFJ형 아이라면 학습적으로 성취감을 느낄 수 있도록 사소한 것이라도 빨리 성공경험을 시켜주어야 한다. 가령 문제집을 풀었는데 점수가 기대 이상으로 높게 나왔다거나, 학원 레벨 테스트를 통과해 등급이 올라간다든지 하면 칭찬을 듬뿍 해줘서 자신감을 심어 줘야 한다.

그런가 하면 다소 소심한 성격이라 어른이나 친구들 사이에서 갈등 상황이 벌어지면 이를 굉장히 힘들어한다. 특히 엄마 아빠가 부부싸움을 할 경우 이 유형의 자녀에게는 치명적일 수 있으므로 조심해야 한다.

치열한 경쟁 상황도 힘들어한다. 경쟁이 경쟁력을 강화시키는 것이 아니라 오히려 약화시키는 타입이다. 경쟁이 심한 특목자사고는 피하는 편이 좋다. 이 유형의 아이에게는 자기 성취를 통해 얻은 자신감과 타인의 칭찬이 경쟁력을 강화시키는 요소가 된다. '넌 정말 잘할 수 있어.'라고 다독여 주는 환경이 아이에게 좋은 영향을 미친다.

공부에 있어서는 성실하고 인내심 있는 성격이 장점으로 작용한다. ISFJ형은 부족한 자신감만 잘 북돋아주면 상위권으로 유도할 수 있다.

ISFJ형 아이와 INTJ형 부모

경쟁환경으로 내몰아 반강제적으로 공부를 강요하는 것은 금물이다. 지적 능력이 뛰어나고 돌직구를 던지며 공감도 잘 안 해주는 INTJ형의 엄마가 ISFJ형 아이에게 '왜 넌 그것밖에 못하는 거니!'라고 다그치면 아이는 주눅이 들어 아예 공부를 포기하려 들지도 모른다. INTJ형 부모는 아이의 공부 방식을 비합리적이라고 여기며 억지로 조정하려 들 수 있다. 다소 이해가 안 되는 면이 있더라도 오픈 마인드로 아이를 지지하는 연습을 부모가 해야 한다.

INTP형
마음대로 시간을 쓰게 해주기

이른바 '똑똑이들'로 기본적으로 영민함을 갖추고 있다. 지적인 욕구가 높아 책이나 영상을 많이 본다. 뭔가 중요한 것을 찾아보는 호기심이 커서 '왜?'를 굉장히 탐구한다. 머릿속에는 '왜 그럴까, 왜 그런거지?'라는 생각이 항상 맴돌고 있다. 그리고 본인 하고 싶지 않거나 싫어하는 일에는 의미를 부여해 줘야 비로소 움직인다. 즉 논리적으로 납득되지 않거나 의미를 찾을 수 없으면 굳이 뭔가를 하려고 하지 않는다.

자신의 관심사를 무시하면 아예 입을 닫아 버리는 스타일이다. '쓸데없는 건 그만하고 이거나 해라.' 식의 대화법은 통하지 않는다. 아이의 관심 분야 책을 함께 읽으면서 대화를 나누는 등의 공감을 표현해 주면 좋아한다.

아이와 대화를 나눌 때에는 논리적으로 납득되게 설명하려는 자세가 필요하다. 지적 유희를 즐기는 총명한 아이임을 명심해야 한다. 똑똑하기 때문에 말을 꽤나 안 듣는다. 그래서 엄마가 논리적이지 않고 감정적으로 대하면 아이가 잘 따르지 않는다.

친구관계에서는 거의 모노톤을 유지한다. 감정적으로 상대방에게 공감도 잘 안 하지만, 자신을 이해해 달라고 징징대지도 않는다. 똑똑하면서 생각이 많고, 그 생각이 꼬리에 꼬리를 물기 때문에 멍 때리는 시간이 많다. 이때 생각을 방해받는 것을 매우 싫어한다. 기초과학 연구에 어울리는 성향이라고 볼 수 있다.

이과를 택하더라도 규칙과 구조를 파악하는 공학 계열보다 순수 자연과학에 어울린다. 한 가지에 몰입하면 다른 것을 잊어버리고 몰입하기 때문에, 해야 할 일을 뒤로 미루는 성향도 있으므로 이 부분도 신경 써 주어야 한다. 자칫 덕질에 빠지는 아이도 종종 있다. 공부에 몰입할 수 있는 스위치를 찾아서 켜 주면 반짝 하고 불이 들어오는 타입이다.

INTP형 아이와 ESFP형 부모

끊임없이 혼자 생각하다가 뭔가 연결 지어 규칙을 이해하는 특징이 있기 때문에 '일찍 자고 일찍 일어나라.'는 잔소리를 끔찍하게 여긴다. INTP형 아이는 자율성과 독립성을 보장해 주어야 하는데 ESFP형 부모는 끊임없이 말을 걸고 친화력을 과시한다. 친구 같은 부모를 꿈꾸고, 목표와 상관없는 즉흥적인 면도 있어서 아이의 조용한 세계를 수시로 침공한다. 재미있고 유쾌하고 편한 부모를 지향하는 것이 오히려 INTP형 아이에게는 피곤함과 짜증을 불러일으킬 수 있기 때문에 주의해야 한다.

ENFP형
아이돌처럼 대하라

공부와 관련하여 가장 불리한 유형 중 하나이다. '공부를 못한다'가 아니라 성향상 공부에 불리하다는 의미이다. 이 유형의 아이는 자존감을 키워 주고 자신에게 집중해 주는 것이 중요하다. 경쟁으로 끌어올릴 수 있는 타입이 아니다. 자신이 잘하는 것 그 자체를 보여주는 것이 의미가 있지, 남들과 비교하면 상처받기 쉽다. 어른들 눈에는 산만해 보일 수 있지만 반대로 생각하면 관심사가 다양한 것이다. 불꽃 튀는 스파크처럼 에너지도 넘친다.

기대에 못 미치는 실력이 확인되는 순간에도 "네가 최고야!", "이것도 할 줄 아네!", "그 이야기 다시 한 번 들려줄래?"와 같은 말로 팬심을 보여주는 게 필요하다.

그 아이만 갖고 있는 특유의 창의성과 독창성을 무시하지 않도록 조심해야 한다. 절대 남과 비교해서도 안 된다. '너 자꾸 이렇게 하면 나중에 ~된다'라고 현재의 상황을 미래와 연결시키는 말도 절대 금물이다. 굉장히 상처받는다. 현실성, 구체성, 한계성에 대한 인식이 부족한 편이다. 막연히 다 잘될 것이라는 초긍정 마인드가 때로는 원동력이 되고, 때로는 독이 되는 타입이다.

장점도 많다. 타인의 감정을 잘 이해하고, 뛰어난 적응력을 갖고 있다. 상상력이 풍부해 생각의 확장이 넓고 창의적이다. 획일화된 틀에 맞추는 것은 힘들어한다. 한마디로 핵인싸 기질이다. 긍정성이 뛰어난 아이이므로 공부의 긍정성에 대해 계속 일깨워야 한다.

공부를 강요하는 기숙학원 같은 곳에 보내는 것은 아주 좋지 않은 선택이다. 자유를 어느 정도 허용하면서 최소한의 구체성과 현실성을 유지하는 정도로 타협해야 한다.

지루함을 못 견디는 대신 호기심과 관찰력이 뛰어나고 친화력이 좋기 때문에 이과성이 보인다면 초등학교 3, 4학년에는 실험과학 교실 등에 꾸준히 보내어 공부에 대한 흥미를 잃지 않도록 끌어줘야 한다. 문과성이 보인다면 주니어통번역사 활동이나 영어캠프 등을 경험하면서 외교관을 목표로 도전해도 좋을 것이다.

워낙 활발하고 사람을 좋아하고 감성이 풍부해서 에너지가 넘친다. 본인의 에너지를 잘 발산시킬 수 있는 예체능에 적합한 성향이므로 대외활동을 하면서 여러 친구와 어울리는 프로젝트를 통해 공부에 대한 관심을 계속 유도할 필요가 있다.

ENFP형 아이와 ISTJ형 부모

ENFP형 아이는 사랑받는 게 중요하고 감정의 소통을 원하는 유형이기 때문에 부모의 지지와 관심이 중요하다. 반면 ISTJ형 부모는 논리와 사실적 현실적 가치를 매우 중요하게 여기므로 아이의 불규칙함과 돌발행동을 못마땅하게 여기는 정도가 아니라 통제하려고 든다. ISTJ형 부모는 자기 장점을 백분 살려서 규칙과 계획, 목표와 성실함의 가이드라인을 제시하되 심하게 통제하지 않도록 노력해야 한다. 자칫하면 아이에게 '엄마 아빠는 나를 사랑하지도 않고, 난 기대에 못 미치는 아이야.'라는 생각을 심어 줄 수도 있다.

ENTP형
설렘이 있어야 몰입이 가능

'선생님 이건 왜 이런 거예요?'라는 식으로 질문이 많은 유형이다. 과시하는 것도 좋아한다. INTP형도 질문을 많이 하지만 ENTP형은 교류까지 해야 만족스러워 한다. INTP형은 질문에 대해 궁금한 점을 찾아볼 수 있는 시스템을 마련해 주는 것이 중요하다면, ENTP형은 피드백을 해주는 것이 중요하다.

성취욕이 강하고 자기 기준점이 높기 때문에 80~90점에 만족하지 않고 95~100점을 추구한다. 따라서 추구하는 것이 이뤄졌을 때 기분을 아는 것도 하나의 방법이다. 가슴이 두근두근해야 움직이는 타입이기 때문에 공부에 강한 동기부여가 되는 계기가 있어야 한다. '영재학교에 가고 싶어.', '과학고등학교(이하 과학고)에 꼭 들어가고 싶어.', '학원의 톱클래스에 들어야지.' 등의 욕구가 일어나게 해야 한다. 공부를 잘한다는 평가의 맛을 보고, 시야를 넓히고, 가슴이 웅장해지는 경험이 생긴다면 열성적으로 공부에 매진할 타입이다.

또한 자기만족감도 굉장히 높은 편이라 칭찬을 하더라도 질문식 칭찬을 해주는 것이 좋다. '어, 잘했어!'가 아니라 '이건 내가 가르쳐 준 방식은 아니지만 너무 괜찮은데, 네가 알고 있는 방식을 말해 줄래?'라고 되묻는 식이다. 이 유형의 아이는 자신의 설명에 뿌듯함을 느끼고, 자랑스러워한다. 그래서 직접적인 칭찬이 아닌 질문식의 간접적인 칭찬이 더 효과적이다.

논쟁을 좋아하는 성향이라 자칫 따지는 아이로 오해하기 쉽다. 그럴 때에는 '아이가 교감을 원하는구나.' 하고 이해해 줄 필요가 있다. '네가 그렇게 말해서 엄마가 상처를 받았잖아.'라고 야단치는 것이 아니라 '넌 그렇게 생각하는구나. 엄마는 이렇게 생각하는데.'라고 접점을 찾아 소통하면 좋은 효과를 얻을 수 있다. 그리고 잘못하면 거친 말투로 상대방에서 상처를 줄 수 있으므로 이런 점도 잘 설명하여 미리 교육시킬 필요가 있다.

ENTP형 아이는 학원을 찾기 어렵다는 특징도 가지고 있다. 실력도 실력이지만 아이와 교감이 가능한 선생님을 찾아야 하기 때문이다. 그리고 자기 수준에 맞는 친구들도 있어야 한다. 그렇지 않을 경우 학원 적응이 쉽지 않다. 이런 성향을 고려하여 학원이나 사교육을 선택할 때에는 아이 수준에 맞는 커리큘럼, 수업 방식, 멤버가 있는 환경인지 잘 살펴보아야 한다.

다재다능하면서도 소통과 교감의 아이콘이니만큼 콘텐츠PD 같은 창의적인 디렉터 쪽으로 진로를 고려해 보면 좋다.

ENTP형 아이와 ISFP형 부모

ENTP형 아이는 호기심이 많아서 말끝마다 "왜?"를 달고 산다. ISFP형 부모는 말수가 적고 대체로 수용하는 편이어서 아이 입장에서는 부모의 기분을 잘 알아차리기 어렵다. 아이의 에너지를 감당하지 못하는 경우도 발생한다. ENTP형 아이는 자신의 주장이 관철되어야 말을 멈추는 반면, ISFP형 부모는 조용히 지내고 싶어 한다. 귀찮은 마음이 들더라도 아이가 서운해하지 않게 잘 피드백해야 한다.

ESFJ형
실속 챙기는 법을 가르치기

친절과 배려와 공감의 아이콘이다. 하지만 너무 타인에게 맞추다 보니 정작 자기 의견이 없다는 것이 약점이다. 공부할 때에도 친구나 선생님을 먼저 배려하는 바람에 본인이 하고 싶은 공부나 해야 할 공부를 놓칠 수 있다. 성격상 이런 부분이 있다는 것을 늘 염두에 두고 잘 살펴야 한다.

남이 나를 어떤 시각으로 바라보는지에 아주 예민하게 반응한다. 겉으로 보기에는 모범적이고 반듯해 보인다. 타인을 배려하는 모범생이 되고자 하는 욕구가 강하다. 하지만 타인에 대한 배려가 반대급부로 자신에게 돌아오지 않을 때 상처를 많이 받는 타입이다. '내가 너에게 그렇게 다정하게 잘해 주었는데, 어떻게 넌 그렇게 무뚝뚝하게 나를 대할 수 있니?'라고 하소연하는 식이다. 뭔가 잘못했을 때에는 직설적으로 지적하는 것도 좋지 않다. '어떻게 우리 아이가 상처받지 않고 잘 받아들일 수 있을까?'를 생각하며 될 수 있는 한 부드럽게 말하려고 애써야 한다.

지나치게 본인의 희생을 감수하려는 성향이 있으므로 이를 조심해야 한다. 가령 친구가 노트를 잃어버린 상황에서 친구에게 자기 노트를 보여 주고 설명하느라 정작 본인의 공부시간을 허비할 스타일이다.

이 유형의 아이는 선생님으로부터 칭찬받는 것을 중요하게 생각한 나머지, 자칫 '보여주기식 공부'에 치중하는 수가 있으므로 실상을 잘 체크할 필요가 있다. 기본적으로 ESFJ형 아이는 계획을 짜서 꼼꼼히 공부하는 걸 좋아한다. 다만 타인에 대한 배려 때문에 자기 공부에 소홀해질 수 있으니 이를 적절히 조절할 수 있게 같이 계획을 짜면 좋은 효과를 거둘 수 있다.

부모 입장에서는 지나치게 친구들을 챙기는 모습에 답답함을 느낄 수 있다. 하지만 '어설프게 남 일에 신경 쓰지 말고 네 거나 똑바로 잘 해!'라고 다그치면 안 된다. 그 아이는 친구에게 잘해 주는 것에서 힘을 얻는 것이다. 그러니 '친구를 도와주는 것도 정말 중요하긴 한데, 네 것도 챙기면서 친구를 도와주면 더 좋지 않을까? 친구에 대한 배려도 그 친구가 원해야 배려가 되는 거야.'라고 차분히 설명해 주는 편이 더 효과적이다.

ESFJ형 아이와 ISFP형 부모

언뜻 보면 많은 부분이 유사해서 잘 맞는 듯싶지만, 부모 역시 배려하고 허용하는 자세를 많이 갖고 있기 때문에 아이에게 실속을 챙기라고 가르치기가 쉽지 않다. 머리를 맞대고 공부에 대한 계획을 같이 세우고 미래를 구체화시키는 일을 일부러라도 해야 하는 관계이다.

INFJ형
감정적 번아웃에 대비하라

속마음이 아주 복잡하다. 속마음이 복잡하고 생각이 많은 탓에 답답해 보일 수도 있다. 하지만 독창성이 있으며 사람 마음을 잘 읽는다. 이 유형의 아이는 보이지 않는 형이상학적 가치와 의미에 많은 무게를 둔다. 영어단어 하나를 외우더라도 어떤 의미, 어떤 가치가 있는지 공감이 되어야 암기를 시작하는 식이다. '33개 단어로 14,000개 영단어를 외운다'처럼 어원을 알고, 의미를 유추하고 푸는 방식이 훨씬 효율적으로 단어를 외우는 방법이다.

반면 사람의 마음을 잘 읽고 내향적이라서 부정적 감정에 취약하다. 여러 명과 친하게 지내지도 않고, 가까워지는 데 시간이 오래 걸리지만 친해지면 가까운 사람의 감정은 바로 읽어 낸다. 그것을 안다 해도 밖으로 풀어내는 성격이 아니기 때문에 혼자 속으로 삭히다가 친구의 감정에 동요되기 쉽다. 또한 새로운 발상이나 직감을 잘 떠올려 인정받을 수 있는데 표현을 잘 안하기 때문에 그냥 놔두면 굳이 말하려 들지 않는다. 그러니 질문을 많이 해서 자신의 발상을 표현할 수 있도록 이끌어야 한다. 자기 생각을 잘 표현하지 않지만 상상력과 감성은 풍부하고 복잡한 내면을 갖고 있다.

구체적인 설명이나 논리보다 상징적 표현인 그림이나 이미지를 좀 더 잘 받아들이는 경향이 있다. 겉보기에는 아이가 말도 없고 조용해서 무난해 보일 수 있지만 까면 깔수록 뭔가 자꾸 나오는 양파와 같다. 직설적인 비난이나 비판을 굉장히 받아들이기 힘들어한다. 직설적인 표현보다 비유와 상징을 이용한 격려나 칭찬으로 아이의 공부 싹을 틔워 줘야 한다. 사실만 정확하게 말해 줘야 알아듣는 아이와 달리 INFJ형 아이는 돌려 말해야 상처받지 않고 수용할 수 있다.

의미 없는 반복적인 일들을 좋아하지 않아서 공부할 때에도 무조건 문제풀이나 암기를 강요하면 납득하지 못한다. 언어와 매체(고등 국어)에 나오는 긴 지문에 흥미를 보이기도 한다. 비판에 상처를 잘 받기 때문에 '3학년인데 아직도 나눗셈을 못하면 어떡하니?' 같은 말에는 금방 움츠러든다. 그런 말을 들으면 '공부를 왜 해야 되지? 나는 뭘까?'라고 생각하기 시작하고, 걷잡을 수 없이 그 생각으로 빠져들고, 이유를 찾느라 다른 것은 까맣게 잊어버린다.

INFJ형 자녀를 둔 부모는 아이의 내면에 계속 공감을 표현하고 생각과 발상, 속마음 등을 스스로 말할 수 있게 같이 리듬을 타줘야 한다. 그렇지 않으면 성실함, 두뇌, 자기주도성 같은 것이 모자라서 공부를 안 하는 게 아니라, 자기감정이 주체가 안 돼서 학업속도가 점점 처지게 된다.

너무 단순하고 기계적으로 접근하는 것도 아이를 힘들게 할 수 있다. 그런가 하면 은근히 주관도 강하기 때문에 아이의 신념이나 가치를 인정해 줘야 좋은 영향을 미칠 수 있다.

성향상 이과보다 문과가 더 맞을 듯하지만, 계산과 답이 정확한 과목일수록 마음의 동요 없이 진도를 쭉쭉 나갈 수 있다는 점에 주목할 필요도 있다. 그 어떤 아이도 한 가지 성향만 갖고 있지는 않다. 이 가운데 가장 두드러진 부분은 키워 주고, 위험한 부분은 될 수 있으면 돌출되지 않게 잘 돌봐 주면서 목표를 향해 갈 수 있도록 독려해야 할 것이다.

INFJ형 아이와 ESTJ형 부모

ESTJ형 부모는 사실에 입각한 팩폭을 날리는 편이다. 흔히 말하는 꼰대력이 만렙이다. 가정을 이끄는 부모로서 공정하고 사실적이고 리더십이 있어서 천생 부모 역할을 잘 수행하는 것 같지만 자녀가 INFJ형 성향이면 전혀 다른 문제이다. 돌려 말할 줄 모르는 성격을 그대로 발산하면 아이는 받아들이기 무척 힘들어한다. 아이의 성향에 맞게 돌려 말하는 연습을 좀 할 필요가 있다.

ISFP형
휩쓸리지 않게 뚝심을 심어 줘라

감수성이 풍부하고 마음결이 고운 아이들이다. 남에게 상처 주기도 싫고 상처받기도 싫기 때문에 비난이나 비판에 취약하다. 친구를 사귀는 것도, 공부에 눈을 뜨는 것도, 뭐든 오래 걸리는 아이라고 생각하면 된다.

재미있는 일대일 대화를 좋아하므로 아이와 대화할 때에는 공부 이야기부터 하는 대신 아이가 좋아하는 관심사를 가지고 이야기를 시작하는 것이 좋다. 표현을 잘 안 하는 편이므로 '이게 좋아, 저게 좋아?' 식의 선택형 질문을 해서 아이가 하는 대답으로 대화의 물꼬를 트는 것도 좋은 방법이다.

장시간 몰입시키기 위해 애쓰지 말고, 조금씩 나눠서 공부하게 하고, 다 마치면 칭찬을 듬뿍 해줘서 다음 공부에 대한 기대감을 심어 주면 좋다. 공부 분량이 많으면 부담스러워 한다. 본인이 느끼기에 '복잡하다, 많다'라고 여기면 싫증을 내며 쉽게 포기하는 성향이다.

과제를 조금씩 나누어 내고, 과제를 완수했을 때 리액션을 좀 더 많이 해주면 좋아한다. 칭찬과 보상에 민감하기 때문이다. 너 이번에 잘했으니까 '영화 보러 가자.', '스테이크 먹으러 가자.', '놀이공원에 가자.'라는 식으로 대응하면 좋은 효과를 볼 수 있다. 주의할 것은 이러한 보상과 칭찬에 길들여지면 칭찬과 보상이 없을 때에는 잘 응하지 않기 때문에 적절하게 활용해야 한다는 것이다.

ISFP형 아이는 얌전해 보이지만 끼가 많고 은근히 잘 논다. 또한 남을 잘 배려해서 자기 의견을 쉽게 포기하고 무작정 남의 말을 따라가는 성향도 있다. 공부할 때에도 친구가 A학원이 좋다고 하면 A학원으로 옮기고, 친구가 B학원이 좋다고 하면 B학원으로 옮기는 식이다. 자기주관을 단호하게 표현하는 데 어려움을 겪을 수 있게 때문에, 소신 있게 행동하고 공부하는 법을 많이 가르쳐야 한다. 뜻대로 되지 않으면 포기를 택할 수 있다.

ISFP형 아이와 ESFJ형 부모

ISFP형 아이는 위협적인 큰 목소리로 야단맞으면 심리적으로 크게 무너질 수 있다. 아이가 놀고 싶어서 과제를 빼먹는다든지 해도 고함을 지르기보다 조용하고 단호하게 그 잘못을 지적해야 한다. ESFJ형 부모 또한 사랑과 에너지가 넘치는 스타일이어서 아이와 시너지 효과를 낼 수 있다. 다소 규칙을 중요시하는 부모의 기질이 아이에게 답답함으로 다가올 수 있어서 사춘기에 들어설 때에는 각별한 주의가 필요하다. 지나친 사랑과 관심, 그리고 규칙을 달가워할 사춘기 아이는 그다지 없다.

INFP형
<u>특급 칭찬을 해줘라</u>

멘탈이 약한 아이들이 많다. 우유부단한데 예민해서 감정기복이 심한 편이다. 자신만의 신념이나 가치관을 중요하게 생각하기 때문에 누가 자신의 내면 혹은 정신세계를 건드리는 것을 몹시 싫어한다. 한 발 더 나아가 특별한 존재라는 느낌을 받으면 아낌없이 올인한다. **자기 존재의 특별함이 공부에서 나온다는 것을 깨닫는 순간 공부에 매진할 가능성이 크다.**

별난 게 아니라, 특별하다고 생각하며 바라봐 줘야 비로소 아이의 자존감이 살아난다. '왜 이렇게 이상하게 문제를 풀어?'가 아니라 '이 문제는 이렇게 풀 수도 있구나, 대단한데?' 하는 식으로 아이의 독특함에 공감하며 인정해 줄 필요가 있다. 단, 그 독특한 문제풀이 방식이 시험에서 안 통할 수 있음은 알려 줘야 한다.

자신만의 세계에서 살아가기에 현실 감각이 좀 떨어져 보일 수 있다. 느긋하고 시간 개념이 부족하며 무언가 결정하는 것을 무척 힘들어한다. 겉으로는 쾌활하고 발랄해 보여도 예민하고 우유부단한 구석이 있어서 결정을 잘 못 내린다. 그렇다고 아이의 우유부단함을 억지로 고치려 들고 강압적으로 혼내면 신체적으로 반응하여 몸이 아플 수도 있다.

반복적으로 암기하기보다 스토리텔링 학습 스타일을 더 선호한다. 현실적인 면이 부족해서 실제 시험에 소용이 없는 공부도 재미를 느끼면 계속한다. 부모 입장에서는 '뭐 하러 저걸 저렇게 열심히 하지?' 싶은 이해되지 않는 공부로 시간을 보내더라도 성급하게 야단치지 않도록 한다. 아이 속에 있는 '나는 남과 달라.'라는 자의식을 더 키워 주고 그 자의식이 공부 쪽으로 오게 유도하는 노력이 필요하다.

선생님이 좋으면 그 과목도 좋아하는 성향이기 때문에 사교육을 선택할 때 아이 의견을 존중해서 택할 필요가 있다.

INFP형 아이와 ESTP형 부모

INFP형 아이는 자신의 생각이나 독특함을 무시하고 형식적으로 대하는 것은 아주 싫어한다. '너의 특이하고 독특한 그 세계관을 인정해 줄게. 너는 너만의 유니버스가 있으니까.'라는 자세로 대해야 한다. ESTP형 부모의 눈에 아이가 공부 기질이 없어 보이고, 기대에 못 미칠 수 있다. 그런 부정적 시각을 걷어 내야만 아이가 상처받지 않고 부모를 따를 수 있다.

ESFP형
선놀후공을 선공후놀로 바꾸기

쾌활하고 발랄하고 천진난만한 성격을 지닌 아이들이다. 깊이감이 없어 보이지만 밝고 명랑하다. 시간 개념이나 정리 개념이 많이 부족하지만 항상 즐겁고 상냥하고 다정다감하다. 감정적으로 격한 반응과 애정 어린 스킨십을 굉장히 좋아한다. 공부보다는 노는 것이 먼저이고, 놀고 싶어서 공부하는 아이이기 때문에 '선놀후공, 먼저 놀고 뒤에 공부'가 아니라 '선공후놀, 공부 먼저 뒤에 놀기'로 인식을 전환시켜 줘야 한다.

자신의 관심사에 대해서는 말을 많이 한다. 상대방이 관심이 없어도 자신이 좋아하는 게임이나 음악에 대해 끊임없이 말하고 싶어 한다. 아이가 ESFP형이면 귀찮아하지 말고 아이의 말을 잘 듣고, 몰입하고, 질문하며 관심을 보이는 것이 매우 중요하다. 예를 들어 축구를 몹시 좋아하는 아이가 '엄마, 오늘 손흥민이 골을 넣고 토트넘이 이겼어.'라고 소리치면 축구를 별로 좋아하지 않아도 맞장구치면서 동질감을 느끼게 해줘야 한다. 그래야 나중에 부모의 진지한 충고나 입시에서의 여러 가지 선택을 무게감 있게 받아들인다.

공부할 때에는 공부와 놀이의 경계를 모호하게 해주는 것이 좋다. 놀이인 듯 공부인 듯 즐기면서 할 수 있게 해주는 것이 포인트이다. 즐거움과 놀이를 추구하는 '놀기 위해 공부하는 아이'임을 인정해 줄 필요가 있다. 이 유형의 아이들은 장기적인 목표를 제시하면 힘들어한다. 단기적인 목표를 제시하고, 목표를 달성하면 놀 수 있게 해주어야 한다. 그러면 기대 이상의 성과를 얻을 수 있을 것이다.

ESFP형 아이에게 친구관계는 소중하고 매우 중요하다. 친구와의 교류가 아주 큰 동기부여가 되기도 한다. '게임을 같이 하는 친구가 공부를 열심히 하니까 나도 같이 공부하고 싶다.'는 식이다. 누구를 만나서 노느냐에 따라 1등도 될 수 있고, 꼴등도 될 수 있는 스타일이다.

그리고 미래보다 현재를 중요시하는 특징이 있다. 흔히 어른들은 아이에게 동기부여를 하려고 '나중에 성공하려면 지금 열심히 공부해야 한다.'라는 말을 즐겨 하곤 한다. 하지만 미래보다 현재가 훨씬 더 중요한 이런 유형의 아이에겐 씨알도 먹히지 않는 말이다. 그러므로 아이의 관심사를 미래의 꿈에 접목시키도록 도움을 주는 것이 더 효과적이다.

ESFP형 아이와 INTP형 부모

ESFP 아이는 집안의 분위기 메이커로 어떻게 하면 우리 가족이 즐겁고 행복할지 생각을 많이 한다. 깜짝 쇼나 선물 주기 같은 것을 매우 좋아하는데 INTP형 부모는 이런 일을 쓸데없는 이벤트라고 여긴다. 혼자 사색하기를 즐기는 INTP형 부모에게 ESFP형 아이는 때로는 귀찮고 피곤할 때가 있다. 그런데 아이는 그것을 매우 직관적으로 빠르게 캐치한다. 부모가 귀찮아하는 것을 느끼는 순간, 부모에게 반감을 품고 돌아선다. 부모가 귀찮아하거나 거부하면 더 달라붙지 않고 아예 마음을 친구나 다른 곳에 두기 때문에 '영향력 있는 부모'가 되려면 아이의 흥을 귀찮아하지 않아야 한다.

ENFJ형
눈치 안 보고 아는 대로만 말하기

말에 힘을 실을 수 있는 아이들이다. 자신의 말을 통해 타인에게 영향을 미치는 것을 무척 좋아한다. 하지만 아이러니하게도 타인과 논쟁을 벌이거나 비판받는 것은 굉장히 힘들어한다. 상대방의 말 한마디에 크게 토라져 바로 등을 돌릴 수 있는 타입이다.

이름을 자주 불러 주고 스킨십과 애정 표현도 많이 해주는 것이 좋다. 대화할 때 눈을 맞추고 진지하게 경청하는 모습을 보이면 아주 좋아한다. 본인 이야기에 격하게 공감하며 맞장구를 쳐 주면 매우 뿌듯해 한다. 반면 말을 못하게 막아버리면 몹시 힘들어한다.

그렇다 보니 자기 자신보다는 주변을 더 신경 쓰고, 평가에 민감하다. 말을 잘하기 때문에 자신을 잘 표현하는 것처럼 보이지만 사실은 좋은 반응을 얻고 싶어서 눈치를 보는 것이다. 친구랑 같이 있고 싶어 하고 말을 많이 하느라 정작 본인은 무엇을 잘하고 무엇을 좋아하는지 잘 모를 때가 많다. 말을 잘하니 영어도 잘하기를 기대하지만 공부에 대해 관심이 적기 때문에 인위적으로 끌어올리기 전까지는 영어에 전혀 관심이 없다.

배운 것을 다른 친구에게 설명하면서 완벽하게 숙지하는 공부법에 최적화된 유형이라고 할 수 있다. 이 유형의 아이는 친구와 함께 공부하는 그룹 스터디가 좋다. 친구를 만나기 위해서라도 학원에 빼먹지 않고 간다. 부모를 착각에 빠뜨릴 수 있다. 선생님이 질문하면 틀리든

맞든 상관없이 대답을 잘하고 성격이 쾌활하니까 수업을 잘 따라가는 것처럼 보인다. 수준 체크를 간간히 해볼 필요가 있다.

이런 성향을 조금이라도 누그러뜨리려면 부정적인 감정도 솔직하게 표현할 수 있도록 해주는 것이 바람직하다. 슬픈 일이나 괴로운 일에 대해 말하고자 할 때는 '그래서?' '저런!' 등의 추임새를 넣어 주면서 끝까지 그 일에 대해 말할 수 있도록 기회를 줘야 한다. '시끄러, 들어가서 공부해.'라고 핀잔을 주지 않도록 주의해야 한다.

결론적으로 ENFJ형 아이는 말 에너지를 잘 사용할 수 있게 해주는 것이 중요하다. 동시에 공부나 시험을 주제로 이야기할 때에는 가급적 지나친 비판이나 논쟁은 피하는 게 좋다.

ENFJ형 아이와 ESTJ형 부모

ESTJ형 부모는 구조를 만들고 설계대로 실행해서 성과를 볼 때 만족하는 타입인데 ENFJ형 아이는 그런 건 다 필요 없고 엄마 아빠가 자기 말을 들어주기만 해도 좋다고 생각한다. ESTJ형 부모는 자신의 기준으로 아이를 대하지 말고, 아이의 기준으로 실천 가능한 것을 설계해 나가는 것이 좋다.

학군지 고민과 대치동 이야기

성남 분당구
고양 일산 서구
안양 범계 평촌 학원가 — 수도권

대치, 중계, 목동 — 서울

강원지역 — 원주, 춘천

대전 서구·유성구 — 대·충·세 지역

경북지역 — 구미, 포항

전주혁신시 — 전북지역

대구지역 — 대구 수성구

광주 남구 — 광주지역

부·울·경·제 지역 — 부산 해운대구 울산 남구

경기도
춘천
강원도
인천 서울
충청북도
충청남도
대전
경상북도
구미
전주
전라북도
대구
울산
경상남도
부산
광주
전라남도

학군지 이동을 고민하는 이유

속칭 학군지라고 하면 서울에서는 대치, 중계, 목동을 일컫는다. 가파르게 학원이 우후죽순 생겼다가 사라지는 지역이 아닌, 명문 고등학교가 있고, 수백 개의 학원이 밀집된 곳을 일컫는다. 지방에서 전통의 강자는 부산 해운대구, 대구 수성구, 대전 유성구 등을 꼽는다.

학원이 많다는 것은 아이 수준과 성향에 맞게 사교육을 택할 수 있다는 의미이다. 동네마다 학원은 있지만 내 아이 학습 수준에 맞는 선행이나 보강을 해줄 마땅한 학원을 마음대로 고를 정도로 즐비하지는 않다. 학군지에서는 이러한 고민을 상대적으로 덜 수 있다.

또한 밀집되어 있기 때문에 학교에서 학원, 집 세 군데를 오갈 때 시간과 체력이 절약된다는 의견도 많다. 무엇보다 면학 분위기가 조성되어 있어서 적어도 분위기 때문에 공부를 안 할 걱정은 없다. 더불어 청소년기에 맺어지는 친구들 또한 높은 수준의 학구열과 매너를 갖고 있다는 점 또한 장점으로 꼽힌다.

아이 중심의 학군지 이동 판단 조건

학군지의 면학 분위기는 상상을 뛰어넘는다. 아이의 성향과 공부 수준이 무엇보다 학군지에 맞아야 한다. 대치동을 예로 들자면 수학은 제 학년보다 3년 이상 선행이 되어 있어야 보낼 수 있을 정도로 학원 수준이 높다. 그 정도 선행이 아니면 또래가 아닌 한창 어린 동생들이 다니는 학원에 같이 다닐 근성이 아이에게 있어야 한다. 영어는 인기 학원은 입학 테스트와 레벨 테스트를 리터니 수준에서 통과해야 한다. 국어의 읽기는 성인들이 읽는 인문 사회 계열의 전문서적을 읽고 이해하는 수준이어야 한다. 비학군지에서 최상위권이라고 자신만만했던 아이도 학군지에 가서는 평범한 수준일 수 있다. 이런 부분을 감안해서 학군지 이동을 고민해야 한다.

학군지에 가야 할 아이, 이탈하는 아이

부모가 사교육을 정교하게 세팅해서 쉴 새 없이 학원을 오가게 하면 될 것이라는 막연한 희망을 품고 학군지를 선택하면 실패할 수 있다. 공부 당사자인 아이가 공부 욕심이나 목표의식이 전혀 없는 상태에서 선택하면 아이의 스트레스가 극에 달할 수 있다. 다 잘하기 때문에 내신 등급을 따기 어려운 면도 고려해야 한다.

그러나 분위기에 잘 휩쓸리는 아이에게는 학군지가 좋은 대안이 될 수 있다. 초등학교부터 중학교 1학년까지는 시험을 보지 않기 때문에 아이들이 공부 의식 없이 학교만 오가는 현 상황에서 면학 분위기를 만나기 쉽지 않다. 학군지의 면학 분위기는 아이에게 '다 같이 공부하는 분위기'라는 좋은 영향을 미칠 수 있다.

또한 노력을 열심히 하는데 성적이 잘 나오지 않는 아이에게도 학군지 경험이 필요하다. 학군지의 사교육 프로그램들도 성적이 잘 나와야 유지되기 때문에 경쟁이 치열하다. 그만큼 좋은 성적을 받는 효율적인 공부 방법과 조건을 제공하고 있어서 노력형 아이들에게는 좋은 결과를 맛보여 준다. 한 번 맛본 좋은 성적에 대한 경험은 노력을 멈추지 않는 원동력이 된다.

학군지 선행이 기준이 되면 안 되는 이유

학군지에서는 모든 학생이 최상위 선행을 할 것이라는 오해가 있다. 학군지의 장점은 수많은 학원들 가운데 아이 수준에 맞는 사교육을 찾을 수 있다는 데에 있다. 학군지 식 공부는 곧 극강의 선행에 합류

해야 한다는 뜻이 아니다. 비학군지에서 학군지를 벤치마킹해서 극강의 선행을 시도하는 부모들이 있는데, 항상 아이 수준에 맞게 알맞은 선행을 해야 효과가 좋다는 것을 잊지 말아야 한다. 우리 아이들에게는 노력하면 올라갈 수 있는 여지가 있다. 평균에 못 미친다면 평균으로 끌어올리는 노력, 평균 이상이면 더 상승하려는 노력을 하면 되는 것이고, 이를 위해 사교육의 도움을 받는 것이다. 다른 사람과 다른 학생에게 눈을 돌리지 말고 자기 자녀에게 집중해야 공부에서 좋은 결과를 얻을 수 있다.

그 외 고려사항

학군지로 언제 이동할지도 부모들의 고민이다. 사립초등학교에 입학하는 것이 아니라면 초등학교 입학할 때부터 학군지에서 시작하는 것이 좋다. 학군지는 눈에 보이지 않는 거대한 시스템으로 움직이고, 우리나라 사교육계를 이끈다. 사교육 시장은 온오프라인 총합 연 26조 원가량의 규모이다. 제도권 밖에서 형성된 이 엄청난 경제 규모에는 두 가지 의미가 있다. 하나는 강제되지 않은 질서가 존재한다는 것, 또 하나는 감당해야 할 비용이 상상을 초월할 수도 있다는 것이다.

현실적으로 실제 학군지 이동을 고민하고 있다면 하루라도 빨리 이동해서 그 시스템에 적응하는 것이 좋고, 그에 따른 경제적 기회비용 또한 고려해야 한다.

1기

유아기에서 초등학교 1, 2학년
공부 정서 만들기

국어 읽기 독립, 바른 글씨
영어 4대 영역 파닉스
수학 사고력 수학, 연산
★ TCI 기질성격검사

2기

초등학교 3, 4학년
공부 습관 만들기

국어 어휘력·독해력·문해력 확장, 독후활동 필수
영어 4대 영역 가운데 잘하는 분야 집중
수학 교과수학으로 전환
★ MBTI 검사 동기부여

3기

초등학교 5, 6학년
공부 독립 시키기

국어 마인드맵으로 내용 숙지
영어 교과문법 기초 확립
수학 사칙연산 마스터
★ 웩슬러 지능검사, 문이과 성향 파악

4기

중학교 1, 2학년
공부 실속 챙기기

국어 교과문법, 수준 높은 독서
영어 문법 마스터
수학 교과수학 충실, 선행은 최대 1년
★ 시험 적응 공부법 터득, 목표 고등학교 설정

5기

중학교 3학년, 고등학교 1학년
공부 몰입 시키기

국어 독해력은 비문학, 문해력은 문학에 활용
　　 국어문법 완성, 독서량 풍부하게
영어 리딩, 라이팅 마스터
수학 고교학점제 대비 수학기초 다지기
★ 플래닝과 6주5회독

3기

초등학교 5, 6학년
공부 독립 시키기

국어

마인드맵으로 내용 숙지

영어

교과문법 기초 확립

수학

사칙연산 마스터

★ 웩슬러 지능검사, 문이과 성향 파악

혁신의 시간이 온 것

뇌와 호르몬이 아이의 모든 것을
바꾸기 시작합니다.
관심사, 공부 태도, 친구, 경쟁심….
객관적 지표를 통해
전반적인 리뉴얼이 필요한 때입니다.

공부 독립은 왜 해야 하는가

초등학교 5, 6학년이 되면 슬그머니 "엄마, 나 오늘 학원 빠지면 안
돼?"라는 소리를 하기 시작한다. 드디어 올 것이 왔다. 엄마의 샤우팅
은 더 자주 더 높이 올라가고, 아이의 대응도 더 고집스러워지는 사춘
기가 시작된 것이다.

요즘은 사춘기를 열두 살에 시작해서 스무 살까지 않는다고 한다.
신체적 변화가 시작되는 초등학교 5, 6학년에 한 번 앓고, 공부 좌절
감에 빠지는 중2에 피크를 찍는다. 그리고 이때 사춘기 성장통을 안
겪으면 입시에 올인해야 할 고2, 고3에 온다는 것이다.

사춘기를 어떻게 보내느냐에 따라 입시까지 공부가 이어지느냐 마
느냐가 달려 있기 때문에 울음 소리가 끊이지 않는다. 아이는 아이대
로, 부모는 부모대로 태풍의 한가운데를 지나는 때가 바로 초등학교

5, 6학년이다.

사춘기에 들어서면 아이들은 여러 가지 신체 변화 때문에 심리적 스트레스를 받는다. 돌발행동을 하고, 집안 분위기를 침울하게 만든다. 요즘에는 사춘기에 대한 정보가 다양한 경로로 유입되기 때문에 집집마다 나름대로 현명하게 대처하려고 한다. 문제는 사춘기라는 단어만 들어도 지레 겁을 먹고, 잡아 줘야 할 것들을 놓친다는 데 있다.

그래서 더욱 이 시기 공부법에 대해 관심을 갖고 강연을 요청하는 곳들이 많은 것 같다. 공부 1기에는 공부하는 정서를 형성하기 위해, 공부 2기에는 성향에 따른 공부 스타일을 찾아 습관을 붙이기 위해 노력했다면, 공부 3기에는 본격적으로 공부 독립이 이뤄져야 한다. 머리가 커지고 반항이 시작된다는 것은 공부도 독립할 시기가 되었다는 의미이다.

자기주도성을 갖고 앞으로 7, 8년 계속 해야 하는 만큼 부모도 아이를 놔줄 준비를 해야 한다. 그냥 놔주면 회피, 공부 관성과 체계를 잡아주고 물러서면 독립이다.

공부 3기에 해당하는 초등학교 5, 6학년이 중요한 이유는 공부 관성은 한 번 꺾이면 역방향으로 되돌리는 것이 훨씬 힘들기 때문이다. 관성은 아시다시피 제자리로 돌아오는 속성이다. 공부가 지겹고, 친구랑 놀고 싶고, 학원을 줄이더라도 이내 다시 제자리로 돌아와 어떻게든 공부를 해나가려는 자세나 마음을 공부 관성이라고 한다. 하지만 공부 관성은 한번 꺾이면 다시 공부하려는 마음이 들기까지 짧게는 1, 2년 길게는 5, 6년도 걸린다. 재수와 N수가 반복되고, 남자의 경우 군생활 후 다시 수능공부를 하는 경우도 흔하다. 언제 끝날까. 이렇게 해서 공부가 언제 끝날지, 부모도 자기 인생을 살고 싶은데 자녀 공부를 서른 살이 넘도록 뒷바라지하고 싶지는 않을 것이다.

아이와 갈등하는 것이 힘들기 때문에 그냥 놔주는 부모가 많다. 독립이 아니라 회피이다. '아우 모르겠다, 지가 알아서 하겠지.'라는 포기가 마음 한 편에 생길 수 있다. 학원비 때문에 대출받는다니 제정신이냐, 이제 초등학교 5학년인데 너무 달리는 것 아니냐, 초등학교 6학년이면 마지막으로 친구와 놀 시기 아니냐, 중학교 가면 알아서 하겠지, 다 옳은 말씀이다. 부모세대가 공부할 때에는 그랬다.

공부를 왜 하는가에 대해 생각해 봐야 한다. 15년 교과과정을 거쳐 입시를 치르고, 대학에 다니고, 석박사 학위를 따고, 취업을 하는 것까지가 출발에서 도착이라고 한다면 그 도착지의 풍경 때문이 아닐까. 시티뷰가 잡히는 스카이라인에 도착할지, 캄캄한 지하 동굴에 도착할지. 미리 지하 동굴에 도착할 것을 예상하고 자녀를 키우는 부모는 없다.

부모들이 공부하던 때에는 세계가 팽창하던 시대였다. 산업이 막 발전해 갈 때에는 누구나 그 상승기류에 올라타기가 쉬웠다. 이제는 올라타기도 어려울 뿐더러 한번 올라탄 승객들이 내릴 생각을 안 한다. 직업적 성공을 이룬 사람들이 70세, 80세가 넘도록 활동한다. SKY 가는 것만으로도 '우와~' 소리를 들을 때도 있었지만, 대치동이 최상위권을 평정하면서 SKY만으로는 취업 경쟁력이 없어졌다. 그러니 의대 인기가 하늘 높은 줄 모르고 치솟는 것이다.

예전에는 학벌은 방어무기이고, 꿈과 끼는 공격무기였다. 꿈과 끼가 있는 사람이 설득능력이 있고, 도전정신이 있고, 창의력이 있으면 자신을 무기로 세상을 막 찔러볼 수 있었다. 경제가 위축되고 취업 문이 좁아질수록 학벌은 그런 세상으로부터 나를 지켜주는 방패막이가 돼주었다. 사람들이 부러워하는 SKY를 나와서 아주 산뜻한 아이디어로 창업해서 대박 내면 자수성가형 CEO로 대서특필되고, 정재계 인사들과 어울리는 게 가능했다. 지금은 이마저도 매우 드문 일이 되었다. 그리고 학벌은 더욱 중요한 요건이 되었다. 최근에는 학벌이 방어무기도 아니고, 공격무기를 지나 흉기가 되고 있다. 오죽하면 지방 캠퍼스 출신들을 조려대, 원세대라고 부르며 구분하고, 과 점퍼에 출신 고등학교를 새겨서 다니겠는가. 사회가 정밀화 고도화될수록 이너리그는 더 공고해진다. 그게 옳다라는 것이 아니다. 지금 아이들이 그런 세상에 내던져지는 현실을 보라는 것이다.

그런데 우리 아이가 공부도 안 해, 꿈도 없고 끼도 없다는 판단을 했어, 그럼 부모는 어떻게 해야 할까? 그냥 되는 대로 살라고 하기에는 고작 초등학교 5, 6학년이다. 10년만 공부에 매진하면 다른 문이 열린다는 것을 부모 스스로 인식할 필요가 있다. 유튜버 된다고 설친다면 '저러다 말겠지.'가 아니다. "거울을 봐, 거기에 연예인 얼굴이 있어? 그럼 공부 안 해도 되지."라고 현실을 일깨워 줘야 한다. 한번 손을 놓으면 다시 책상에 앉기가 너무 힘든 세상이다. 온갖 유혹과 놀거리는 널려 있고, 선진국 문턱까지 올라온 덕분에 어떤 직업을 선택해도 살아갈 수는 있다. 그런데 그 살아가는 삶의 질은 갈수록 극단적

양상으로 치닫는다.

부모가 '공부를 왜 해야 하는가'에 대한 가치관이 정립이 안 되면 아이와 같이 흔들리기 쉽다. 꿈도 재능도 없다면 노력해야 한다. 아니, 꿈과 재능이 있다면 더 노력해야 한다. 그 생각을 심어서 공부 독립을 시키는 것이 이 시기 부모가 할 일 중 하나이다.

이런 얘기를 강연 때마다, 공부 동기부여를 하는 〈두근두근 캠프〉 때마다 한다. 고학년이 되면 논리적 설명보다 감정적 공감이 이루어져야 로드맵이 유의미해지기 때문이다. 공부에 대한 시각이 서로 일치해야 하는 것이다.

이 시기에는 좋고 싫은 감정을 분명하게 드러내며 싫은 것에 대해서는 강한 거부 반응을 보인다. 아무리 좋은 이야기라도 아이가 부모와의 대화를 잔소리로 여기면 대화는 이내 단절되고 만다. 동기가 있어야 한다. 부모도 공부에 대한 동기가 분명하고, 아이의 동기도 있어야 한다. 공부가 재미있어서, 지적인 호기심이 많아서, 초등에 고등수학을 푼다는 허세가 있어서, 숙제 안 하면 혼나니까, 친구보다는 잘하고 싶어서, 엄마를 위해서 등등 그 어떤 것도 좋다. 아이가 공부하려는 동기가 있고, 그것을 지지하고, 인정하고, 끌어 주려는 마음이 부모에게 있으면 지금부터 펼쳐질 험난한 공부 여정을 견딜 수가 있다.

비교 금지, 환상 금지, 방관도 금지!

한 예능 프로그램에 어떤 배우가 나와서 한 말이 부모들 사이에 화제가 된 적이 있다. 5학년인 막내가 사춘기가 오면서 학교, 학원에 가기 싫어한다고 털어놓으면서 "우리는 학교 가기 싫다고 하면 절대 야단을 안 치고 '학교 가기 싫어?' 딱 거기까지만 한다. 가지 말라거나 어떻게 해야 한다는 그런 교육적인 말도 안 하고, '우리 ○○이가 오늘 학교 가기 싫구나.' 한다. 딱 거기까지만 한다."고 전했다. 그 자리에 있던 다른 출연진이 "마음만 공감해 주고 선택은 본인이?"라며 감탄했다.

이렇게 할 수 있는 부모는 많지 않다. 꼭 그렇게 하라는 의미도 아닐 것이다. 아이들이 비교당하는 것을 싫어하듯, 부모도 자신의 육아관이나 가치관을 비교당하는 것은 기분 좋은 일이 아니다. 공부를 시키느냐 마느냐, 강제성을 띠느냐 마느냐를 갖고 갑론을박하다가 보면 과연 '내가 제대로 하고 있는 걸까?' 하는 의구심과 자괴감이 들 수밖에 없다. 아이를 달리게 하려면 부모도 흔들리지 않고 함께 달려야 한다. 부모의 자존감도 살아 있어야 끝까지 아이 공부에 페이스메이커 역할을 해줄 수 있다.

그 배우는 여유로운 자세로 자녀를 키우는데도 첫애가 서울대를 갔기 때문에 화제가 된 것이다. 내 아이에게는 나만의 스킬을 적용하면 된다. 미디어가 자주 보여주는 이상적인 사례들은 일반적이지 않기 때문에 보여주는 것이다.

다만, 반항하는 사춘기 자녀의 마음에 공감해 주는 태도에 대해서는 두말할 필요도 없다. 아이가 어떤 거부나 반감을 드러낼 때에는 기다려 주고 마음에 공감하는 자세를 갖고 있으면 된다. 논리적으로 이기려고만 들면 서로 감정만 상하는 악순환이 되풀이될 뿐이다. 길고 논리정연한 설명보다 간단명료하게 공감하는 한마디가 훨씬 더 효과적이다.

사춘기 아이는 합리적으로 사고하지 못하며 자제력이 떨어져 충동적으로 행동하기 쉽다. 따라서 아이에게 뭔가 가르쳐야 한다면 될 수 있는 한 감정적 표현은 줄이고 간단히 설명하는 것이 좋다.

이렇게 말하면 잘못 받아들여서 약간 방치하다시피 아무것도 못하는 부모가 있다. '특별한 거 시키지 마세요, 아이 감정 건드리지 말고 하던 거 할 수 있게 지지해 주세요, 대단한 거 하려고 이상한 사교육 시키지 마세요.' 등등 코칭을 해주면 고개를 끄덕끄덕하고 돌아가서는 아이한테 접근을 못한다.

어제까지 학원에 간다고 집을 나서면 "숙제는 다해서 가는 거지?"라고 물었던 것을 왜 못 물어보는가. 예민한 사춘기이지만, 그럼에도 불구하고 **부모의 권위와 존재감이 있어야 한다. 지지와 응원을 보내며 부모의 자리를 지키고 있어야 하는 것이지 아이에게 쩔쩔매라는 것이 아니다. 해오던 대로 하되, 요동치는 감정에 같이 휩쓸리지 않아야 한다.**

서로 스트레스받지 않기

이 시기에는 부쩍 외모에 신경을 쓴다. 거울을 보는 시간이 많아지고, 수시로 머리를 빗고, 유튜브로 화장을 배우거나 서로에게 화장품을 선물하곤 한다.

초등학교 고학년들이 외모에 관심을 보이는 것은 뇌 발달과정에서 나타나는 자연스러운 현상이다. 사춘기에 접어들 무렵이면 시각을 담당하는 대뇌 영역이 발달하면서 외모에 관심이 높아지고 그 평가에 민감해진다.

저학년 때엔 스스럼없이 뒤엉켜 놀던 아이들이 고학년이 되면 남녀를 구분한다. 남녀의 특성과 차이가 분명해지고 이성에 대한 관심이 높아진다. 이때 아이들은 자신의 외모를 예쁘게 꾸미는 한편 이성에게 인기 없는 외모로 비쳐질까 고민하기도 한다. 외모에 대한 불만이 스트레스가 된다.

여기에 대고 엄마가 '거울만 보고 언제 공부하니?' 같은 말을 하면 아이가 엄마와 무슨 대화를 하고 싶겠는가. 외모에 관심을 가지는 것은 당연한 것으로 여기고, 엄마도 아이도 스트레스를 받지 않아야 한다. 외모에 불만이 생기면 자신감이 떨어지고, 우울감에 빠지기 쉽다.

이런 경우라면 '네가 어떤 모습이든 너를 좋아하는 사람은 반드시 있어. 지금은 그 사람이 엄마인 거지. 엄마에게 너는 세상에서 가장 소중한 사람이야.'라고 아이가 감정에 목마르지 않게 확신을 심어 주는 것이 중요하다.

자존감 높은 아이는 실력이 더디 늘어도 자신을 믿고 달린다. 그리고 한 가지를 터득했을 때 성취감을 느끼고, 그런 성취감이 다시 공부에 매달리게 하는 동기부여가 된다. 그럼에도 불구하고 이 시기에는 목표가 뚜렷하지 않기 때문에 시간을 흘려보내기 쉽다.

난 누구인가, 난 뭐가 될 수 있는가?

이전까지는 질문과 관심이 외부에 있었다면 이 시기부터는 질문과 관심이 자기 안으로 향하기 시작한다. 사춘기에 나타나는 또 다른 특징은 자아정체성 형성이다. '심리적 혁명기'로 새로운 경험과 탐색을 시도한다. 나중에 어떤 사람이 될지에 대한 고민과 질문이 시작되며, 이 과정에서 정체성이 서서히 형성되어 간다. 자아정체성을 통해 인생관이 성립되기 때문에 이 시기에 '진로 적성'에 대한 교육이 이루어지면 좋다.

흔히 말하는 문이과 성향도 확연해지고, 끼를 발견하기도 한다. 갑자기 공부 욕심을 부리는 아이도 있다. 시야가 넓어지기 시작해서 현실에 눈을 뜨는 성숙한 아이도 보인다.

인지능력, 즉 논리적 추론능력도 발달한다. 가설과 검증을 통해 문제를 해결하며, 문제에 대한 다양한 해결책을 찾으려고 한다. 감성이 폭발해서 아이돌에 열광하며 다양한 음악을 듣는 아이도 있고, 클래식이나 어려운 세계문학 같은 허세에 취하기도 한다. 자기가 생각하는 자기 모습이 더 멋있기를 갈구한다.

부모는 걱정 대신 방향을 같이 고민하고, 그 방향에서 벗어나지 않게 밀당의 시간을 가지는 게 비결이라면 비결이다. 무조건 꺾으려 해서도 안 되고, 마냥 내버려둬서도 안 되기 때문에 마치 연애 초기 같은 기대감으로 아이를 대할 필요가 있다. 어떻게 할지 마음의 방향을 정해 놓지 않고 오르락내리락하다가 아이와 부모 둘 다 포기하는 경우는 의외로 많다.

공부는 원래 힘든 것이다. 한 문제라도 얻어걸리는 게 없다. 계속 쌓아 놓은 것 위에 추론능력이 발달하면 처음 보는 문제라도 맞추는 것이지 이 시기에 그냥 생기는 것은 여드름과 수염 빼곤 없다.

그렇다면 정체성과 논리적 추론능력이 발달하는 이 시기에 공부의 방향을 어떻게 설정해야 할까? 먼저 아이의 지능과 성격을 객관적, 종합적으로 판단할 수 있는 어떤 기준이 있어야 방향을 정할 수 있을 것이다. 기준이 되어 줄 객관적 지표 가운데 하나가 바로 웩슬러 지능검사이다.

화살표를 그려 주는 웩슬러 지능검사

웩슬러 지능검사는 교육열이 높은 학부모 사이에 초등학교 입학 전 필수 코스라고 입소문이 자자하다. 아이가 주로 어떤 부분이 우수하고 어떤 부분이 부족한지 궁금한 부모들이 이 검사를 신청하는데, 현재 유명 검사 기관의 경우 신청 후 두어 달을 기다려야 할 정도로 한창 인기를 끌고 있다. 대치동이나 학군지 부모들 사이에서 좋은 대학에 보내려면 일단 아이의 지능부터 파악하는 것이 하나의 필수 코스로 자리 잡은 것이다.

웩슬러 지능검사는 1946년 미국의 심리학자 데이비드 웩슬러가 기존에 사용되던 여러 지능검사를 바탕으로 개인용 지능검사 WB-1.2를 개발한 것이 시초였다. 그 이후 개정을 거듭하여 현재 전 세계적으로 가장 많이 사용하는 공신력 높은 지능검사가 되었다.

웩슬러 지능검사는 최고 160 최하 40 수치로 설계되어 있는데, 유아동의 경우 130 이상이면 영재급으로 판단한다. 그래서 전국 각 영재교육원에서는 지원자의 학업능력을 파악하기 위해 대부분 웩슬러 지능검사를 실시하고 있다.

기본적으로 웩슬러 지능검사는 아이의 지적 능력을 측정 분석하여 지능과 잠재력을 발견하고, 이를 토대로 학습능력 향상과 진로, 직업 형성 등에 도움을 줄 수 있는 검사이다. 지능검사의 질문 내용은 동일하지만 누구에게 검사와 해설을 받느냐에 따라 검사 비용은 많은 차이를 보인다.

평가자는 단순히 점수만 매기는 것이 아니라 아이의 성향, 기질, 태도, 긴장도, 강점과 약점이 나오게 된 이유 등을 면밀히 관찰하고 판단할 수 있어야 한다. 이런 이유로 자격 있는 전문가에게 검사를 받는 것이 좋다. 평가자의 경력과 평판에 따라 차이가 날 수밖에 없으므로 미리 잘 알아보고 검사기관을 선택해야 한다.

웩슬러 지능검사를 받아야 할 적령기는 크게 세 번 있다. 타고난 영역이 발현되는 초등학교 입학 전후, 자아정체성이 형성되는 초등학교 5, 6학년, 그리고 사춘기 고비를 넘긴 중학교 2학년 전후이다. 개인적으로, 일생에 딱 한 번만 검사를 받는다면 자아정체성이 형성되는 초등학교 5, 6학년을 적극 추천하고 싶다.

초등학교 저학년에서 아이가 책읽기를 잘하고 문자에 관심을 많이 보이면 문과형이라고 단정 짓는 부모들이 있다. 하지만 섣불리 판단해서는 안 된다. 초등학교 저학년까지는 대부분 언어 영역이 조금 더 빨리 발달하고, 수리력을 보는 유동추론 영역이 상대적으로 늦게 발달하기 때문이다. 부모가 주관적 임의적으로 판단해서 우리 아이는 문과다 이과다 결정하기에는 이른 시기이다. 그러다가 초등학교 고학년이 되면 마냥 아이가 아닌, 자기 생각이나 판단력이 생기고 각 영역이 골고루 발달하기 때문에 단 한 번 웩슬러 지능검사를 받는다면 고학년에 받으라는 것이다.

웩슬러 지능검사를 통해 다음과 같은 5가지 지적 능력에 대한 지표를 알 수 있다.

K-WISC-V Korean Wechsler Intelligence Scale for Children-V

○○○　　남　　만 11세 02개월

기본분석

소검사 점수 분석

지표	소검사		원점수	환산점수	백분위	추정연령	측정표준오차 (SEM)
언어이해	공통성	SI	37	13	84	>16:10	1.14
	어휘	VC	47	13	84	>16:10	0.86
	(상식)	IN	–	–	–	–	–
	(이해)	CO	24	10	50	13:6	0.97
시공간	토막짜기	BD	57	18	99.6	>16:10	1.50
	퍼즐	VP	28	18	99.6	>16:10	1.23
유동추론	행렬추리	MR	29	17	99	>16:10	1.27
	무게비교	FW	31	15	95	>16:10	0.72
	(공통그림찾기)	PC	–	–	–	–	–
	(산수)	AR	31	14	91	>16:10	1.04
작업기억	숫자	DS	51	18	99.6	>16:10	0.80
	그림기억	PS	39	12	75	>16:10	1.32
	(순차연결)	LN	–	–	–	–	–
처리속도	기호쓰기	CD	97	13	84	16:10	1.06
	동형찾기	SS	60	19	99.9	>16:10	1.35
	(선택)	CA	–	–	–	–	–

* FSIQ 점수 산출에 필요한 소검사는 볼드체로 표기되어 있습니다.
　추가 소검사는 괄호로 표기되어 있습니다.

소검사 환산점수 프로파일

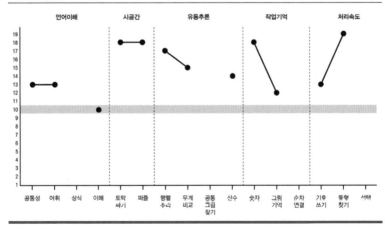

1. 언어이해

언어이해는 기본적으로 언어적 개념형성 능력, 언어적 추론능력, 어휘 지식, 자신의 생각을 적절하게 표현하는 의사소통 능력 등을 측정한다. 130 이상 나오면 높은 수준, 130대 중반이면 영재 수준, 110은 보통, 90은 낮은 수준으로 판단한다.

언어이해가 높은 수준이면 결정지능이 우수하고, 장기기억 인출 능력, 언어적 추론능력, 언어 문제해결 능력이 높다는 것을 의미한다. 결정지능은 읽기, 수학, 쓰기의 학업 성취와 관련이 있다.

언어이해가 높으면 문과 성향으로 판단할 수 있다. 언어적 표현력, 이해력, 어휘력, 관련 상식 등을 공부하면 좋다. 반면 언어이해가 낮다면 국어, 영어, 한자 등을 더 열심히 공부하고, 사전과 종이책을 많이 보는 방식으로 보충해 주어야 한다.

2. 시공간

시공간은 시각정보와 규칙을 분석하고 조작하는 시공간적 처리능력을 측정하는 지표이다. 비언어적 추론능력, 시공간 추론능력, 시각운동 처리속도, 시각운동 협응능력, 정신적 회전 능력, 부분 및 전체 관계에 대한 이해 등을 측정한다. 시공간이 높은 수준이면 시공간 추론능력, 부분 및 전체 관계에 대한 이해, 시각운동 능력이 우수하다는 것을 의미한다. 시공간 지표가 낮으면 가베, 입체모형, 레고 조립, 교구 활동, 코딩 등을 활용하여 공간감과 입체감을 키워 주는 것이 좋다.

120 정도면 매우 높은 수준으로, 120 중반에 해당하면 경시대회에

출전할 만한 수준급으로 판단한다. 시공간 지표가 높은 아이의 경우 수학에서 높은 학업성취를 보일 수 있다. 부족하다 싶으면, 기하학 관련 보충수업과 문제풀기, 물건을 맞춰 보고 돌려 보고, 전개도를 만들고 그려 보는 등의 활동을 시도하여 시공간 능력을 높일 수 있다.

3. 유동추론

유동추론은 수리능력을 측정한다. 행렬추리, 무게비교, 공통 그림 찾기, 산수 소검사가 포함된다. 주어진 단서에 포함되어 있는 정보를 활용하여 새로운 문제에 응용하고 문제를 풀어가는 능력이 어디까지인지 알아본다.

유동추론의 지표로 수학의 어느 부분을 잘할 수 있는지 판단이 가능하다. 130대 중반이면 수학 경시대회에 출전할 만한 수준급으로 판단한다. 유동추론, 즉 무게비교와 행렬추리 등이 약하면 사고력 수학을 통해 이 부분을 강화해 주는 노력이 필요하다. 심화문제나 응용문제를 많이 접해 봄으로써 수학적 사고력을 강화하는 것이다. 높을 경우에는 사고력 수학을 선호할 공산이 커서 좀 더 길게 사고력 수학공부를 해도 된다. 이 수치가 낮은 경우에는 사고력 수학을 오래 하는 것은 크게 도움이 되지 않는다. 특히 산수 소검사 지표가 낮게 나온다면 교과서 위주로 연산을 반드시 보강해 줘야 한다.

4. 작업기억

작업기억은 단기기억을 꺼내 쓰는 능력을 검사한다. 즉 암기능력을 측정하는 것이다. 암기능력이 높을수록 공부는 수월해진다. 암기능력이 약하면 공부시간과 횟수를 증가시키는 방식으로 보강해 줄 필요가 있다. 하지만 너무 공부를 많이 시키면 작업기억이 되레 저하되는 현상이 발생할 수 있으니 조심해야 한다.

5. 처리속도

처리속도를 파악하기 위해서는 민첩성, 순발력, 과감성, 규칙적인 프로세스 처리능력을 측정한다. 평균 이상이면 크게 문제가 되지 않지만 평균치 밑이면 반복적인 연습으로 숙련도를 높여 극복해야 한다. 이때 너무 어려운 책으로 아이를 혹사시키지 말고, 수용 가능한 기본적인 책을 반복하여 아이에게 자신감을 심어 주는 것이 중요하다.

함부로 아이를 판단하지 않기

유아동기에서부터 공부 전환점이 되는 분수령마다 웩슬러 지능검사를 주기적으로 받으면 학습 지도에 많은 도움을 받을 수 있다.

'뭣이 중헌디?'를 기준으로 아이를 판단하면 아이마다 천차만별이다. 어떤 아이는 공부를 잘하고 싶어 하고, 어떤 아이는 게임이나 운동을 잘하고 싶어 하고, 어떤 아이는 친구들과 잘 지내고 싶어 한다. 아이가 무엇을 중요하게 여기는지가 그 아이의 타고난 기질이다. 기질을 모르면 잠재력을 키워 강점을 강화해 줄 수가 없다.

웩슬러 지능검사 결과를 놓고 상담을 진행하다 보면 안타까울 때가 많다. 부모들이 자기 자식을 몰라도 너무 모른다는 것이다. 야구에서 투수가 기진맥진해 있는데도 감독이 투수 교체를 안 하고 계속 던지게 하는 것처럼 아이에게 계속 시키는 형국인데, 정작 부모는 그 사실을 모르는 경우도 있었다. 공부 수준을 모른 채 다른 집에서 다 시키고, 사회적 분위기도 인 서울 아니면 사람 취급 안 하는 것 같고, 집에 돈은 있고, 막 뭐라도 해줘야 할 것 같아서 온갖 과외, 최상위 학원 다 보내려고 한다. 레벨이고 뭐고 우리 아이 받아만 줘요, 하는 경우는 흔하다. 5학년에 be동사도 모르는데 국제중학교에 보낼 욕심을 부리면 과연 아이가 따라갈 수 있을까. 만약 따라갈 수 있는 능력의 아이라면 국제중학교 갈 실력을 이미 갖췄을 것이다.

이렇게 부모의 기대치는 높고 아이는 못 따라가는 경우가 있는가 하면, 의외로 자녀의 수준을 얕잡아 보는 경우도 있다. 아이가 수학적 능력이 매우 뛰어난데도 부모의 학습 동기가 약해서 아이를 과소평가하는 경우가 있었다. 검사결과 패턴에서 판단하기로는 공대 스타일이었다. 컴퓨터공학을 전공한 다음 스타트업 창업 쪽으로 진로를 잡으면 좋겠다고 했더니 아이가 무척 좋아했다. 부모에게 말을 못했을 뿐 기기 다루는 것을 좋아하기 때문에 실제 진로를 그런 쪽으로 생각하고 있었다. 제3자의 시각으로 그런 잠재력이나 방향을 끄집어내 주는 게 정말 중요하다.

이 두 사례가 주는 시사점은 '아이를 잘 알자'이다. 우리 아이를 어떻게 키워야 할까? 부모지만 막막한 심정이 들 때가 있다. 한 해 한 해

갈수록 내가 알던 내 아이가 아닌 것 같고, 공부머리가 있는지 없는지 긴가민가한다. 어떤 성격과 기질과 적성을 가지고 있는지 판단하는 것이 쉽지 않다.

객관적인 검사를 해보면 아이의 인지적 강점, 약점, 정서적 상태 등을 종합적으로 판단할 수 있으므로 학습 진로 설정에 도움을 받을 수 있다. '우리 아이는 이쪽으로 공부시키는 게 장점을 잘 살릴 수 있고, 스트레스를 덜 주면서 재미있게 공부시킬 수 있겠구나.'라는 판단이 가능해지는 것이다. 속도에 대한 강박에서도 벗어날 수 있다. 선행이 필요한 상황인지, 보강을 해야 하는 상황인지, 더 치고 나갈 여지가 있는지도 알 수 있는 것이다.

지능이 높으면 당연히 공부에 유리하다. 하지만 꾸준히 공부를 잘하려면 지능 못지않게 약점을 보완하는 동시에 정서 발달과 신체활동도 필요하다. 사실 공부를 더 하고 싶어도 체력이 안 받쳐 주면 더 할 수도 없다. 미리 체력도 보강해 둬야 한다.

큰 나무가 되기 전까지, 묘목일 때는 지지대를 붙여 주면 더 곧게 자라도록 모양을 잡아 줄 수 있다. 아이의 공부 정서가 흔들리고 방황할 때는 다시 부모가 지지대 역할을 해줘야 한다. 같이 붙어 있으면서 문제의 답도 불러 주고, 피곤해하면 어루만져도 주고, 귀찮아 할 때는 극복할 수 있게 목표를 다시 한 번 일깨워 주는 것만 해도 부모의 역할을 잘하는 것이다.

문과 이과 진로 선택

웩슬러 지능검사를 예시로 해서 객관적 지표의 중요성을 강조한 것은 이 시기에 아이들의 문이과 성향이 드러나기 때문이다. 웩슬러 지능검사뿐만 아니라 각종 지표검사들을 일종의 건강검진처럼 생각하고 미리 받아 두면 중학교에서 과학고, 영재학교, 자사고, 예술고, 일반고 등을 선택할 때 도움이 된다.

학교교육에서는 문이과 통합이라 할지라도 대학교 학과는 문과와 이과를 구분하고 있다. 그러므로 올바른 진로 지도를 하려면 아이가 문과 성향인지 이과 성향인지 파악해 둬야 한다. 가령 웩슬러 지능검사에서 시공간과 유동추론이 낮게 나온다면 이과 성향은 아닌 것으로 판단하고 있다. 다양한 검사를 통해 아이의 성향이 파악되면 그 성향에 맞는 공부를 할 수 있도록 잘 유도해야 한다. **특히 향후 고교학점제가 전면적으로 실시되면 성향에 맞는 공부의 중요성이 더욱 커질 것이다.**

이과 성향이 명확히 드러난다면 과학고, 영재학교, 과학중점 일반고, 남자아이라면 남녀공학보다 남고를 선택하는 것을 추천하고 싶다. 반면 문과 성향이 강하게 드러나고 언어 공부를 선호한다면 외고나 국제고를 선택하는 것이 좋을 것이다. 그리고 문이과 성향과 관심과 적합도가 비슷하다면 자사고를 고려해 볼 수 있다. 이와 같이 대학은 물론 고교 선택과도 연계되어 있기 때문에 문이과 성향을 빨리 판난할수복 학습, 진학, 진로의 로드맵을 구체적으로 짤 수 있다.

그렇다면 아이의 수학능력만으로 문이과 선택을 하는 것이 올바른 판단일까? 얼핏 단순한 이분법적 논리로 보일 수 있지만 현실을 무시할 수 없다. 왜냐하면 수학능력이 부족한 상태에서 이과 쪽으로 로드맵을 짜면 향후 입시에서 큰 어려움을 겪을 수밖에 없기 때문이다.

아이들을 상담하다 보면 문과 성향과 이과 성향이 수치적으로 비슷하게 나타나는 경우가 있다. 이 경우에는 이과성을 기반으로 문과형 직업을 선택하는 것도 방법이다. 일단 수학과, 컴퓨터공학과, 통계학과 쪽으로 진학한 다음, 이후 로스쿨에서 공부하는 큰 그림을 그려 보는 것이다. 그러면 법률전문가로서 특히 통계자료 분야에서 탁월한 능력을 보여 줄 수 있다. 직업적으로 보자면 의료, 법률, 금융 파트가 문이과 복합형 직업군이다.

웩슬러 지능검사에서 언어이해와 유동추론, 시공간 점수가 비슷하게 나오는 바람에 아이가 문이과 선택에 고민하는 부모가 있는데, 융합적 중간계 직업을 선택할 수 있는 가능성이 오히려 더 풍부해질 수 있으니 걱정할 필요가 없다.

아직도 지능은 자라고 있어요

최근 이탈리아 트렌토대학에서 초등학생들을 대상으로 하루 1시간 책을 읽어 주는 실험을 실시했다. 연구팀은 실험 전후 종합인지기능 진단검사와 웩슬러 지능검사로 4개월 동안 아이들의 지능을 추적했다. 종합인지기능 진단검사로는 주의력과 사고력을, 웩슬러 지능검사로는 어휘력, 이해력, 유사성, 정보 및 단어 추론능력을 측정했다.

실험결과, 책을 읽어 준 어린이 집단이 책을 읽어 주지 않은 어린이 집단보다 지능 향상이 훨씬 더 두드러지는 것으로 나타났다. 책을 읽어 주지 않은 어린이 집단은 일반적인 지능 발달 수준에 머물렀다. 연구팀은 책을 읽어 준 경우가 더 효과적이고 강력한 지능 발달 속도를 보였다고 밝혔다.

이 실험결과에서 볼 수 있듯이 **지능은 후천적인 노력을 통해 어느 정도 향상이 가능하다. 따라서 자녀의 지능 가운데 장점과 약점을 파악하여 보완하면 향상될 여지가 있다.**

하지만 이렇게 지능이 향상되기도 하지만 자칫하면 오히려 저하될 수도 있다. 특히 아이들은 정서불안을 겪으면 지능 저하가 심하게 나타나기도 한다. 정서불안으로 인해 퇴행을 겪으면, 불안 요소가 제거되면 행동은 제자리로 돌아오는지 모르겠지만 지능도 함께 돌아오는지는 미지수이다. 히스테릭한 엄마로 인해 정서불안을 겪고 지능이 확 떨어진 아이를 목격한 적이 있다. 어쨌든 지능은 변동성이 있기 때문에 잠재적 지능이 높아도 후천적으로 낮아질 수 있고, 잠재적 지능이 낮아도 후천적으로 높아질 수 있다. 즉 현재 지능의 지표가 낮아도 학습과정을 통해 얼마든지 그 지표를 높일 수 있다.

그렇다고 아이의 학습수준을 지능 하나만으로 판단해서는 안 된다. 지능과 함께 정서와 신체활동도 골고루 균형 있게 발달해야 안정적으로 학습능력을 갖출 수 있기 때문이다. 진로 적성, 성격 유형 등도 입체적으로 판단해야 한다.

IQ 120이 넘으면 서울대에 보내주겠다고 호언장담하는 상담사가 있다는 말을 듣고 실소를 금치 못했다. 무엇이 주도한 IQ 120인지에 따라 진로 선택의 방향이 판이하게 달라질 수 있는데 서울대에 가는 것만이 목적인가?

국제과학올림피아드 메달리스트 가운데 현재 미국 매사추세츠공대(MIT)에서 장학금을 받고 다니는 학생이 있다. 서울대에 떨어졌지만 MIT는 장학생으로 모셔 갔다. 국제과학올림피아드에서 메달을 받았지만, 이를 학생생활기록부에 기록할 수 없었고, 자기소개서에도 쓸 수 없었다. 과학을 좋아하고 과학올림피아드를 준비하느라 내신 관리에 실패했고, 과학올림피아드 메달리스트라는 입증된 영재성에도 불구하고 모든 영역에서 다 잘하는 학생만 뽑고 싶어 하는 대한민국 입시의 문턱을 통과할 수 없었던 것이다.

공부 독립은 작은 성공으로부터

얼마나 공부했는지 확인하면서 공부 독립을 꾀하는 방법 가운데 하나는 플래닝Planning이다. 아이들은 플래닝을 해보라고 하면 왼쪽 페이지에는 오늘 학습한 것, 오른쪽에 다음 날 학습할 것을 적는 데일리 플래닝을 작성하곤 한다.

데일리 플래닝도 좋지만 실제 도움이 되는 플래닝 습관을 들이면 더 좋을 듯하다. 왼쪽에는 당일 플랜을 기록했으면, 오른쪽에는 공부한 것을 쓰는 공간으로 활용하는 것이다. 예를 들어 학교에서 '자연수 ÷ 분수' 수행평가 과제가 있어서 열심히 공부했다고 해보자. 그러면 열심히 공부한 것을 토대로 책을 보지 않고 오른쪽에 '자연수 ÷ 분수'에 대해 아는 대로 적는 것이다. **'공부했다는 입력과정'을 자기 것이 되었는지 '확인하는 출력과정'을 통해 검증하는 방법이다.** 많이 해볼수록 입력과정이 제대로 이루어졌는지 알 수 있다. 즉 얼마나 어떻게 공부했는지 확인할 수 있는 것이다.

언제 어디서나 나이에 상관없이 가장 추천하는 독립적인 공부법은 아무것도 없는 상태에서 키워드만 가지고 써 보는 것이다. 쓰다 보면 무엇을 모르는지, 개념을 익혔는지, 얼마나 알고 있는지 스스로 깨닫게 된다.

물론 아이에게 이런 방식을 무조건 강요해서는 안 된다. 아이 스스로 본인의 의지로 해나가는 것이 가장 바람직하다. 플래닝할 때 이런 방식도 있다고 알려만 주고 지켜보는 것까지이다. 자기가 해야 자기 것이 되지 부모가 하라고 해서 하는 것은 오래가지 않는다. 그렇다고 손을 놓으라는 소리로 들으면 안 되고, 학습을 스스로 관리하도록 북돋움이 필요하다.

학습관리와 관련하여 가장 많이 받는 질문은 '아이가 무기력하다, 무계획하다, 자기조절이 안 된다. 어떻게 해야 하나?'는 것이다. 아이가 무기력하게 계속 축 처져 있거나 주의 집중을 잘하지 못하면 부모는 어찌할 바를 모르게 된다.

학습 무기력과 주의력 부족에는 여러 원인이 있을 수 있다. 부모의 다툼, 친구관계, 자신감 하락 같은 심리적 원인일 수도 있고, 해도 해도 올라가지 않는 성적이 고민일 수도 있다. 심리적 원인에 대해서는 부모양육태도검사나 여러 가지 심리 상담을 통해 해결책을 모색해야 한다.

해도 해도 올라가지 않는 성적 때문에 좌절감을 느낀 나머지 무기력해졌다면 방법은 하나밖에 없다. 성공의 경험을 넣어 주는 것이다. 여기에서 경험을 넣어 준다는 것은 부모의 인위적인 노력이 조금 가해져야 한다는 의미이다. 무기력해질 정도면 학습부진이 의심되는 상황이므로, 현재 진행되는 공부가 너무 많거나 다 따라가지 못할 정도로 버거운 것은 아닌지 확인해야 한다.

이럴 때에는 한꺼번에 따라잡으려 하지 말고 작은 성공을 맛보게 해주는 것이 방법이다. 과제를 조금 줄여 과제 완수를 했을 때 오는 쾌감, 문제집 한 단원을 풀었는데 하나도 틀린 데가 없는 완벽한 기분, 내준 과제를 끝냈을 때 받는 칭찬 같은 것이 아이를 일으켜 세운다. 공부 무기력에 빠질 때에는 자신감 회복이 먼저이다. 문제집도 너무 어려운 것이 아닌 아이가 충분히 소화할 만한 것으로 한 단계 낮은 것을 풀게 한다. 다 맞추는 기분을 느끼게 해주고, 기초도 더 다지는 이중 효과를 볼 수 있다. 부모가 노력을 같이 해줄 필요가 있다.

영어단어를 공부하는 아이를 보고 무조건 손으로 쓰면서 외우라고 잔소리하는 부모들이 많다. 물론 손으로 쓰는 것이 정석이지만 단어를 손을 쓰는 것보다 눈으로 자주 보는 것이 더 효과적인 아이도 있고, 독해 지문을 많이 읽는 것이 더 효과적인 아이도 있다. 공부법에 관한 유튜브 동영상을 보면 누군 이렇게 공부하라고 하고, 또 누군 저렇게 공부하라고 한다. 여기에 무슨 정답이 있을까? 정답은 없다. 정답은 아이가 실제로 경험하는 가운데 나온다. 부모는 여러 가지 공부법을 추천해 줄 수 있을 뿐이다. 자기 성향에 맞게 그것을 취사선택하는 것은 어디까지나 아이 몫이다.

여기에서 부모의 역할은 계속 물을 주는 역할이다. 성격에 맞게 수준에 맞게, 동기에 맞게 되도록 많이 관찰하고 분석적으로 접근하는 것이다. 작은 성공이 쌓여 공부를 스스로 하겠다는 결심을 하기까지 기다려 주고, 방법을 찾아보는 것이 부모의 역할이다.

자아정체성과 함께 어느 정도 개성 있는 성향과 기질이 드러나는 초등학교 5, 6학년은 성공을 맛보면서 조금씩 나아갈 수 있는 적절한 때이다. 이때 부모는 부모가 바라는 공부를 강요할 것이 아니라 아이가 자기 성향에 맞는 공부 전략을 짜도록 도와주기만 해야 한다.

**자기주도성 확립의
골든타임**

자기주도 공부 습관을 확립해서
공부 독립을 이루고,
문이과 성향별로
로드맵을 구체화할 때입니다.

혼자 몇 시간 앉아 있을 수 있는가

초등학교 고학년이 되면 수학은 물론 국어, 사회, 과학 과목의 내용 수준이 한 단계 더 업그레이드된다. 어려운 과목을 포기하거나 공부에 흥미를 잃는 아이들이 하나둘 생기기 시작한다. 저학년 때에는 비슷비슷한 수준이었는데, 이때부터는 공부를 잘하는 아이와 못하는 아이의 학습격차가 극명하게 나타난다.

앞에서 다룬 것처럼 정서적 측면 때문에 여러모로 공부 집중력이 흐트러지기 쉬운 시기이다. 공부 정서와 더불어 심리적 안정감이 중요하기 때문에 환경을 재정비해야 한다. 특히 말이 적고 내성적인 아이라면 표현을 하지 않기 때문에 아이에게 새로운 변화가 있는지 섬세하게 살펴야 한다.

5학년은 엄마 공부에서 본격적으로 아이 공부로 전환되는 시기이다. 교과 내용이 어려워지면서 부모가 직접 가르치는 것이 벅찰 수 있다. 내용뿐만 아니라 서로 대립하고 문제 하나 풀면서도 옥신각신하는 사이라면 다른 방법을 찾는 등 온전히 아이에게 공부를 맡겨야 하는 상황이 점점 다가온다.

가장 이상적인 것은 스스로 학습목표를 정하고 부모는 실천 여부만 확인하면 되는 방향인데, 이런 모습을 위해 6, 7세부터 초등학교 3, 4학년까지 6년을 엄마와 밀착해 있었던 것이다. 이제야말로 엄마 공부에서 독립시켜 자기주도 습관을 안정시켜야 한다. 학원 숙제가 되었든 문제집을 풀든, 교과서를 읽든 자기 학년에 30분을 곱한 시간만큼 자기 책상에 앉아서 공부하는 습관이 들어 있어야 한다.

5학년이면 2시간에서 2시간 30분, 6학년이면 2시간 30분에서 3시간가량 늘 정해진 시간에 공부해야 한다는 의식이 있어야 하는데, 아직도 우왕좌왕하는 중이라면 그 시간을 꼭 마련해 주도록 한다. 친구와 다투었든, 학교 행사로 몸이 피곤하든 그 시간은 내가 해야 하는 시간이라는 인식이 생기도록 동기부여를 해야 한다.

이 시기에 자기주도학습이 가능한 아이들은 안정적으로 성적을 유지해 나간다. 초등학교 고학년에서 고착된 성적은 대개 중·고등학교까지 쭉 유지된다. 자아정체성이 생긴 후의 성적은 곧 프라이드이기 때문에 내려가는 것을 경계하기 마련이다. '나는 공부 잘하는 아이'라는 자의식이 생기도록 습관과 수준을 만들고 안정시킬 시기이다.

국어 교과와 논술을 혼동하지 않기

초등학교 5학년부터 설명문과 논설문이 많이 등장한다. 논리적 구조와 전개 방식을 배우고, 이를 활용한 말하기나 글쓰기를 자연스럽게 구사할 수 있도록 익힌다.

초등국어의 교과과정은 듣기·말하기, 읽기, 쓰기, 문학, 문법, 매체 6개 부문으로 구성되어 있다. 초등학교 5학년 이전에는 읽기를 통한 내용 파악에 더 집중했다면 이제부터는 쓰기가 더 강화된다. 자기 생각을 정리하거나 어떤 글이나 책의 요지를 파악하여 직접 써 보는 연습을 해나가야 할 시기이다.

[고교학점제 기준 고등국어]

교과 (군)	공통과목	선택과목		
		일반 선택	진로 선택	융합 선택
국어	공통국어1 공통국어2	화법과 언어, 독서와 작문, 문학	주제 탐구 독서, 문학과 영상, 직무 의사소통	독서 토론과 글쓰기, 매체 의사소통, 언어생활 탐구

위 표에서 알 수 있다시피 초등국어의 6개 부문을 기반으로 내용을 심화시켜 고등국어까지 확장된다. 읽기에서 심화하면 독서, 쓰기에서 심화하면 작문, 문법에서 심화하면 언어생활 탐구로 이어진다. 읽기는 시중에 다양한 수준별 맞춤 권장도서들이 나와 있으니 흥미를 잃지 않고 계속 읽어 나가도록 한다.

쓰기를 강화해야 한다고 해서 읽기를 소홀히 하면 다른 사람이 쓴 글의 요지를 이해하지 못하고 자기주장만 계속 나열하는 글쓰기에 머무르게 된다. 초등학교 5, 6학년에는 남의 글을 정확하게 이해하고 추론하고 사고할 수 있는 쪽에 무게를 두고 국어 실력을 강화시켜 나가야 한다. 그러려면 독해력과 어휘력이 중요하다. 잘 모르는 단어가 나오면 십중팔구는 한자어이므로 사전을 찾아 어휘의 정확한 의미를 알고, 글쓴이의 의도를 파악하면서 글을 읽는 연습이 필요하다.

6학년은 중학교 국어를 미리 준비할 시기이다. 중학교 내신 국어를 대비해 주는 학원이나 독서 프로그램을 활용하면 좋다. 중학교 내신 문법, 어휘, 문장 독해, 문학작품 감상 등을 준비해야 한다.

독서를 할 때에는 간단히 책읽기에서 끝내지 말고 독서 후속활동을 병행해서 읽은 작품을 완전히 자기 것으로 만들어야 한다. 수능이나 내신에서 국어시험을 볼 때 어떤 작품이 지문으로 나올지 알 수 없다. 되도록 많이 읽어서 장기기억 속에 저장해 두면 난생처음 보는 것 같은 어려움을 피할 수 있다.

초등학교 3, 4학년에서는 독서 후속활동이 읽은 내용을 요약해서 쓰는 것으로 이해를 끌어 냈다면, 초등학교 5, 6학년에서는 체계적으로 정리해서 이해를 끌어 내는 활동으로 한 단계 더 나아가야 한다. 아이들이 특히 좋아하는 활동 중 하나가 마인드맵 그리기인데, 책을 읽고 나서 부모가 아이와 함께 이 활동을 해주면 좋다.

이어 주는 말 이해하기

① 앞뒤 문장을 잘 읽고 각 문장의 뜻을 이해합니다.

② 앞뒤 문장의 내용관계를 알아봅니다.

    앞 문장의 내용 + 내용관계 + 뒤 문장의 내용

③ 두 문장의 내용관계에 알맞은 이어 주는 말을 정합니다.

    병렬관계 → 그리고

    반대관계 → 그러나

    원인과 결과관계 → 그래서, 왜냐하면

[이어 주는 말 이해하기 마인드맵 예시]

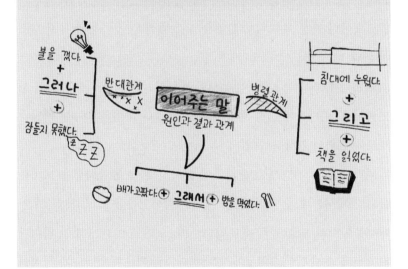

읽은 내용을 작자와 화자, 주제와 소재, 주장하는 바 등등을 도식화해서 나타내다 보면 하나의 패턴을 발견할 수 있다. 국어의 지문이 아무리 길다 해도 속독하고 마인드맵으로 정리할 수 있으면 간단한 문제가 된다.

고등학교 교사들이 아이들을 안타깝게 여기는 부분 중에 하나가 인내심이 부족하다는 것이다. 지문이 한 페이지 이상 넘어가면 다 읽어 볼 생각도 하지 않고 그대로 패스, 포기하고 엎드려서 시험이 끝날 때 일어나는 아이가 거의 절반이라는 것이다. 이런 분위기 때문에 점점 일반고에서 대학을 보내기 어렵다는 이야기가 나오고, 내신을 포기하고 빠르게 수능 준비에 돌입하는 아이들이 늘어가고, 교실 학업 분위기는 더 안 좋아지는 악순환이 반복된다. 초등학교 5, 6학년에 마인드맵이나 토론 등의 독후활동을 꾸준히 해두면 나중에 크게 도움이 된다.

또 하나 유용한 독후활동은 부모와 토론하기이다. 성인은 추론적 사고력이 높기 때문에 읽은 책을 주제로 부모와 대화를 나누는 것만으로도 사고력이 향상될 수 있다.

대학교 입학 전형에 논술전형이 있어서 계속 논술학원을 보내는 분들이 계시는데, 논술전형은 수능최저학력기준을 요구하는 경우가 대부분이라서 수능 등급이 따라 주지 않으면 준비하는 것이 의미가 없어진다. 논술전형을 염두에 둔다 하더라도 기본적으로 교과 성적이 좋아야 한다. 중·고등학교에서 입시에 관련된 여러 교과공부를 병행하려면, 논술학원에 시간을 계속 투자하는 것은 고민해 볼 문제이다.

논술의 필요성에 대한 정확한 이해도를 갖고 이 시기 국어공부 스케줄을 짜도록 한다. 어떻게 국어 교과가 평가되고 아이 수준이 어디에 있는지를 파악한 다음 학원, 학습지, 시중의 독서논술 프로그램 가운데 아이에게 맞는 것을 선택해야 한다.

초등학교 5, 6학년 학부모들끼리 '학원 세팅'을 고민하는 이유도 여기에 있다. 아이의 성적과 성향, 지향하는 목표에 따라 전략적으로 집중 투자할 과목과 그에 맞는 학원을 선별해야 하기 때문이다.

자기주도학습으로 논술력을 높이는 방법도 많다. 스스로 글을 분석적으로 읽기 위해 주제 주장 근거 등을 골라내고 서론 본론 결론을 나누고 목차를 정리하고 요약해 본다, 글을 안 보고 외워서 필사해 본다, 독해 어휘력 문제집을 풀어 본다, 책을 읽고 부모와 대화한다, 뉴스라든지 방송 신문 잡지 등에서 고급 어휘들을 읽고 질문하고 답을 찾아본다 등 하려고만 하면 얼마든지 방법을 찾을 수 있다.

하나라도 완벽하게 마스터해야 할 수학

초등학교 5, 6학년에서는 분수 개념과 사칙연산의 원리를 마스터해야 한다. 분수의 적용, 활용, 응용이 꽃을 피우는 시기이다. 인내심을 가지고 철저하게 문제를 풀어야 한다. 이 시기에 분수를 통달하지 못하면 이후 중학교 수학을 거의 포기하는 상황을 맞이할 수도 있다.

문이과 통합은 이과 중심으로 잘하는 아이들을 흡수하는 구조이다. 내 아이가 수학을 좀 잘 한다고 해서 안심할 수 없다. 공부 자부심이 높은 아이들은 거의 이과로 몰리고, 그 안에서 평가로 최상위 등급을 맞아야 하니 수학은 갈수록 난이도가 높아진다.

킬러문항이 없어진다는 것도 환상인 것이, 아무리 없애려고 해도 변별력을 어디에선가 구해야 하니까 킬러문항은 사라지지 않는 필요악이 될 듯하다. 수학 한 문제 때문에 등급이 밀리는 것은 다들 잘 아실 것이다. 수포자 아니면 최상위, 현상적으로 수학은 그런 구조를 보인다.

수학을 좋아하고 목표를 일찍 정한 아이들은 초등학교 3, 4학년에 중학교 1, 2학년 수학을 선행한다. 초등학교 5, 6학년이 되면 잘하고 못하고를 떠나 중학교 수학을 접해 볼 필요가 있다. 물론 이는 분수 개념과 사칙연산의 원리를 완전히 터득한 아이들에게 해당한다. 어설프게 떼고 수학 선행에 들어가니 아이들이 수학이 어렵고 힘들다는 소리를 하는 것이다. 자기 학년의 교과도 못 따라 가서 쩔쩔매는 경우가 아니라면 중학교 수학을 시작할 타이밍이 되었다.

초등수학에서 중등수학으로 나아갈 때 익혀야 할 몇 가지 습관이 있다.

첫째, 교과서 문제를 완벽하게 풀 수 있어야 한다.

교과서는 성취도 기준이라는 것을 적용해서 모든 학생이 이해할 수 있는 수준의 개념풀이를 가장 모범적으로 기술한 책이다. 교과서의 개념과 문제만 숙달해도 수학 고민의 반 이상이 해결된다.

둘째, 예습과 복습, 심화까지가 세트이다.

수학적 지능이 뛰어난 아이는 예습 → 학교수업 → 복습 3단계를 제 진도대로만 수행해도 심화문제까지 풀 수 있다. 수학이 어려운데 수학학원에 다니기도 싫어한다면, 학교수업과 교과서만이라도 완벽하게 따라가도록 지도한다.

셋째, 적절한 선행을 한다.

수학은 1년 정도 선행하는 것이 좋다고 하니, 다른 아이보다 잘하려고 초등학교 5학년에 중학교 수학 1년, 2년, 3년 심지어 고등학교 수학까지 선행을 욕심내는 경우가 있다. 수학올림피아드 같은 경시대회를 준비하는 학생이라면 모를까 극강 선행을 할 필요는 없다. 제 진도 문제를 풀어서 다 맞았다고 해도, 한두 문제는 때려 맞춰 푼 아이도 있고, 너무 쉬워서 얕보다가 실수하는 아이도 있다. 실수가 반복되면 그것도 습관이 된다. 선행은 6개월 혹은 1년 정도까지만 내다보고 제 진도를 완벽하게 소화하도록 한다.

넷째, 문제풀이 과정을 꼭 쓴다.

괴발개발 써 버릇하면 나중에 자기가 푼 문제의 풀이과정을 자기가 봐도 모른다. 시험에서 서술형 문제의 풀이과정을 쓰게 된다면 오답 처리될 수도 있으니 예쁜 글씨로 꼼꼼하게 쓰는 습관을 들여야 한다. 눈으로 계산하는 아이도 지금부터는 써서 푸는 습관을 꼭 들이도록 지도해야 한다.

다섯째, 시간 내에 풀 수 있어야 한다.

꼼꼼하게 문제풀이 과정을 쓰느라 다음 문제를 못 풀고 수업을 마치는 아이라면 속도를 좀 더 올리는 연습을 해야 한다. 시간을 정해 놓고 문제 푸는 연습을 하면 한 문제를 푸는 데 시간이 얼마나 걸리는지, 어떤 문제에서 시간이 많이 걸리는지, 취약한 문제 스타일까지 파악할 수 있다. 풀지 못하는데 끝까지 잡고 있는 문제가 있다면 그 문제는 자기가 풀 수 있을 것 같아서이다. 시간제한 문제풀이는 이런 문제를 찾아내기에 유용하다. 모르는 문제는 아예 넘어가는 아이도 많다. 속도 체크도 반드시 해봐야 한다.

여섯째, 문제집을 반으로 접어서 오른쪽 여백에 풀이를 써내려 가는 연습을 한다.

수학에 재미를 붙이거나 심화학습을 할 때 오답노트를 따로 작성하기로 하고, 당장은 문제 바로 옆 여백에 풀이를 쓰면서 풀고, 바로 확인하는 습관을 들인다. 문제 풀고 확인하면서 맞췄다는 성취감을 느끼는 게 필요하다.

일곱째, 배운 것을 백지에 혼자 정리할 수 있어야 한다.

예를 들어 '다각형의 둘레와 넓이'를 배웠다면 백지에 평행사변형,

삼각형, 사다리꼴, 마름모의 정의를 쓰고, 넓이를 구하는 방법을 다른 사람이나 교재의 도움 없이 써 본다. 스스로 써 보면 '아는지 모르는지' 정확하게 판단할 수 있고, 모르는 것은 다시 공부할 기회를 가질 수 있다. 모르는지도 모르고 넘어가기 때문에 수학이 점점 어려워진다. 어떤 과목이든 마무리는 항상 백지와 펜, 머리만 존재하는 가운데 정리를 해보는 것이다.

즐기는 영어에서 교과영어로 전환

초등학교 5, 6학년 영어는 진학 목표에 따라 공부 방법에 차이가 있다.

일반고 진학이 목표라면 중학교식 입시영어와 교과영어로 전환을 시작해야 할 시기이다. 학교 내신시험 준비가 중요하기 때문에 문법, 독해 위주로 공부해야 한다. 일반고에 진학할 예정이고, 영어 성취도가 좋아서 향후 입시영어 만점을 바라본다면 초등 6학년까지 to부정사, 분사, 동명사, 시제, 태 정도 문법은 완성하는 것이 좋다.

해외에서 어린 시절을 보내고 돌아온 리터니 학생이라도 중학교 학교시험 영어에서 틀리는 것은 문법 위주의 교과영어를 이해하지 못하기 때문이다. 학교시험에서 점수를 잘 받기 위해서는 토플과 4대 영역을 배우던 것에서 교과영어로 갈아탈 시기가 되었다.

과학고나 영재학교 진학이 목표라면 토플 공부를 권장하고 싶다. 중학교에 입학하면 주로 수학과 과학에 전념해야 하기 때문에 영어는 이 시기에 어느 정도 일단락지어야 한다. 영어를 일단락짓기 위한 성취 목표로 토플을 제시하면 자연스럽게 영어공부를 유도할 수 있다.

토플은 비영어권 학생들이 미국 대학교에 입학하고자 할 때 중요한 인증 자료로 쓰인다. 아이비리그에 속하는 미국 상위권 대학교는 iBT토플 100점 이상을 요구한다. 따라서 토플을 꾸준히 준비해 두면 또 다른 선택지를 추가할 수도 있다.

영재고라고 부르는 영재학교는 통상 과학을 공부하기 위한 고등학교 과정의 과학영재학교를 일컫는다. 2020년 기준으로 한국과학기술원 부설 한국과학영재학교(부산), 서울과학고등학교(서울), 경기과학고등학교(경기), 대구과학고등학교(대구), 대전과학고등학교(대전), 광주과학고등학교(광주)로 총 6개의 영재학교가 있다. 과학예술영재학교로는 세종과학예술영재학교(세종)와 인천과학예술영재학교(인천) 등 2개교가 있다.

법률상으로는 초등학교나 중학교 과정의 과학영재학교도 지정될 수 있지만 현재 시행령에 의해 고등학교 과정만 지정 가능하다. 과학고등학교에서 전환된 경우가 많기 때문에 이름이 과학고등학교인 경우가 많지만 입시에서는 과학고등학교와 구분하기 위해 영재학교라고 부른다.

외고나 국제고 진학이 목표라면 ESL을 그대로 유지하면서 영어 원서를 읽고 4대 영역도 골고루 공부하는 것이 좋다. 수준을 조금 높여서 〈뉴욕타임즈〉나 〈뉴요커〉 같은 매거진을 읽는 데 도전하는 것도 어휘력을 쌓는 방법이다. 외고를 준비 중이라면 두꺼운 소설책이나 문학작품을 한 달에 한 권 정도는 읽어 내는 수준이 요구된다.

영어에서 자기주도학습성은 영어에 대한 흥미가 좌우한다. BTS의 RM은 미국 드라마 〈프렌즈〉를 보면서 영어에 대한 흥미로 공부하고, 이후 유엔에서 연설할 정도로 꾸준히 공부해서 실력까지 쌓았다고 한다. 흥미나 재미가 영어에서 최고의 동기부여임을 입증하는 것 같다. 미국 중·고등학생들도 미국식 수능인 SAT를 치르기 위해 단어를 일부러 암기한다. 미국 학생들이 모국어인데도 단어를 암기하는 것은 우리 학생들이 한자어 어휘를 익히는 것과 같다. 영어의 어휘력을 높이기 위해서는 무조건 단어를 많이 암기하는 수밖에 없다.

영어를 매우 잘하는 학생의 경우 초등학교 6학년이면 1만 개 정도의 단어를 익힌다. 미국 성인 수준의 영어단어를 보유하는 것이다. 풍부한 실력을 갖추기 위해서는 반드시 어휘력이 뒷받침되어야 한다.

과학고나 외고에서는 수업이 영어로 진행되는 경우가 많아서, 이를 목표로 한다면 늦어도 중학교에서는 영어를 ESL 수준으로 습득해야 한다.

초등학교를 졸업하기 전에 해야 할 영어를 정리하자면 다음과 같다.

첫째, 진학 목표에 따라 교과영어 위주로 공부 세팅을 다시 할 것.

둘째, 영어를 ESL로 유지하는 학생이 많기 때문에 영어에서 변별력을 높이기 위해서 고난이도 독해능력을 갖출 것.

셋째, 독서량과 어휘력, 배경지식 등이 고급 영어로 가는 디딤돌임을 명심할 것.

넷째, 〈뉴욕타임즈〉나 〈뉴요커〉를 읽고 해석할 실력이면 계속 실력을 업그레이드할 것.

다섯째, 문법에 맞는 에세이 라이팅 실력을 갖추고, 과학고 준비생
은 시사나 과학 쪽 어휘를 함께 늘릴 것.

여섯째, 겨우 따라오는 수준이면 교과영어에 충실하고 단어를 많
이 외울 것.

초등 역사와 과학

초등학교 5, 6학년부터 중학교 2학년까지 사회 과목에서 역사를 배운
다. 초등학교에서는 고조선부터 근현대사까지 내용을 배우는데, 거

[고구려시대 전쟁 마인드맵 예시]

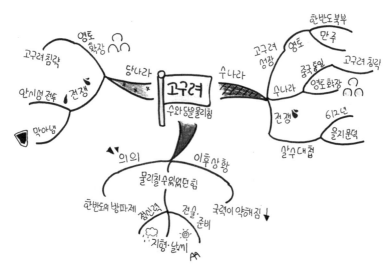

[삼국시대 개요 필사 예시]

삼국시대	고구려	백제	신라	가야
시조	주몽(난생)	온조(주몽의 아들)	박혁거세(난생)	김수로(난생)
전성기	광개토 대왕(만주), 장수왕(평양성으로 천도, 남하정책)(5세기)	근초고왕(한강 이북 진출, 마한통합, 중국, 일본에 영향)(4세기)-가장 먼저 전성기	진흥왕(6세기)	
불교	소수림왕(불교수용, 태학)	침류왕(불교수용)	법흥왕(불교공인), 이차돈	
특징	• 졸본에서 일어남(압록강 중류)→국내성→평양성(장수왕) • 살수대첩(청천강, 수나라)-을지문덕 • 안시성싸움(당나라)-양만춘	• 위례성→웅진→사비 • 담로(지방 관할 지역)	• 발달, 전성기 가장 늦음 • 화랑제도	• 금관가야 중심→고구려 공격→대가야 중심 • 여러 나라로 나뉘어 발전하지 못함→신라가 정복
문화재	• 씩씩하고 굳센 기상 • 광개토 대왕릉비, 장군총, 중원고구려비, 무용총, 수렵도	• 온화함, 섬세함 • 무령왕릉, 미륵사지 석탑, 옥야리 고분군, 돌무지 무덤, 정림사지5층석탑, 백제 금동대향로	• 진흥왕 순수비(마운령비, 황초령비, 북한산비, 단양 적성비, 창녕비), 황룡사, 법주사	• 뛰어난 철기문화, 가야의 금동관

삼국시대	고구려	백제	신라	가야
시조	주몽 (난생)	온조 (주몽의 아들)	박혁거세 (난생)	김수로 (난생)
전성기	광개토대왕 (만주) 장수왕 (평양성으로 천도, 남하정책) (5세기)	근초고왕 (한강이북진출, 마한통합, 중국·일본에 영향) (4세기) - 가장 먼저 전성기	진흥왕 (6세기)	
불교	소수림왕 (불교수용, 태학)	침류왕 (불교수용)	법흥왕 (불교공인), 이차돈	
특징	• 졸본에서 일어남(압록강 중류)→ 국내성→ 평양성 • 살수대첩(청천강·수나라)- 을지문덕 • 안시성전투(당나라)- 양만춘	• 위례성→ 웅진→ 사비 • 담로(지방관할 지역)	• 발달, 전성기 가장 늦음 • 화랑 제도	• 금관가야 중심→ 고구려 공격→ 대가야 중심 • 여러나라로 나뉘어 발전하지 못함→ 신라 정복
문화재	• 씩씩하고 굳센 기상 • 광개토 대왕릉비, 장군총, 중원고구려비, 무용총, 수렵도	• 온화함, 섬세함 • 무령왕릉, 미륵사지 석탑, 옥야리 고분군, 돌무지 무덤, 정림사지 5층석탑, 백제 금동대향로	• 진흥왕 순수비(마운령비, 황초령비, 북한안비, 단양 적성비, 창녕비) 황룡사, 법국사	• 뛰어난 철기 문화, 가야의 금동관

의 개요에 속한다. 초등학교 때 배운 것은 중학교 가서 조금 더 자세하게 배운다. 세계사가 추가되고, 고등학교에 가면 얼개는 유지되고 암기할 것은 엄청 늘어난다. 그러니 초등학교에서 우리 역사에 대한 개요를 잘 잡아 놓으면 난이도 있는 중학교 역사에 좀 더 수월하게 접근할 수 있다. 가장 추천하는 방법은 마인드맵과 연표 필사이다.

과학은 중학교 과학을 예습할 필요가 있다. 특히 난이도 있는 물리, 화학 파트를 선행하는 것이 많은 도움이 된다. 온라인 인강으로 예비 중1 물리, 화학 수업을 듣는 것도 좋은 방법이다.

이제는 예비중학생, 플래닝을 하자

예비중학생을 위한 플래닝 원칙 첫 번째는 자기측정이다.

자기측정이란 희망하는 공부목표에 대해 자신이 해결 가능한 시간 파악을 말한다. 자신의 최대치 능력을 가늠할 수 있어야 특정 시간 공부 분량에 대한 실천 가능한 계획을 짤 수 있다.

과목별로 한 단원의 내용을 파악할 때 걸리는 시간, 문제를 풀 때 걸리는 시간, 최선을 다해 풀었을 때 걸리는 시간 등을 측정해서 알고 있어야 한다. 그래야 주어진 시간에 얼마만큼 문제를 풀 수 있는지 계산하여 달성 가능한 계획표를 짤 수 있다. 공부 계획을 망치는 주된 이유는 자기측정 없이 희망사항만으로 계획을 짜거나, 아니면 너무 여유 있게 계획을 짜기 때문이다.

아이들이 꾀를 피우게 되는 이유 가운데 하나가 자신이 없어서이다. 얼마나 할 수 있는지 자신의 능력치를 모르니 제한 시간 내에 필요한 과제를 해결 안 하거나 못하게 되는 상황에 부딪치게 되는 것이다. 계획 세우기에 앞서 자기측정이 가장 우선시되어야 한다.

두 번째 플래닝 원칙은 3단계 공부 계획을 세우는 것이다.

공부 계획은 문제풀이 → 이해하기 → 암기하기 순으로 정해야 한다. 문제풀이를 먼저 하는 이유는 집중력을 빨리 끌어올리기에 좋기 때문이다. 만약 자투리 시간을 활용하여 공부한다면 읽기나 암기보다 문제풀이를 먼저 하는 것이 집중력을 끌어올리는 데에 효율적이다. 읽기나 암기는 지속적으로 집중력을 요한다. 효과적인 시간 활용을 위해서는 문제풀이를 통해 집중력을 단시간에 빨리 끌어올리는 워밍업을 하고, 이후에 읽기나 암기를 시도하면 이해가 한결 쉬워진다.

마지막 순서인 암기는 반복하는 횟수와 주기가 중요하다. 한 가지 유용한 암기 요령은 잠들기 전에 한 번 암기하고 다음 날 아침에 다시 확인해 보는 것이다. 이렇게 하면 반복하는 주기를 줄이는 한편 그 횟수를 늘릴 수 있어 암기력이 향상된다. 문제풀이 영역은 수학, 읽기 영역은 국어, 암기 영역은 영어나 사회가 적당하다.

취약과목과 선호과목도 구분하여 공부할 필요가 있다. 집중이 가능한 시간대라면 취약과목을, 집중이 어려운 시간에는 선호과목을 공부하는 것이 좋다. 예를 들어 영어를 좋아한다면 집중이 덜 될 때 영어공부를 하고, 수학을 싫어한다면 집중이 잘될 때 수학공부를 하는 식이다.

세 번째 플래닝 원칙은 공부 분량이다.

중학교 때부터는 매일 3시간 공부가 적절하다. 이때 3시간은 혼자 공부하는 시간을 의미한다. 먼저 수학과 영어를 각 1시간씩 배정하여 공부한다. 남은 1시간은 사회, 과학, 국어를 돌아가면서 공부할 수 있게 배정한다. 월요일 사회, 화요일 과학, 수요일 국어를 배정하고 다시 반복해서 목요일 사회, 금요일 과학, 토요일 국어 이런 식으로 배정하는 것이다. 1주일 6일 공부하고 남은 하루는 휴식을 취하거나 독서, 동아리, 봉사활동 같은 비교과활동을 하는 날로 정하면 된다.

이와 같이 플래닝 원칙을 세우는 까닭은 정해진 시간 동안 집중력 있게 공부하기 위해서이다. 매일 정해진 3시간 동안 자기측정에 따른 분량을 정해 공부하다 보면 공부 스트레스를 크게 받지 않으면서 공부하는 습관이 몸에 밸 수 있을 것이다.

문이과
최상위 로드맵

문과 성향일 때

문과와 이과를 나눌 때 현실적인 기준은 수학이다. 수학을 잘하면 이과, 수학을 못하면 문과를 선택하는 것이 맞다. 수학을 못하면 이과에서 최상위권으로 갈 수 없으므로 문과를 택할 수밖에 없다.

문과 성향은 다시 크게 두 가지로 나뉜다. '문사철(문학, 사학, 철학)'을 선호하는 오리지널 문과 성향이 있고, 경영 경제 로스쿨 등으로 대변되는 실용 문과 성향이 있다.

언어이해가 높고 전형적인 문과 성향의 아이라면 최상위 로드맵을 짤 때 초등학교에서 영어뿐만 아니라 제2외국어도 습득하고, 독서량도 남달라야 한다. 국어와 영어에서 독서논술과 글쓰기를 통해 독해력과 어휘력을 키워 주면, 초등학교 졸업 무렵에는 수능 모의고사 문제를 풀 수 있는 정도까지 실력이 갖춰진다.

문과 성향이 강하다 하더라도 최상위권을 유지하려면 수학을 2년 정도 선행, 심화해야 한다. 문과 성향이 강한 아이는 수학에 흥미를 잘 못 느끼지만 그럴수록 수학을 잘 대비해야 한다. 문과 경쟁자 대부분이 국어와 영어에서는 뛰어난 성적을 거두고, 실수도 적은 편이다. 반면 수학은 다 같이 어려워하기 때문에 문과 학생들 사이에서도 수학이 변별력의 기준이 될 수밖에 없다. 중학교에서는 교과수학을 완벽하게 해내고, 심화까지 푸는 인내심이 필요하다. 중학교 2학년 2학기에 나오는 기하나 3학년 1학기에 나오는 인수분해를 어려워하는 아이들이 많다. 따라서 고등학교 선행보다는 중학교 교과수학을 확실하게 자기 것으로 만드는 것이 훨씬 더 중요하다.

문과 성향이 강한 아이가 목표로 삼을 만한 고등학교는 외고와 국제고이다. 제2외국어를 좋아한다면 외고, 영어만 좋아한다면 국제고를 추천한다. 요즘 인기 있는 제2외국어는 스페인어와 중국어이다.

문과 성향에서도 경제 경영으로 진로를 설정한다면 수학을 좀 더 선행하는 것이 경쟁력이 있다. 초등학교 6학년 때 중학교 과정을 모두 마칠 수 있는 수준은 되어야 한다. 고등학교 선택 시 일반고 중에서도 과학중점학교 같은 이과 편중 학교는 피하는 것이 좋다. 여학생이라면 여고 진학이 더 유리할 수 있다. 상대적으로 남학생이 이과를 더 많이 선택하기 때문에 내신을 위한 전략이 필요하다.

[문과 최상위 로드맵]

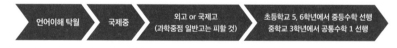

언어이해 탁월 ▸ 국제중 ▸ 외고 or 국제고 (과학중점 일반고는 피할 것) ▸ 초등학교 5, 6학년에서 중등수학 선행 중학교 3학년에서 공통수학 1 선행

이과 성향일 때

오리지널 이과 성향이 강한 아이들은 지능검사 패턴에서 시공간과 유동추론이 모두 높은 수치를 보인다. 순수 공학을 지향하면 수학과

과학에 허점이 없어야 한다. 제한 없이 선행할 수 있는 두뇌를 지녔다면 선행을 넘어 속진 개념으로 초등학교 때 미적분도 배우려는 욕심을 가질 필요가 있다. 순수 공대에서는 물리에 대한 재능도 있어야 하는데, 물리를 하고 싶으면 기하라든지 미적분 개념이 있어야 하기 때문이다.

실용 중심의 이과인 의대·치대·약대를 선택하는 아이들은 수학문제가 어려워도 인내하며 풀면 되지만, 순수 공대를 지향한다면 어렵디 어려운 문제도 스스로 재미를 느끼며 풀 정도가 되어야 한다.

이과 최상위 로드맵을 그릴 때 과학고, 영재학교가 목표인 아이들은 수학 선행을 하면서 영재원에 다니거나 수학 물리 화학 올림피아드 같은 경시대회를 준비한다. 과학의 경우에는 초등학교 4, 5, 6학년에서 중학교 과학을 선행한다. 초등학교 4, 5학년 때 중학교 수학을 6개월에서 1년 정도 하지 않으면 과학고나 영재학교에 가기 힘든 것과 마찬가지로, 과학도 이 시기에 중학교 선행을 하는 것이다.

그 가능성은 초등학교 2, 3학년 때 수학을 대하는 자세에서 어느 정도 표출된다. 초등학교 4, 5학년 때 중·고등학교 수학을 시켜 보면 경시대회에 출전할 만한지 알 수 있다. 수학경시대회는 수학을 얼마나 잘하는지 파악할 수 있는 객관적 지표이다. 속한 지역에서 석차, 취약한 영역과 문항별 정답률을 알려 주기 때문에 어디가 어떻게 부족한지 판단할 수 있다. 경시대회 문제는 논리력과 사고력을 요하고 서술형 문제이기 때문에 경시대회의 경험은 과학고나 영재학교를 준비하는 학생들에게는 실력 향상의 계기가 된다. 준비 기간 동안 더 어려운 문제를 다뤄 봄으로써 수학 실력이 무척 향상된다.

초등학교 졸업 때까지 여러 가지 도전을 해보다가 최상위권에서 점점 멀어진다 싶으면 빨리 재조정해야 한다. 중학교 1학년까지는 의대 목표이든 공대 목표이든 같이 하다가 중학교 2학년부터 분리해서 선행을 택해야 한다. 경시대회를 거쳐 과학고나 영재학교를 준비하면 중학교 교과목을 소홀히 할 수밖에 없다. 만약 이런 상태에서 과학고와 영재학교 모두 떨어지면 오갈 데 없는 신세가 되기 쉬우므로 중학교에 입학하기 전에 결정하는 것이 좋다.

최상위권 대학교에 입학해서 기계·물리·전기·전자 등을 전공하려면 이 정도의 선행은 감수해야 한다.

다음으로 의대·치대·약대를 목표로 하는 실용 이과 성향에서 최상위 로드맵은 중학교 1학년까지는 과학고나 영재학교를 목표로 하는 아이들과 동일한 수준과 속도로 선행한다. 중학교에 들어가면 무엇보다 내신에 신경을 많이 써야 한다. 중학교 때 내신 잘 받는 노하우를 많이 쌓아 두어야 고등학교 때에도 그대로 실천할 수 있기 때문이다. 계획을 짜서 공부하고, 전 과목 A를 받으려면 실수하지 않도록 노력을 많이 해야 한다. 고등학교에서 가서 내신을 연습하듯이 하면 안 된다. 고등학교 내신에는 자비가 없다. 고등학교 1학년 1학기 1차 지필평가부터 바로 입시요강에 반영된다. 요즘 의대의 경우 정시에는 재수생이나 N수생들이 절대 강자이므로 현역은 내신을 더 챙길 수밖에 없다.

의대를 목표로 한다면 전국단위 자사고, 학군지 명문고 입학을 추천한다.

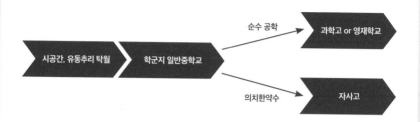

[이과 최상위 로드맵]

시공간, 유동추리 탁월 → 학군지 일반중학교 → (순수 공학) 과학고 or 영재학교 / (의치한약수) 자사고

　순수 공학이나 의치한약수가 아닌 수학, 컴퓨터공학, 산업공학, 통계학 등을 목표로 하면 성적이나 진로 희망에 따라서 한국디지털미디어고등학교, 단국대학교부설소프트고등학교, 선린인터넷고등학교에 가서 본인의 특성을 키우는 것을 추천한다. 성적이 높고 과제 집착력이 강하면 과학고 계열로 가는 것을 추천한다.

1기 유아기에서 초등학교 1, 2학년

공부 정서 만들기

국어 읽기 독립, 바른 글씨
영어 4대 영역 파닉스
수학 사고력 수학, 연산

★ TCI 기질성격검사

2기 초등학교 3, 4학년

공부 습관 만들기

국어 어휘력·독해력·문해력 확장, 독후활동 필수
영어 4대 영역 가운데 잘하는 분야 집중
수학 교과수학으로 전환

★ MBTI 검사 동기부여

3기 초등학교 5, 6학년

공부 독립 시키기

국어 마인드맵으로 내용 숙지
영어 교과문법 기초 확립
수학 사칙연산 마스터

★ 웩슬러 지능검사, 문이과 성향 파악

4기 중학교 1, 2학년

공부 실속 챙기기

국어 교과문법, 수준 높은 독서
영어 문법 마스터
수학 교과수학 충실, 선행은 최대 1년

★ 시험 적응 공부법 터득, 목표 고등학교 설정

5기 중학교 3학년, 고등학교 1학년

공부 몰입 시키기

국어 독해력은 비문학, 문해력은 문학에 활용
　　 국어문법 완성, 독서량 풍부하게
영어 리딩, 라이팅 마스터
수학 고교학점제 대비 수학기초 다지기

★ 플래닝과 6주5회독

4기

중학교 1, 2학년

공부 실속 챙기기

국어

교과문법, 수준 높은 독서

영어

문법 마스터

수학

교과수학 충실, 선행은 최대 1년

★ 시험 적응 공부법 터득, 목표 고등학교 설정

**자기만의
효율적 공부법
만들기**

부모가 쉽게 개입할 수 없는
시간이 시작된 만큼
자기만의 공부법으로
실력이 점수가 되도록
실속 있게 관리해야 합니다.

학생 스스로 공부하는 이유를 찾아야 한다

중학생이 되어서도 '왜 공부 하는지' 학생 스스로 이유를 찾지 못하면 책상에 앉아 집중하는 모습을 보기 어려워질 것이다. 몸도 마음도 한 뼘 자란 뒤라 부모도 한 걸음 물러나서 자녀를 바라보게 된다. 마냥 어린애처럼 제재를 가할 수 없기에 속만 끓이는 시간이 더 많아진다.

사춘기라는 극심한 변화가 서서히 찾아들 무렵, 학생들은 알게 모르게 성숙한 기운을 풍긴다. 의젓해졌다고나 할까, 정서적으로나 학습적으로나 '자기애'가 충만해져 있다. 공부도 자기만의 공부법이 필요한 시기이다. '친구와 다르게 나는 이렇게 공부해야 효율적이다.'를 찾아서 깨닫고, 그 방법이 습관화되어 있어야지 그렇지 않으면 고등학교 진학 후 성적을 올리기란 여간 어려운 일이 아니다.

특히 중학교 1학년은 시험 압박이 덜한 자유학기제이므로 이 시기를 유의미하게 활용해야 한다. 학교에 따라 2023년부터 1학기는 자유학기제, 2학기부터는 시험을 보는 6개월 자유학기제를 시행하는 학교도 있으므로 자녀가 속한 학교의 일정을 잘 파악하고 있어야 한다.

자유학년제에서는 시험을 보지 않기 때문에 학원 테스트가 아니면 자기 실력을 잘 모른다. 따라서 어떤 식으로든 실력 체크 방법을 갖추는 것이 좋다. 또한 이 시기에는 교과활동과 체험활동, 봉사활동, 대외활동에 적극적으로 참여하는 자세가 필요하다. 이 경험을 토대로 고등학교 생활기록부에 필요한 세부능력과 특기사항을 미리 준비하는 것이다. 체력도 중요한 변수가 되니, 하루 30분 정도 스포츠 활동을 병행해서 체력도 길러야 한다.

스스로 주도권을 가지고 공부할 수 있어야 하는데 그러려면 효능감이 있어야 한다. 이렇게 공부해 봤더니 문제가 잘 풀리더라, 암기가 잘 되더라 하는 경험을 토대로 효율적인 공부법을 익히는 것이 중요하다.

구체적인 방법으로는 계획 세우기, 올바른 필기법, 오답노트 작성하기 등이 있다. 본인의 수준에 맞는 올바른 학습법을 완성시킨 후 학습 로드맵에 맞춰 꾸준히 진도를 나아가야 한다. 그런 다음 자신의 성향과 성적에 적합한 고등학교를 선택하는 것이 마지막 중요한 관문이다.

'시험' 적응으로 실속 챙기기

2022개정교육과정의 특징 가운데 하나는 초·중·고 세 번의 공부 전환기에 공부가 자연스럽게 이어지도록 연계를 더욱 강화한 것이다.

예를 들어 초·중등 교과수학은 수와 연산, 변화와 관계, 도형과 측정, 자료와 가능성 4개 영역으로 구성을 통일했고, 이를 바탕으로 고등학교 공통수학과 선택수학의 내용을 구성하고 있다. 중등교과를 소홀히 하고 고등교과에 올인한다는 것 자체가 어불성설이다.

교과공부를 1차 지필평가와 2차 지필평가(기말고사)로 증명하고, 우수한 실력을 인증받으면, 가고 싶은 고등학교나 목표하는 대학교로 결과가 죽 이어진다. 학교 분위기는 처지는 학생은 내버려두고 교사들도 진도를 나가기에 급급하다. 중학교에서는 무엇보다 성적을 잘 받아서 지금까지 익힌 자기 공부법의 효능감을 맛보는 게 중요하다.

중학교 2학년이 되면 비로소 제대로 된 첫 시험을 본다. 자기 수준이 공개적으로 검증되는 단계라서 첫 시험에서 학생들은 많이 긴장할 수밖에 없다. 긴장감으로 시험을 망치지 않게 마인드 컨트롤이 필요하다.

특목자사고에 갈 것도 아닌데 중학교 내신이 뭐가 그렇게 중요하느냐고 생각할 수도 있는데 그렇지 않다. 중학교 내신은 고등학교 내신의 연습이라고 생각해야 한다. 성적표가 통지되고, 자기 수준이 검증된다. 시험기간이라는 말이 자연스러워지고 시험범위도 정해진다. 즉 '시험'이라는 일정한 포맷이 시작되는 시기이다. 이때 제대로 시험에 적응하지 못하면 앞으로 받는 성적들은 공부를 많이 하는데도 생각만큼 잘 나오지 않는다.

성적을 잘 받는 데에는 공부량이 절대적 비중을 차지하지만 그에 못지않게 자기 컨트롤도 중요하다. 시험기간만 되면 배가 아프고, 딴생각이 나고, 교과서보다는 토플이 더 재미있고, 경시대회 준비를 더 잘하고 싶은 등 회피 현상이 두드러지는 학생들이 많다.

하지만 한 번이라도 시험을 잘 보면 요령이 생기고 시험이 은근히 기다려지게 된다. 모두 앞에 자기 수준이 증명되는 순간이기 때문에 시험의 성공경험은 몹시 중요하다. 물론 좋은 성적에 대한 자기 기대 감도 상승한다. 교과공부와 지필평가에서 좋은 성적을 받아서 공부 실속을 챙겨야 한다. 공부에서 실속을 챙기는 것은 다름 아닌 '입시'의 우위를 점하는 것이다. 고등학교와 입시를 뒷일이라고 생각하면 안 되는 시기이다.

2025년 고1(현 중2)에 적용되는 2022개정교육과정 고등수학 교과는 기존의 고등수학 상上, 하下가 공통수학1, 2로 바뀌었고, 도형의 방정식이 고등수학 상에서 1학년 2학기 공통수학2 과정으로, 경우의 수가 고등수학 하에서 1학년 1학기 공통수학1로 편제되었다. 그리고 공통수학1에 행렬 단원이 추가되었다.

고등학교 2학년의 일반 선택은 기존의 수학I 과정의 지수로그함수, 삼각함수, 순열이 '대수'라는 과목명으로 변경되었고, 확률과 통계에 모비율 개념이 추가되었다. 수학II 과정이 미적분I으로 과목명이 변경되었다. 진로 선택도 미적분이 미적분II로 과목명이 변경되고, 기하에서 공간벡터가 추가되었다. 융합 선택은 수학과 문화, 실용 통계, 수학과제탐구가 있다.

과목명만 보면 많이 바뀐 듯하지만, 중학교 교과수학을 충실하게 잘 이행했다면 걱정하지 않아도 되는 수준의 개정이다. 수능 만점 학생들이 교과서 위주로 공부했다는 말은 허풍이 아니다. 교과서의 학습목표를 놓치지 않고 달성하는 것이 중요하다. 교과서를 완벽하게 마스터한 후에 문제집, 심화 등등을 추가하는 것이 좋은 성적을 받는 기본 비법이다.

중학교 교과공부

중학교부터는 시켜서 하는 공부는 거의 안 된다고 봐야 한다. 엄마 아빠 말은 이제 귓등으로도 안 듣고, 친구와 선생님과의 관계도 좋아졌다 나빠졌다를 반복한다. 이렇게 변화무쌍한 심리상태에서 공부까지 하려니 쉽지 않다. 게다가 우리나라 공부는 자기가 하고 싶은 공부를 하는 게 아니다. 만들어진 기준에 맞추는 식이라서 에너지가 분출하는 학생들에게 공부는 자신을 옭매는 족쇄처럼 여겨지기 쉽다.

엄마가 시키는 대로, 선생님이 시키는 대로 따라 하기만 하면 되는데 뭐가 그리 힘드냐고 부모는 닦달을 하고, 학생은 자신이 하고 싶은 게 있고, 자신만의 관심사가 있는데 왜 이런 공부를 해야 하냐고 반발한다. 이렇게 첫 단추를 꿰면 중학교 생활은 고난의 연속이다. 중학교

1, 2학년 학부모 상담이 특히 많은 이유도 이 때문이다. 첫 단추, 첫걸음, 첫 마음에 앞으로 남은 6년의 성패가 달려 있다.

현재 우리나라 중학교 1학년 과정에서 시험은 학교마다 조금씩 차이는 있지만 대부분 수행평가나 단원평가 위주이며 본격적인 교과에 대한 지필평가를 보지 않는다. 그러다 보니 본인의 학업 수준이 정확히 어느 정도인지 인지하기 어렵다. 시험이 없으니 마냥 즐겁고 행복하게 중학교 생활을 하다가 2학년이 되어 갑자기 시험을 보면 당황해서 잘 대응하지 못한다.

그런가 하면 중학교는 절대평가라 시험을 잘 봤다고 방심하는 학생들도 있다. 머리가 좋다는 소리를 듣는 학생들의 경우 초등학교 때 영재 소리도 듣고 중학교 때 전 과목 A를 받기도 한다. 하지만 이 시기에 고등학교 준비를 제대로 하지 않으면, 전국단위 모의고사를 보고 내신도 훨씬 더 어려워지는 고등학교 과정에서 자칫 낙오할 가능성이 있다. 이런 과정을 밟지 않으려면 어느 정도 대비가 필요하다.

다음은 중학교에서 과목별로 공부해야 할 주요 내용이다.

수학

수학은 늘 그렇듯이 학생들이 가장 부족하다고 여기는 과목이다. 중학교 1학년 수학에서 가장 중요한 영역은 좌표 평면(1차함수의 전 단계)과 그래프(1차함수)이다. 수학을 곧잘하던 학생도 이 대목에서 스멀스밀 포기하려는 마음이 피어오른다. 함수적 사고가 안 되는 학생은 생각보다 많다. 따라서 중학교 1학년 수학에서는 다른 무엇보다 함수 개념을 놓치지 말아야 한다.

중학교 2학년 수학에서는 연립방정식이 나오고 응용문제가 쏟아진다. 1차함수, 피타고라스 정리, 삼각형 사각형, 확률, 닮음 등도 나온다. 그래서 중학교 1학년에 함수의 기본을 잘 다져 놓고, 2학년 1학기에 1차함수를 마스터하는 것이 중요하다. 이것이 바로 수학을 포기하지 않는 첫 번째 단추이다.

중학교에서 수학을 포기하게 되는 과정을 보면, 중학교 1학년 수학까지는 잘 버티고, 중학교 2학년 1학기까지 간신히 버티다가 2학년 2학기부터 손을 확 놓아 버린다. 그 이유는 도형 때문이다. 중학교 2학년 수학은 1학기 함수와 2학기 도형을 얼마나 잘 넘어가느냐에 달려 있다. 손 놓지 말고 끊임없이 개념을 익히고 문제를 풀어야 한다.

중학교 3학년 1학기에서는 다항식의 인수분해, 곱셈 공식, 2차방정식과 함수 등이 골치 아픈 부분이다. 중학교 수학의 수렁은 2학년 2학기와 3학년 1학기이다. 수학은 한 단계라도 건너뛸 부분이 없기 때문에 하나를 완벽하게 마스터하고 다음 단계를 마스터하고, 시원찮으면 다시 돌아가 복습하는 과정을 계속 되풀이해야 한다.

여기까지 잘 해낸 학생이라면 중학교 3학년에서는 고등학교 수학을 대비해도 된다. 일반적인 방법은 고등학교 1학년 과정인 고등수학 상, 하(개정교육과정에서는 공통수학 1, 2)를 예습하는 것이다. 그리고 고등수학 상, 하를 예습한 뒤 더 진도를 나가지 말고 반복하는 게 좋다.

중학교 3학년 수학과 별 차이 없다고 생각하여 고등학교 수학I, 수학 II까지 예습하려들 필요는 없다. 평범한 수준이라면 진도에 집착하기 보다 고등수학 상, 하를 반복하는 식으로 고등학교에 대비하기를 더 권장한다.

[개정교육과정 고등학교 수학]

공통과목	선택과목		
	일반 선택과목	진로 선택과목	융합 선택과목
공통수학1, 공통수학2	대수, 미적분Ⅰ, 확률과 통계	미적분Ⅱ, 기하, 경제 수학, 인공지능 수학, 직무 수학	수학과 문화, 실용 통계, 수학 과제 탐구
기본수학1, 기본수학2		전문 수학, 이산 수학, 고급 대수, 고급 미적분, 고급 기하	

영어

중학교 영어는 초등학교 고학년 영어공부의 연장으로 보면 된다. 초등학교 졸업 즈음부터 고전적인 문법수업을 듣기 시작했으면 중학교 1학년 때에는 그동안 배운 문법을 복습하면서 문법을 거의 완성하는 단계까지 나아가야 한다.

중학교 1학년 교과영어에서 문법과 관련된 내용을 상당 부분 배운다. 전체 문법 가운데 거의 2/3 정도를 중학교 1학년에서 다 배우기 때문에 중학교 1학년 때 문법공부를 정말 열심히 해야 한다. 지필평가 부담이 없으므로 주어진 시간을 문법공부에 적극 쏟아부어야 한다. 이때 문법을 숙지하지 않으면 고등학교 영어에서 지옥문이 열린다. 또한 2학년, 3학년으로 학년이 올라갈수록 문법공부하기가 더 싫어지므로 중학교 1학년 때 집중적으로 공부하는 것을 추천한다.

1학년에 문법이 어느 정도 완성되었으면, 중학교 2학년 때에는 문법을 사용하는 스킬을 익혀야 한다. 1학년 때에는 문법을 그냥 배우고 습득하는 데에만 집중했다면 중학교 2학년 때에는 이제 적용해 보아야 한다. 문법 적용의 기초는 구문 독해이다. 구문 독해를 통해 주어와 동사를 찾고, 끊어 읽고, 수식관계를 찾는 등의 능력을 쌓아야 한다. 그동안 배운 문법을 적용해서 독해를 하는 과정에서 이해가 잘 안 되는 문법이 무엇인지 확인하고, 다시 한 번 그 완성도를 다져야 한다.

중학교 1, 2학년에 문법과 구문 독해를 마쳤다면 중학교 3학년 때에는 직독직해가 이뤄져야 한다. 영어 어순 그대로 죽 읽으면서 내용을 파악할 줄 알아야 하는 것이다. 직독직해를 능숙하게 하려면 독해 문제집을 많이 풀어 봐야 한다. 고등학교 대비 차원에서 중학교 때 영어를 거의 완성해 놓아야 한다는 의미이다. 고등학교에 가서는 어휘를 조금 더 보충하거나 독해문제를 틈틈이 풀면서 시간을 절약해야 한다. 그 절약한 시간을 다른 공부에 투자할 수 있다.

국어

국어의 경우 중학교 1학년부터 어려운 문법이 시작된다. 또한 여러 가지 비판적인 읽기가 필요한 시기라 문장 독해력도 많이 키워야 한다. 문법을 따로 공부하기보다 학교수업을 놓치지 않고 잘 따라가면 된다. 중의적 의미를 지니는 단어나 헷갈리는 의미의 한자어 어휘력도 길러야 하는데, 서점에서 판매하는 다양한 한자어나 사자성어 관련 책을 곁들여 공부하면 도움이 된다.

다음으로 필요한 것이 독서이다. 사실 본격적인 독서는 중학교 때 시작된다. 초등학교 독서는 동화부터 시작하여 수학, 자연과학, 역사, 음악, 미술 등등 다양한 분야를 재미있게 읽는 수준이었을 것이다. 중학교 때에는 잡다하고 짧은 책읽기가 아닌 진지하고 높은 수준의 독서가 필요하다. 고등학교 입학을 위한 독서 이력이 남는 시기이기 때문이다. 특히 특목고, 자사고, 영재학교를 목표로 한다면 더욱더 이 시기에 독서량을 많이 충전해야 한다. 요컨대 어른이 보기에도 제법 수준 있는 책을 읽어야 할 시기이다.

현재 수능에서 가장 골치 아픈 지문은 과학기술 및 경제나 법률 관련 지문이다. 그나마 시간적 여유가 있는 중학교 때 경제나 과학기술, 법률 관련 책을 많이 읽어 두는 것이 좋다. 그렇게 해야 나중에 난이도 높은 수능 지문을 접하더라도 시간 지체 없이 문제를 풀어 나갈 수 있다.

중학교에서는 여러 본격적인 공부를 심도 있게 하느라 독서를 소홀히 여길 수도 있는데 절대 그렇지 않다. 공부는 앞으로 점점 더 어려워지고 그만큼 시간도 더 부족해질 수밖에 없다. 상대적으로 여유가 있으면서도 수준 높은 문장이 이해가 되는 이 시기에 많은 책을 읽어 둬야 후회가 없을 것이다.

중학교 2학년 국어공부는 중학교 1학년 국어공부의 연장으로 문법

공부, 독서, 어휘력 기르기를 계속 유지하는 정도로 충분하다. 하지만 중학교 3학년이 되면 고등학교 대비 차원에서 비문학 지문을 많이 접해야 한다. 시중에 판매되는 예비고1을 위한 비문학 교재들을 활용해 공부하면 된다. 방학 때에는 인강이나 학원을 통해 고등학교에 나오는 고전문학 관련 수업을 들어 보는 것이 좋다.

국어문법을 특히 잘 정리해 두어야 한다. 중학교 국어문법을 제대로 익히지 않으면 고등학교 국어에 나오는 더 높은 수준의 문법에서 애를 먹는다. 국어문법을 이해만 하려고 하고 외우지 않는 경우가 있는데 의외로 외울 부분이 많다. 만만하게 생각하다가 고등학교 2학년 2학기 언어와 매체 부분의 내신시험에서 생전 처음 보는 성적을 받을 수 있다. 생각보다 중학교 국어문법이 중요하다는 사실을 꼭 명심하길 바란다.

과학

과학의 경우 물리 화학 관련된 내용을 잘 정리해 놓을 필요가 있다. 여학생들은 특히 싫어하는 전기회로, 전압, 전류, 저항 계산은 예습해야 나중에 공부하기 편하다. 물리는 역학에 관련된 내용을 잘 파악해 놓는 것이 좋다. 화학은 계산하는 부분을 잘 숙지해야 한다.

과학을 잘하는 학생들의 경우 올림피아드 질문을 자주 한다. 중학교 2학년이 되면 과학에 특히 관심이 있거나 과학고와 영재학교 진학을 염두에 두고 있으면 물리, 화학 올림피아드는 한번 도전해 볼 만하다.

중학교 3학년 때에는 통합과학 대비를 조금 해두도록 한다. 고등학교 1학년에 통합과학을 배우는데, 물리와 생명과학에서 다소 어려운 부분이 있다. 특히 생명과학은 유전에 관련된 내용이 어렵게 느껴질 수 있으니 예습해 보는 편이 좋다. 2028개정대학입시에서는 통합사회와 통합과학 시험을 모두 보기 때문에 미리 준비해야 한다.

사회

초등학교 5, 6학년부터 중학교 2학년까지 사회 과목에서 계속 역사를 배운다. 그리고 고등학교 때 다시 배우는데 그 분량이 아주 방대하다. 중학교 때 자기 학년에 배우는 역사 내용을 거의 외우다시피 해야 고등학교 통합사회에서 고생하지 않는다. 중학교 3학년 때에는 진도에 맞는 공부도 해야 하지만 고등학교 사회도 대비해야 한다.

고등학교 1학년 때에는 통합사회를 배운다. 통합사회는 사회와 관련된 여러 내용을 묶은 것인데, 전반적으로 그리 어려운 편은 아니다. 다만, '기회비용' 같은 경제 관련 내용이 다소 어렵게 느껴질 수 있다. 그래서 경제 관련 신문이나 잡지를 많이 읽고 경제에 대한 배경지식을 넓혀 두면 도움이 된다.

플래너 작성은 계획, 필기, 오답노트의 총합

오랫동안 앉아서 공부만 열심히 하면 성적이 오를 거라고 생각하는 학생들이 있다. 그런데 막상 기대만큼 성적이 나오지 않는다. 공부를 열심히 했는데도 왜 성적이 안 나오는 걸까? 무조건 많이 받아 적고 달달 외운다고 해서 성적이 오르는 것은 아니다. 체계적으로 꾸준히 실력을 쌓는 자신만의 효율적인 공부법이 있어야 성적이 오른다. 효율적인 공부의 첫걸음이 바로 올바른 계획표를 짜는 것이다.

초등학생일 때에도 계획표를 짜긴 하지만 중학생이면 초등학생처럼 계획표를 짜서는 안 된다. 정말 공부를 잘하고 싶으면 학년별로 수준에 맞는 계획표를 짜서 활용할 줄 알아야 한다. 초등학생부터 중학생까지 사용하는 계획표는 크게 4단계로 구분할 수 있다.

1단계 피자계획표

초등학교 저학년 때에는 보통 몇 시부터 몇 시까지 학원, 몇 시부터 몇 시까지 혼자 공부, 몇 시까지 휴식, 몇 시까지 잠, 이런 식으로 시간별로 계획표를 짠다. 이런 계획표를 피자 모양에 빗대어 1단계 초등용 '피자계획표'라고 한다.

2단계 투두계획표

1단계 계획표에서 수준을 더 높여 2단계 계획표로 가면 조금 더 구체화된다. '○○수학문제집 풀기, 영어학원 숙제, 수학 인강 듣기' 식으로 공부를 하되 어떤 공부를 하는지 구체화시키는 것이다. 해야 할 일을 나열하는 To Do 리스트 형식이다. 초등학교 고학년쯤 되면 이런 식으로 계획표를 짠다.

3단계 시간계획표

여기에서 수준을 더 높여 해야 할 목록에 시간까지 적으면 3단계 계획표가 된다. 가령 '○○수학문제집 1시간, 영어학원 숙제 30분, 수학인강 50분' 이런 식으로 계획한 공부에 구체적인 시간까지 배분해서 계획표를 짜는 것이다. 마지막은 중학생에 적합한 4형식계획표이다.

4단계 4형식계획표

중학생에게 적합한 4단계 계획표는 '무엇을, 얼마만큼, 얼마 동안, 어떻게'라는 4가지 형식을 갖춘 계획표이다. 예를 들어 '○○수학(무엇을) 5페이지(얼마만큼)를 50분(얼마 동안) 공부하고, 그 후에 오답노트(어떻게)를 작성한다'라는 식으로 계획표를 짜는 것이다. 학생들에게 계획표를 짜라고 하면 흔히 시중에서 판매하는 스터디 플래너를 구입한다. 누군가 정해준 형식에 맞추려면 해야 할 일이 많아 보이기 때문에 정해준 형식을 사용하지 않아도 된다. 자신만의 플래너를 쓰기 위해서는 캠퍼스노트 한 권이면 충분하다.

보통은 노트 왼쪽 페이지에 오늘 계획을 짜고, 오른쪽 페이지에는 다음 날 계획을 짜기 쉽지만 그렇게 하면 안 된다. 4단계 계획표의 오른쪽 페이지는 공부일기를 작성하는 공간이다. 오늘 인수분해를 배웠으면 오른쪽 페이지에 인수분해 공식을 리스트 업한다. 진흥왕 순수비를 배웠으면 책을 보지 않고 그 내용을 써 본다. 계획표의 공부일기는 책을 보지 않고 머릿속에서 꺼낼 수 있는지 확인해 보는 공간으로 활용해야 한다.

이것은 일종의 입력과 출력 관계라 볼 수 있다. 왼쪽 페이지가 입력이라면 오른쪽 페이지는 출력이다. 공부한 내용을 머릿속에 집어넣는 과정이 입력이라면 머릿속에서 그 내용을 끄집어내어 글로 쓰는 과정이 출력이다.

중요한 것은 출력 연습이다. 출력 연습을 해야 입력이 제대로 되었는지 알 수 있고, 출력을 고려하여 입력할 때부터 공부법을 고민할 수 있다. 오늘 공부를 시작하면서 나중에 그 공부 내용을 머릿속에서 꺼내어 글로 쓰려면 어떻게 공부를 해야 할지 진지하게 고민하게 되는 것이다. 이것이 바로 생각하는 공부이다.

무릇 공부란 모르는 상태에서 아는 상태로 옮겨진 정보의 양이 많아지는 것을 말한다. 오랜 시간 죽치고 앉아서 열심히 공부하는데도 성적이 안 오르는 것은 이런 과정이 원활하게 이루어지지 않기 때문이다. 몸이 공부하는 비효율적인 공부를 효율적인 공부로 변화시키는, 즉 머리를 쓰는 공부의 시발점이 플래너 작성이다.

플래너 작성 요령은 간단하다. 그날 할 공부 분량과 시간을 정한 후 공부일기를 작성하는 과정을 되풀이하면 된다. 플래너를 통해 자신이 공부한 것을 기록으로 남기면 자신만의 공부 패턴을 찾을 수 있는 장점도 있다. 공부한 교재, 시간, 분량을 꼼꼼히 기록하다 보면 자기 객관화를 통해 실제로 자신이 얼마나 공부했는지 정확히 알 수 있다. 플래너만 꾸준히 작성해도 공부 효율이 높아진다. 계획을 짜는 과정에서 재미를 느낄 수도 있고, 계획을 완수했을 때의 성취감을 맛볼 수도 있다. 비록 한 달짜리라고 해도 자신의 플래너를 완성했다면 그것

[플래너 예시]

플래닝					
		무엇을	얼만큼	얼마동안	어떻게
오전	6:00~7:00				
	7:00~8:00	기상 , 아침 식사			
	8:00~9:00	국어 (독학 + 비문학)	매일의 비문학 9지문 교과자습서 문학 3작품	한 세트 : 지문 1문제 (10분) → 채점 잘고 + 기 취점어 (10분) 문학 3작품 : 작품 1개만 참고해서 이해 → 문제풀기 (10분)	
	9:00~10:00	학원 이동			
	10:00~11:00	영어학원			
	11:00~12:00				
오후	12:00~1:00	이동 + 점심식사			
	1:00~2:00				
	2:00~3:00	영어학원 수업 복습 + 숙제 + 단어암기	독해 P132~P148 문법 P170~P185 단어 50개	독해 30분 + 문법 30분 단어 20분 암기	독해: 수업복습 + 문제풀기 문법: 개념잘고 + 복습복습 단어: 암기→Test→암기
	3:00~4:00				
	4:00~5:00	개념원리 수학Ⅱ 최고난도 N제 수학(상)	이론개념 ~ 접선 정하기 예제 복습 단원 8유형문제	개념 잘고 써보기 (30분) → 기본에제 풀기 (30분) 30분써본거고 6~8 문제 풀기 → 채점거 잘고 → 다시 풀어보기	
	5:00~6:00				
저녁	6:00~7:00	저녁 식사 + 휴식 (유튜브, 넷플릭스)			
	7:00~8:00				
	8:00~9:00	물리Ⅰ 인강 + 개념탐	운동법칙 단원 인강 + 개념탐 전범위 문제 풀기	강의 (50분) → 복습 + 강의교재 풀음 (30분) → 개념탐 문제풀이 (40분)	
	9:00~10:00				
	10:00~11:00	역사 교과서	고조선 단원	교과서 정독 (30분) → 참고서 문제풀어보기 (40분) → 교과서 다시 읽기 (20분) →	요약정리 보고 나만의 노트정리 (30분)
	11:00~12:00	마무리 플래너 작성후 취침			
새벽	12:00~1:00				
	1:00~2:00				
	2:00~3:00				
	3:00~4:00				
	4:00~5:00				
	5:00~6:00				

(영어)

A <u>be followed by</u> B
≒ precedes

A <u>be preceded by</u> B
≒ follows

능동으로
바꿔서 해석!

successive : 연이는, 연속적인
→ succession (n)

cf. sequence : 순서. 수학에서 '수열'

(수학)

$\sqrt{i}$ 는 복소수이다. $\sqrt{i}$ 를 정리 하시오.

sol) let $\sqrt{i} = p + qi$ (p, q 는 실수)

정제조건 중요!

$i = (p^2 - q^2) + (2pq)i$

by 복소수 상동

$p^2 - q^2 = 0.$ $2pq = 1$

$p + q = 0$ or $p - q = 0$

i) $p = -q$ ⇒ $-2q^2 = 1$ 모순

ii) $p = q$ ⇒ $2q^2 = 1$ $q = \pm\frac{1}{\sqrt{2}}$ ($p = \pm\frac{1}{\sqrt{2}}$)

∴ $\sqrt{i} = \frac{1}{\sqrt{2}} + \frac{1}{\sqrt{2}}i$ or $\sqrt{i} = -\frac{1}{\sqrt{2}} - \frac{1}{\sqrt{2}}i$

(물리)

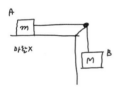

마찰 X

① 전체를 하나의 계 (system) 로 해석

$a = \dfrac{알짜힘}{총질량} = \dfrac{Mg}{m+M}$

② A. B를 각각 해석.

A : $T = ma$
B : $Mg - T = M \cdot a$

연립 $Mg = (m+M)a$
∴ $a = \dfrac{Mg}{m+M}$

(역사)

고조선 연관 KEY WORD
: 단군 , 청동기사 (철기아님!)
빗짜형동검 , 무기미 철기 보급
BC 108 멸망, 한초고상치가

이 앞으로 나아가게 하는 동기부여가 될 수 있다.

수학 오답노트 작성법

한번쯤은 학원에서 오답노트를 써 본 경험이 있을 것이다. 하지만 학원에서 사용하는 오답노트는 대부분 문제를 다시 풀어보는 용도의 재풀이 노트에 불과하다. 올바른 오답노트는 이런 재풀이 노트와 구분해야 하는데, 다음 다섯 가지 포인트를 갖추고 있어야 한다.

첫째, 오답노트는 재풀이와 함께 분석이 더해져야 한다.

오답노트는 맞는 풀이는 물론 자기가 잘못 써서 틀린 문제의 풀이 과정도 복기해서 써 둬야 한다. 어느 부분에서 풀이를 잘못했는지 정확히 알아야 이후에 똑바로 문제풀이를 할 수 있다. 문제를 틀리면 학생들은 대부분 단순한 실수라고 말한다. 하지만 실수는 핑계일 뿐, 실은 개념 부족이나 실력 부족으로 틀리는 것이다. 그래서 오답노트에는 틀린 이유를 구체적으로 적어야 한다.

'이 연산에서 나에게 이런 문제점이 있었네.'

'이 발상을 미처 떠올리지 못했구나.'

'이걸 체크하지 않고 이런 조건을 그냥 대입했었네.'

등등 이유를 찾아내는 것이다. 그리고 맞는 풀이와 틀린 풀이가 같이 있어야 비교가 가능하다.

둘째, 문제가 포함하고 있는 개념, 공식 정의, 정리를 써 본다.

공식이면 유도하고 증명할 수 있는지 써 본다. 정의나 정리를 교과서나 답안지를 보지 않고 머리로만 쓸 수 있는지 확인해 본다. 굳이 따로 공부할 필요 없이 오답노트를 쓰는 과정에서 아는 것과 모르는 것이 구별되면서 저절로 공부가 된다.

셋째, 아이디어 발상 포인트를 적는다.

문제를 보고 어디를 중심으로 내가 아이디어를 떠올릴 수 있는지도 적어 본다. 문제풀이의 실마리, 즉 발상의 포인트를 적는 것이다.

넷째, 풀이 전개 과정에서 어떤 테크닉을 사용했는지 적는다.

~이기 때문에, ~에 의하면, ~이므로 등의 표현이 섞여 들어갈 때 어떤 테크닉을 구사하여 풀이했는지 정리해 본다.

다섯째, 전제 조건이나 실수 포인트를 적는다.

복기하면서 어떤 전제 조건을 잘못 파악하여 틀렸는지, 어느 부분을 잘못 이해하여 실수했는지 정리하여 적는다.

이 다섯 가지 포인트를 적는 과정 자체가 수학의 오답노트이자 공부이다. 문제풀이는 결과물일 뿐이고, 이런 결과물만으로는 충분치 않다. 과정에 대한 이해를 돕는 학습을 해야 더 나은 결과물을 얻을 수 있다.

예를 들어 영어문법 중 to부정사를 공부한다고 하자. to부정사의 명사적, 형용사적, 부사적 용법을 각각 구분하고 어떻게 활용되는지 필기하고 머릿속으로 구조화하여 외운다. 수학을 이런 식으로 공부하지 못할 이유가 있을까? 수학 공식은 알고 있는데, 전제조건을 잘못 이해하고 있다면 그것이 무엇인지 머릿속으로 정리하고 구조화하면 쉽게 실수를 줄일 수 있다.

수학에서 문제풀이는 방 안에서 물건을 찾는 상황과 비슷하다. 가령 '네임 펜이 어디 있어?' 하면 바로 찾아내는 것처럼 문제가 가리키는 정답의 도구들을 바로 꺼내 쓸 수 있어야 한다. 하지만 대다수 학생들은 머릿속에 오만가지 수학문제 유형, 개념들을 무질서하게 늘어놓기만 할 뿐이다. 그래서 문제를 푸는 발상 포인트를 찾기까지 시간이 오래 걸린다. 풀이 테크닉을 구사하는 시간도 오래 걸린다. '시간이 없어서 틀렸어.'라는 변명이 나오는 것은 물건이 제자리에 있지 않듯 풀이에 필요한 여러 도구들이 머릿속에 쌓인 채 제자리에 정리되어 있지 않아서이다.

수학 오답노트를 자세하게 써야 하는 이유는 따로 방 정리를 하지 않아도 바로 찾아 쓸 수 있는 효율적인 방법이기 때문이다. 문제 하나 풀 때마다, 개념 하나 배울 때마다 오답노트를 쓰면 구획이 바로바로 나뉘어 머릿속에 저장된다.

수학문제를 풀 때에는 풀이가 실제로 시작되기까지 걸리는 시간이 굉장히 중요하다. 시험이 적은 중학교 때에는 방이 작고, 물건도 몇 개 없어 방 정리를 하지 않아도 그리 큰 문제가 되지 않는다. 그러나

고등학교에 가면 방도 커지고 물건도 많아진다. 그때 정리가 되어 있지 않으면 물건을 찾기 힘들어질 뿐 아니라 물건을 찾기까지 시간도 부족해진다.

따라서 오답노트를 쓸 때에는 머릿속에 섹션별로 잘 정리되도록 해야 생각하며 써야 한다.

'내가 2차함수에서 어떤 아이디어 발상을 잘못했지?'

'어떤 문제 유형에서 많이 틀렸나?'

'이 문제는 풀이과정에서 이 테크닉을 잊으면 안 돼.'

이런 과정이 머릿속에 정리가 되어 있어야 한다. 오답노트를 체계적으로 정리정돈해서 쓰는 습관을 들일 때 수학 만점에 좀 더 가까이 다가갈 수 있다.

암기법

학교시험이 끝나면 많은 학생들이 시간이 모자라서 문제를 다 못 풀었다고 속상해한다. 내용 이해를 충분히 했는데도 왜 시간이 부족했던 걸까? 만약 시험 준비를 열심히 했는데도 시간 내에 문제풀이를 끝내지 못했다면 그것은 암기가 부족했기 때문이다. 그렇다고 모든 내용을 속속들이 다 암기할 수도 없는 노릇이다. 효율적으로 암기하려면 다음 세 가지 원칙을 잘 지키면 된다.

첫째, 3~5회 반복하기.

일반적으로 암기를 3~5회 반복하면 충분히 시험에 대비할 수 있다. 암기에서 반복이 중요하다는 사실을 모르는 사람은 없을 것이다. 문제는 '왜 반복을 못하느냐'이다. 반복이란 말 그대로 여러 번 되풀이한다는 의미이다.

이는 암기할 내용을 처음 볼 때 지나치게 완벽하게, 단 한 번에, 오랜 시간을 공들여 공부할 필요가 없음을 뜻한다. 반복에 실패하는 이유는 한 번에 다 외우고 싶은 욕심에 첫 1회독에 너무 많은 에너지를 소진하기 때문이다. 처음엔 '애벌로 암기한다'는 가벼운 마음으로 암기하고 2회독, 3회독을 거듭할수록 점점 암기 강도를 높여준다. 한 번에 완벽하게가 아니라 회를 거듭하면서 반복해서 머리에 남기는 것이 암기의 원칙이다.

암기할 때 까먹는 걸 두려워해서는 안 된다. 처음부터 까먹지 않고 모조리 외우려는 방식으로 올인하면 에너지가 바닥나 공부를 이어가기 어렵다. 학생들의 영어단어집을 보면 Day1은 까맣게 보일 정도로 공부한 흔적이 있지만 그다음부터는 새 책처럼 깨끗한 채로 남아 있는 경우가 흔하다. 이렇게 되지 않으려면 처음엔 외운 것을 까먹을 수 있다는 가벼운 마음으로 출발해야 한다. 이후 반복을 거듭할수록 점점 더 완벽해질 수 있다. 그 누구든 여러 번 반복해야 제대로 암기할 수 있다.

둘째, 암기한 것을 테스트하기.

테스트는 자기가 공부한 내용을 알고 있는지 모르고 있는지 확인하는 과정이다. 확인과정이 있어야 구조화된 암기 내용이 머리에 생착, '살아서 도착'할 수 있다. 보통 암기하라고 하면 외우느라고 문제풀이를 너무 뒤로 미루는 경향이 있다. 한 챕터를 보고 그 내용을 다 외울 때까지 문제풀이를 시도하지 않는다. 이런 방식으로 하면 머리에 구조화된 내용을 확인하기까지 시간이 많이 걸리기 때문에 오히려 암기가 잘 되지 않는다. 그러므로 될 수 있는 한 자주, 짧게, 여러 번 테스트하고 부족한 것을 다시 외우기를 반복해야 한다. 이 과정이 암기에 도움이 된다. '최고의 암기법은 테스트'이다.

셋째, 암기하지 말고 암기되게 하기.

'암기한다'는 말에는 아직 이해되지 않은 정보나 지식을 억지로 머리에 주입시킨다는 뉘앙스가 담겨 있다. 한편 '암기되기'는 내용을 충분히 이해하여 굳이 외우려하지 않아도 저절로 외워지는 상태를 말한다. 예를 들어 '수온약층'에서 바닷물의 온도가 많이 변한다는 내용을 암기한다고 해보자. 무작정 외운다면 '수온약층에서 바닷물의 온도가 많이 변한다.'고 중얼중얼 몇 번이나 되뇔 것이다. 그런데 여기에서 '수온약층水溫躍層'의 한자 의미를 따져 보면 '躍(뛸 약)'이란 말 자체에 수온이 많이 변한다는 의미가 담겨 있다. 용어의 개념만 이해하면 문장 전체를 굳이 외울 필요가 없는 것이다.

영어에서 어원이나 어근을 중요시하는 이유도 마찬가지이다. 어원이나 어근을 알면 단어의 모양만 보아도 어느 정도 그 의미를 유추할 수 있다. 이해하는 방식의 공부나 리딩을 좋아하는 학생에게는 단순 반복 암기가 고역이다. 외우지 않아도 저절로 외워지도록 제반 정보나 지식을 이해하는 식으로 공부하는 것이 훨씬 더 효율적일 수 있다.

강제로 외운 정보나 지식은 보통 시험이 끝나면 바로 잊어버린다. 반면 충분히 이해한 정보나 지식은 오랫동안 머릿속에 오래 남는다. 이런 식으로 '암기하기'가 아닌 '암기되기' 스킬을 익히면 암기 부담이 훨씬 줄어들 것이다.

암기에 유용한 테크닉

마인드맵 그리기

마인드맵을 구조화된 내용이나 개념을 그림으로 도식화하여 그려 보는 행위이다. 정보나 지식과 관련된 그림을 그리다 보면 무작정 외우는 것보다 훨씬 수월하고 재미있게 공부할 수 있다.

단권화

단권화란 문제를 틀렸을 때 기본서에서 그 문제와 관련된 내용을 찾아 틀린 문제를 옆에 끼워 붙이는 것을 말한다. 예를 들어 진흥왕 순수비가 나오는 문제를 틀렸다면, 진흥왕순수비와 관련된 내용을 기본서에서 찾아 틀린 문제를 끼워 붙여서 내용과 틀린 문제가 한눈에 들어오도록 단권으로 만드는 방식이다.

중학교 2학년 이상 학생들에게 아주 효과적이다. 시험을 보고 나면 틀린 문제는 복사해서 잘라서 그 문제와 관련된 내용을 옆에 붙인다. 단권화해서 여러 번 반복하면 틀린 문제를 다시 틀리지 않는다. 중학생에게는 무조건 추천하는 필수 테크닉이다.

줄치기

책에 나오는 모든 문장에 줄을 치는 학생이 있다. 이는 무엇이 중요한지 모른다는 뜻이다. 마음은 급한데 무엇을 외워야 할지 잘 모르니까 일단 줄부터 치고 무조건 다 외우려 든다. 그래서 효율적으로 공부하려면 핵심 위주로 줄을 잘 칠 줄 알아야 한다. 죄다 줄을 치지 않도록 조심하고, 공부 숙련도가 올라가 내용의 중요도가 입체적으로 보일 때쯤 줄을 쳐야 한다.

다음은 어디에 줄을 쳐야 하는지 알려 주는 중요한 세 가지 포인트이다.

첫째, 오답문제가 발생했을 때 줄을 친다.
틀린 문제가 있으면 하이라이트를 해야 한다. 틀린 문제와 관련하여 잘 몰랐던 부분은 빨간색으로 줄을 친다.

둘째, 학습목표에 대한 답에 줄을 친다.
교재를 보면 소단원마다 하나씩 학습목표가 나온다. 그 학습목표의 답과 관련된 문장에 파란색으로 줄을 친다.

셋째, 주로 사회과목에 나오는 지도, 자료, 도표 등에 줄을 친다.

만약 어떤 지도가 등장했다면 어느 시대, 어떤 상황에 대한 내용인지 설명하는 구절에 주황색으로 줄을 친다.

이 세 가지 포인트는 핵심 내용이기 때문에 하이라이트를 미리 해두고 암기해도 괜찮다.

상위권, 중위권, 하위권은 암기법도 다르다

하위권은 여러 번 반복해서 필기

하위권 학생들은 공부라는 느낌이 들면 이내 흥미를 잃는다. 공부라는 느낌이 들지 않으면서 공부가 되게 하는 방법은 커닝 페이퍼를 만들어 보는 것이다. 처음에 커닝 페이퍼를 만들라고 하면 좋아라 하면서 작은 글씨로 깨알같이 다 적는다.

그다음에는 종이 크기를 반으로 줄여 한 번 더 커닝 페이퍼를 작성하게 한다. 살짝 짜증 섞인 기색을 보일 수도 있지만 학생들은 더 작은 글씨로 커닝 페이퍼를 만든다. 그러고 나서 같은 패턴으로 종이 크기를 절반 더 줄인 커닝 페이퍼를 만들게 한다. 더 짜증을 내면서도 또 깨알같이 쓰기 시작한다. 세 번 정도 종이가 작아지면 아무리 깨알같이 쓰려고 해도 다 쓸 수 없다. 그러면 중요하다고 생각하는 핵심 내용만 골라 커닝 페이퍼를 만들려고 한다.

자, 이제 공부가 다 끝났다. 어느 정도 짜증은 났겠지만 커닝 페이퍼를 만드는 이 과정을 되풀이하면서 자기도 모르게 공부가 되는 것이다.

중위권은 화이트아웃 방식으로

일단 교과서를 한 권 더 구입한다. 준비물은 따로 구입한 교과서 그리고 화이트나 수정테이프이다. 여기에서 엄마나 아빠 도움이 필요하다. 도와주는 사람 역할은 시험범위 내에서 전체적으로 중요하다 싶은 내용을 화이트로 지우는 것이다. 그런 다음 학생은 지워진 부분을 채워 나간다. 처음에 많이 쓰지 못해도 괜찮다. 틀리거나 못 쓴 부분은 다시 화이트로 지우고 또 쓰게 한다. 동시에 틀리거나 못 쓴 부분은 하이라이트를 해준다. 일종의 오답이므로 빨간색 하이라이트가 좋다.

이후 원래 교과서와 대조하면 공부의 완성도가 굉장히 높아진다. 사실 이것은 내가 중학교 때 직접 사용한 방식이기도 하다. 반에서 공부 잘하는 학생의 공부법을 그대로 따라 했는데 효과만점이었다.

상위권은 빈칸 채우기 방식으로

상위권 학생은 다회독이 암기에 효율적이다. 자습서를 보면 소단원의 내용을 완전 압축 요약한 목차 같은 것이 있다. 한글 파일에 내용 없이 그 목차만 입력한 후 프린트를 한다. 그다음 책을 세 번 정도 집중해서 읽는다. 읽은 후 책을 보지 않고 프린트해 놓은 목차 옆에 핵심 내용을 적는다. 세 번 읽으면서 머릿속에 저장된 내용을 끄집어 내는 것이다.

처음엔 못 쓰는 부분이 많아 그 분량이 얼마 되지 않을 수 있지만 그래도 괜찮다. 책을 다시 읽은 후 책을 안 보고 또 써 본다. 소단원마다 이 과정을 반복한다. 이렇게 자신이 만든 프린트를 활용해 핵심 내용을 만들어 두면 이것이 곧 나만의 '핵심정리 노트'가 된다. 이런 식으로 머리에 들어 있는 정보를 꺼내 쓰는 연습을 많이 하면 할수록 효율적으로 공부할 수 있다.

실제 내가 상위권 학생들을 학습 관리할 때 도입했던 방식인데 효과가 컸다. 이후 MBC〈공부가 머니?〉라는 프로그램에서 이 방식의 효용성이 밝혀지기도 했다. 수능에서 만점을 받은 여학생도 똑같은 방식으로 외우고 있었다.

노트필기

손으로 쓰면 머리가 기억하기 때문에 쓰면서 공부하라고 계속 말해 왔다. 눈으로만 문제를 풀던 학생들은 반드시 문제를 틀리고 만다. 그리고 글씨도 깨끗하게 잘 쓰는 연습을 해야 한다고 누누이 말했다. 노트필기를 잘하는 학생과 그렇지 않은 학생 중 누가 더 성적이 좋겠는가. 당연히 노트필기를 잘하는 학생의 성적이 훨씬 더 높을 것이다.

노트필기를 깔끔하게 논리적으로, 자기가 알아보게 정리했다면 그만큼 수업에 적극적으로 동참하고 집중했다고 볼 수 있다. 집중력을 유지하면서 필기하면 정성을 들인 만큼 수업 내용이 나만의 지식으로 전환될 수 있다. 복습할 때에도 많은 도움이 되는 것은 말할 필요도 없다.

공부를 잘하는 학생들은 악필일지라도 좀처럼 허투루 필기하지 않는다. 노트필기를 하면 +1의 공부효과를 얻지만 노트필기를 하지 않으면 0이 아니라 -1의 공부효과를 얻는다고 생각해야 한다. 수업 내용을 제대로 듣지 않은 것에 더해서 나중에 그 내용을 다시 익혀야 하기에 효과는 줄어들고 시간은 더 소모된다. 상위권 학생들은 직감적으로 이 효과를 알고 있기에 노트필기에 정성을 쏟는다.

반면 하위권으로 갈수록 노트필기를 아예 안 하거나 두서없이 하는 경우가 많다. 노트필기를 하더라도 무엇이 중요한지 몰라 따라 적기에 급급할 뿐이다. 수업 내용을 무조건 따라 적기만 한다면 그것은 공부가 아니라 단순한 동작 반복일 뿐이다. 필기와 동시에 그 내용을 이해하고 암기하며 핵심 내용을 파악하려고 애써야 한다. 그러면 그 자체로 공부가 된다.

노트필기를 할 때 군이 글씨체를 교정하려고 애쓸 필요는 없다. 못 알아볼 정도가 아니라면 글씨체를 바꾸느라 시간을 낭비할 필요가 없다. 다른 사람이 봐도 잘 알아볼 정도로 단정하게 쓰면 그것으로 충분하다. 필기 색상은 두세 가지쯤 사용하면 적당하다. 검정색으로는 기본 내용을 필기하고, 내용을 강조할 때는 빨간색, 내용을 보충할 때는 파란색이나 초록색으로 표기하면 좋다. 중요한 부분에 밑줄을 치거나 별표를 치는 용도로는 형광색을 사용한다.

다시 말하지만 잘 정리된 노트필기는 복습할 때 아주 유용하다. 나중에 필기한 것만 봐도 수업 당시 상황이나 선생님이 중요하다고 언급한 부분이 기억날 수 있다. 선생님이 어떤 부분을 강조했는지 다시 체크하고, 부족한 부분이 있으면 더 추가해 둔다. 즉 노트필기를 토대로 전체적인 내용을 숙지하고 요점을 정리하며 세부 내용까지 추가하여 암기하는 방식이다.

공부에서 노트필기는 빠질 수 없는 요소이다. 효과적인 자기주도 학습을 위해서는 자신에게 맞는 공부법을 찾는 것이 가장 중요하듯이 자신에게 맞는 필기법을 찾는 것도 중요하다.

꼴찌 탈출 솔루션

공부에 재미를 느끼지 못하고 하위권을 맴돌다 보면 하위권에서 영영 벗어날 수 없다는 절망감이 들 수 있다. 하지만 중학교에서는 비록 하위권이라 해도 본인이 노력하면 상위권을 따라잡는 것이 불가능한 일만은 아니다. 다만 얼마나 효율적으로 공부에 재미를 붙일 수 있느냐가 관건이다.

다음에 소개하는 꼴찌 탈출법은 나의 20년 노하우를 응축하여 완성시킨 10가지 비법이다. 이 방법으로 꼴찌를 1등으로 만들어 보지는 못했지만 수많은 꼴찌들을 평균 이상으로 끌어올린 방법이니 알고 있으면 도움이 될 것이다.

모든 솔루션 위의 솔루션은 '지나오면서 밟고 지나간 것이 있으면 다시 가서 일으켜 세워야 한다.'는 것이다. 비록 학습뿐만 아니라 삶의 모든 결과가 그렇다. 무시하고 지나쳐 간 것들이 나중에 후회를 남기는 경우는 부지기수이다. 공부에서는 그런 일이 없도록 지나쳐 온 학습들을 한 번 찬찬히 되돌아보고 다시 일으켜 세울 부분이 있다면 한 번 더 시도해 보면 좋겠다.

첫째, 한자공부를 하라

예전에 한자공부를 하듯이 천자문을 외우고 쓰라는 이야기가 아니다. 여기에서 필요한 것은 한글로 된 한자어의 의미를 유추할 수 있을 정도의 실력이다. 앞에서 중학교에 입학하기 전에 한자 1,000자는 알고 와야 한다고 했는데 아마 꼴찌에서 맴돈다면 한자는 전혀 쳐다보지도 않았을 것이다. 꼴찌의 공부가 힘든 이유 중 하나는 글자의 정확한 의미를 모르기 때문이다. 한자어 단어와 용어의 의미를 모르면 문제의 뜻을 이해하기 힘드니 당연히 풀기 힘들 수밖에 없다.

초등학교 3, 4학년에 못했으면 초등학교 5, 6학년에 했어야 하고, 그때에도 못했다면 지금이라도 해야 꼴찌를 면한다. 한자 학습지나 만화를 활용해서라도 한자공부를 해야 한다. 한자어 뜻을 학생 옆에서 부모가 함께 유추해 보는 것도 좋은 방법이다.

둘째, 스스로 수학 실력을 객관화하라.

초등학교 5학년이라 해도 실제 수학 실력은 초등학교 3학년 수준일수 있고, 중학교 2학년이라 해도 실제 수학 실력은 초등학교 6학년 수준일 수 있다. 하위권 학생들의 경우 자신의 수학 실력 진단을 두려워하거나 회피하려는 경향이 있다. 하지만 어떤 과목이든 객관화 없이성적 향상을 기대하긴 힘들다. 그러므로 수학 이해 수준을 추적하고복습하는 과정이 매우 필요하다. 객관적으로 자기 실력에 맞는 수준으로 돌아가 공부를 다시 시작해야 하기 때문이다. 중학교 수학을 잘모른다면 초등학교 수학을 다시 복습할 수밖에 없는데, 이 경우 자칫하면 자존감에 상처를 입을 수 있다. 상처 주지 않고 복습시키려면 현재 학년 과정은 과정대로 하면서 저학년 과정을 병행하는 것도 방법이다.

셋째, 책을 버려라.

과목별로 최소한의 책만 남겨 두고 다 버리는 것이 좋다. 과목마다 책이 여러 권 있으면 그 자체로 학생에게 부담감이 생길 수 있다. 꼴찌에게는 부담 없이 공부를 시작하는 것이 중요하다. 보지도 않는 책을여러 권을 쌓아 놓고 부담을 가지기보다 한 권의 책이라도 끝까지 읽고 자신감을 회복해야 한다.

넷째, 답을 적고 문제와 함께 읽어라.

문제가 가리키는 내용조차 모르는 꼴찌들에게는 내용부터 공부하는 것이 부담스러울 수 있다. 그럴 경우 문제에 아예 답을 먼저 적고 문제와 같이 읽는 것이 더 효과적이다. 나중에 책으로 돌아가 공부할 때, 문제와 답을 동시에 읽은 기억을 토대로 내용의 핵심을 한층 수월하게 찾을 수 있기 때문이다.

다섯째, 문제 속 모르는 단어를 공부하라.

문제에 나오는 단어를 몰라 애를 먹는 경우가 많다. 문제가 제시하고 있는 단어를 이해하지 못하면 당연히 문제 자체를 풀 수 없다. 영어 지문에 모르는 단어가 많으면 문제풀이를 할 수 없는 것과 마찬가지이다. 꼴찌에서 벗어나고 싶다면 어떤 과목이든 문제풀이에 앞서 문제에 나온 단어부터 사전을 찾아가며 공부해야 한다.

여섯째, 선택과 집중을 하라.

공부에서 손을 놓은 중학생에게 공부를 하라고 하면 대부분 국영수부터 다시 시작한다. 하지만 꼴찌들은 국영수의 기초가 턱없이 부족하기 때문에 공부를 시작할 엄두조차 내기 힘들다. 따라서 접근하기 쉬운 사회나 과학부터 공략하는 것이 좋다. 국영수는 열심히 공부해도 단기적으로 점수를 올리기 힘든 과목들이다. 반면 사회나 과학은 내용을 암기만 해도 빠르게 점수로 연결시킬 수 있다.

 이렇게 득점 전환률이 높은 과목부터 공부해서 자신감을 회복하는 것이 중요하다. 그런 다음 국영수의 기초나 결손을 채우는 쪽으로 공부해 나가면 용기를 잃지 않고 계속 공부할 수 있다.

일곱째, 정량제 공부를 하라.

정량제 공부란 물리적 성과를 느낄 수 있게 공부하라는 뜻이다. 예를 들어 내용 암기에 볼펜 한 다스나 연습장 한 권을 다 쓰는 식으로 양을 정해서 공부하는 것이다. 얼핏 단순무식한 방법으로 보일 수도 있다. 하지만 볼펜을 하나하나 닳아 없어지도록 쓰거나, 연습장을 한 장 한 장 다 채워갈 때마다 공부했다는 만족감이 생긴다. 이 방식을 사용하면 눈에 보이는 결과물로부터 공부에 대한 재미를 다시 느낄 수 있다.

여덟째, 앉아 있는 습관을 길러라.

꼴찌일수록 오랜 시간 앉아서 공부하기 힘들어한다. 장시간 앉아서 하는 공부를 강요하면 오히려 자포자기하기 쉽다. 앉아서 공부하려면 먼저 한 번 앉았을 때 가능한 공부시간부터 측정해야 한다. 앞서 언급한 자기측정부터 하라는 뜻이다. 한 번 앉았을 때 가능한 공부시간이 20분이라면, 20분 단위로 공부 계획을 수립하는 것이 바람직하다. 20분짜리 문제풀이, 20분짜리 암기, 20분짜리 읽기 등으로 공부 계획을 짜는 것이다. 이 방식에 익숙해지면 시간을 조금씩 늘려 가도록 한다. 무리하면 다시 포기하고 싶기 때문에 현재 학생이 가지고 있는 능력을 객관적으로 파악해서 맞춰야 한다.

아홉째, 커닝 페이퍼를 만들어라.

앞에서 하위권 학생들에게 추천한 암기법이다. 공부할 필요 없이 커닝 페이퍼를 작성하라고 하면 공부를 싫어하는 학생이라도 그 말을 순순히 따른다. 처음에는 책에 나온 내용을 그대로 빽빽하게 커닝 페이퍼에 적을 것이다. 1차 작성이 끝나면 절반 사이즈의 종이에 다시 커닝 페이퍼를 작성하게 한다. 그러면 학생은 더 작은 글씨로 커닝 페이퍼를 만들 것이다. 2차 작성이 끝나면 다시 절반 사이즈의 종이로 커닝 페이퍼를 작성하게 한다. 3차로 쓸 수 없을 정도로 작은 종이 사이즈로 커닝 페이퍼를 작성한다. 그러려면 핵심 내용만 골라서 쓸 수밖에 없다. 이 과정에서 필기 훈련과 자연스러운 반복학습이 이뤄진다. 부지불식간에 자연스럽게 공부를 유도할 수 있는 것이 바로 커닝 페이퍼 공부법이다. 꼴찌에게는 공부해야 한다는 의식 그 자체가 부담이다. 커닝 페이퍼 공부법은 학생이 스스로 이해하는 핵심정리 노트가 되는 매우 효과적인 공부법이다.

열째, 기출문제부터 풀어라.

공부를 잘하는 것과 시험을 잘 보는 것은 서로 다른 영역이다. 공부와 별개로 시험 준비가 잘 되어 있어야 시험을 잘 볼 수 있다. 예컨대 예술성이 뛰어나다고 해서 미대에 다 합격하는 것은 아니다. 현실적으로 입시미술을 제대로 잘 준비해야 미대에 들어갈 수 있다. 공부도 마찬가지이다. 무작정 공부를 많이 한다고 해서 높은 점수를 얻을 수 있는 것이 아니다. 시험을 잘 봐야 점수가 높아진다.

시험 대비 공부 방법 중 하나가 바로 기출문제 풀이이다. 다양한 사이트에서 기출문제를 찾아 풀어 보는 식으로 시험에 대비하면 하위권 학생도 좋은 점수를 받을 수 있다.

입시의 전초전
고등학교 정하기

일반고와 특목고,
특성화고의 차이를 알고
어떤 학교를 선택할지
미리 정해서
로드맵을 그려야 합니다.

목표로 하는 고등학교 선택하기

중학교에서 공부의 틀이 어느 정도 잡혔으면 이제 고등학교 선택을 진지하게 고민해야 한다. 고등학교 선택에 있어 전국에 있는 아무 대학에 들어가기만 하면 된다고 생각하면 무조건 일반고 선택이 유리하다. 하지만 서울에 있는 상위권 대학을 목표로 한다면 '특목자사고' 입학을 염두에 둘 필요가 있다.

고등학생의 일상을 지배하는 것은 내신일까 수능일까? 특출한 학생이 아닌 이상 '내신'의 지배를 받는다. 현행 입시제도하에서는 수시전형으로 70퍼센트가량 신입생을 모집하고 있다. 대학교에 따라서는 수능 정시로 모집하면서 내신을 반영하는 곳도 있다. 따라서 정시가 아닌 수시를 생각하면 학생부종합전형 비중이 줄었다 해도 내신에서 자유로울 수 있는 학생은 별로 없다. 혹여 검정고시를 선택해도 좋지 않을까 하는 생각도 들 수 있지만 10대들에게 자기 관리란 여간 어려운 일이 아니다. 그러니 무엇보다 학교 공부를 충실히 해서 중간 기말 시험에서 좋은 성적을 내고 내신을 잘 받는 것을 입시의 기본 요건으로 생각하고 있어야 한다.

최상위권 대학을 목표로 하는 경우에는 의견이 크게 두 갈래로 나뉜다. 내신을 잘 받을 수 있는 일반고를 추천하는 전문가도 있고, 특목자사고를 추천하는 전문가도 있다. 개인적으로 면학 분위기가 조성되어 있는 특목자사고에 한 표를 주고 싶다. 친구들도 다 같이 공부하는 분위기에서 공부하다 보면 좀 더 수월하게 대학에 진학할 수 있다고 생각한다. 물론 이런 고등학교에 가려면 학생의 성향과 기질이 맞아야 하고 학교수업을 따라갈 수 있는 공부머리도 있어야 한다.

특히 영재학교를 목표로 한다면 영재성과 함께 이과성이 두드러져야 한다. 그리고 어려서부터 많은 준비를 해야 한다. 경시대회 출전을 비롯한 다양한 이과적인 탐구, 토론, 발표활동을 꾸준히 해야 한다. 진짜 수학을 좋아해서 수학을 잘하고, 과학에 대한 지적 호기심이 아주 강한 성향이라면 영재학교가 좋다. 하지만 단순히 최상위권 대학이나 의대를 목표로 한다면 영재학교 진학을 별로 권하고 싶지 않다.

문과성이 확실하고, 공부머리가 있고, 영어 실력이 월등하고, 제 2외국어에 대한 관심이 높으면 외고나 국제고를 목표로 하면 좋을 것이다.

특목자사고나 외고, 국제고 중에서도 기숙형 학교에 보내려면 좀 더 심사숙고해야 한다. 얼핏 일반고와 별 차이 없어 보이지만 그렇게 생각하면 오산이다. 부모가 일거수일투족 다 뒷바라지해 주던 환경과 자기주도적으로 자기 관리를 하며 학교생활을 해나가야 하는 환경은 학생에게 완전 다른 세상이다. 문제해결 능력이나 적응력이 부족한 학생들은 환경에 적응하는 데에만 1년 내지 2년의 시간이 걸리기도 한다. 아주 예민하거나 알레르기가 심하거나 아무 음식이나 잘 먹지 못하거나 친구를 잘 사귀지 못하는 등등 인적 물적 환경에 대한 적응력이 약한 학생이 기숙형 학교에 진학하면 오히려 불리하다. 생활적인 부분을 사소하게 여기고 무리하게 기숙형 학교를 보냈다가 후회하는 경우는 매우 많다.

특목자사고에 진학하려면 학생의 성향, 기질, 탁월함, 지능, 체력, 성격 등등을 두루 고려해야 한다. 하지만 이 모든 게 다 힘들다면 차라리 일반고를 선택하는 것이 더 낫다.

그렇다면 일반고를 선택한 최상위권 학생이 의대를 목표로 한다면 어떻게 해야 할까? 일단 수시로 의대에 진학하는 것을 목표로 잡아야 한다. 정시로 의대에 간다는 것은 80퍼센트에 해당하는 재수생들과 경쟁하며 20퍼센트 안에 들어야 하는 상황이라 솔직히 배팅하기 쉽지 않다.

수시 전형으로 의대에 가려면 고등학교 내신은 1.0에 가까워야 한다. 일반고에서 내신 따기가 더 유리하다고 판단되면 일반고를 선택하는 게 맞다. 개정 입시안이 확정된 것은 아니지만 솔직하게 말하자면 모든 과목을 1등부터 꼴찌까지 줄을 세우고 앞에서부터 컷 오프하는 방식에 가까워 보인다. 아직은 알 수 없지만 1등은 어디에서나 안전하다는 것이 진리이다.

일반고 가운데에서도 수시 전형으로 의대에 합격시킨 이력이 거의 없는 학교를 선택하면 내신에 전력투구하다 수능최저학력기준을 못 맞추는 경우가 발생할 수도 있다. 수도권 유명 의대이든 지방 의대이든 의대 진학 이력이 많은 학교를 찾아 고교설명회라든지 자료집을 찾아보면서 맞는 학교를 선택해야 하다. 정보를 찾기 힘들다면 학교 입시 담당 선생님께 상담을 해서라도 학생에게 조금이라도 유리한 고등학교를 선택해야 한다.

자사고에 가려면 어떤 준비를 해야 할까?

자율형사립고등학교(이하 자사고)는 전국단위 자사고와 광역단위 자사고로 나뉜다. 전국단위 자사고는 전국에서 학생을 뽑을 수 있는 학교로 강원 민족사관고(이하 민사고), 전북 상산고, 경기 한국외대부고, 서울 하나고, 경북 김천고, 경북 포항제철고, 충남 북일고, 전남 광양 제철고, 울산 현대청운고, 인천 하늘고 등 10개 고등학교가 있다.

근래에 자사고 폐지 논란도 있었지만 아직까지 자사고 인기는 식지 않고 있다. 면학 분위기가 좋고 수월성 교육에 입각하여 학생들의 잠재 능력을 잘 이끌어 내기 때문이다. 수월성 교육은 모든 결과를 똑같이 끌어내려는 평등성 교육의 반대 개념으로 학생마다 우월한 부분과 잘하는 부분을 가려내 적극 지원하는 형태이다. 그런 만큼 자사고 입시 전형은 대입 못지않게 까다롭다.

자사고 입시는 생활기록부(이하 생기부)와 자기소개서(이하 자소서)를 제출하고 면접을 보는 과정을 거친다. 추천서를 요구하는 학교도 있고 그렇지 않은 학교도 있다.

전북 상산고의 경우 자소서를 쓸 때 자기주도학습, 인성, 독서 이 세 가지를 써 내야 한다. 그리고 국영수와 함께 사회나 과학 성적 둘 중 하나를 반영한다. 중학교 3학년 1학기까지의 성적이 반영되고, 수학 반영 비율이 크다. 서류 제출자 중에 동점자가 많으면 음악 미술 체육으로 면접 대상자를 선별하는 것이 특징이다. 그래서 자사고를 목표로 하는 부모들은 이런 부분까지 염두에 두고 사립초등학교에 입학시키면서 그때부터 준비한다.

서울 하나고의 경우 자소서에 자기주도학습, 인성, 활동 계획을 적어야 한다. 활동 계획이란 학교에 들어와서 어떤 활동을 어떻게 할지를 말한다. 활동 계획을 요구한다는 것은 그만큼 교내에 활동 프로그램이 많다는 뜻이다. 중학교 3학년 2학기까지의 성적이 반영되는데 체력 검증도 포함된다. 강남 서초 송파 출신을 20퍼센트로 인원을 제한하는 규정도 있다.

경기 한국외대부고의 경우 자소서에 자기주도학습, 외대부고에 대한 관심, 활동 계획 그리고 졸업 후의 진로에 대해 적어야 한다. 졸업 후 진로를 요구하는 것은 외국대학에 진학하는 케이스가 많기 때문이다. 국내 대학의 문이과와 해외대학까지 두루 진학 결과가 좋다는 장점이 있다. 국영수사과 다 포함하여 3학년 2학기까지의 성적이 반영된다. 추천서는 요구하지 않는다.

민사고는 자소서에서 교과, 비교과, 자기PR을 적어야 한다. 소질, 적성, 졸업 후의 진로에 대해서도 질문한다. 인성 측면은 자소서가 아니라 추천서에서 본다. 이 학교의 특징은 국영수사과는 물론 전 과목 성적이 다 반영된다는 점이다. 중학교 2학년 1학기부터 3학년 2학기까지 성적 제출을 요구한다. 왕복 오래달리기라는 체력 검증도 있다. 미인정으로 결석하거나 지각 혹은 조퇴를 하면 불이익이 있다.

간혹 중학교 때 이런 자사고에 가려면 외부 스펙을 쌓아야 하냐고 묻는 분들이 있지만 지금은 외부 스펙을 사용할 수 없다. 다른 생각할 필요 없이 학교생활 성실히 하고, 내신 잘 챙기고, 자소서와 생기부 충실히 쓰고, 면접 볼 때 진짜 체화된 자기 지식을 발표할 수 있으면 진학이 가능하다.

자사고 준비를 위한 학년별 체크사항

일단 1학년 때에는 자유학년제나 자유학기제이다 보니 학교생활 적응이 우선이고, 지필평가 부담이 없으니 학교 프로그램에 열심히 참여하는 것이 좋다. 그리고 자사고별로 독특한 특징이 있으므로 해당 학교 알리미에 가서 학교 프로그램이나 교과과정에 대한 플랜 같은 것을 살펴봐야 한다. '특목고 갈 사람 모여라'나 '상위 1퍼센트 카페' 같은 타이틀이 붙은 온라인 커뮤니티에 방문하거나 컨설팅 학원에서 올려 놓은 정보들도 수시로 찾아보면서 정보를 수집해야 한다.

희망 학교 홈페이지를 방문하여 자소서와 면접에 관한 규정 등과 같은 여러 가지 정보를 확인하는 것도 도움이 된다. 혹은 주변에 자사고 진학경험이 있는 학부모들로부터 정보를 얻을 수도 있다. 구글 검색을 이용하는 것도 아주 유용하다. 나무위키로 자사고를 검색하면 해당 학교와 관련된 재미있는 스토리가 많이 나오는데, 그 학교 졸업자가 아니면 알 수 없는 스토리이므로 읽으면서 꿀팁을 얻을 수 있다.

결론적으로 중학교 1학년 때에는 진학하고 싶은 자사고의 목표를 세우고, 그 학교에 대한 다양한 정보를 찾아보면서 학교생활을 충실히 하는 것이 무엇보다 중요하다.

중학교 2학년 때부터는 국영수사과의 내신 관리에 전력투구해야 한다. 전국단위 자사고에 가려면 전 과목에서 A를 기본으로 받아 둬야 한다. 교내활동도 열심히 해서 생기부도 알차게 채워야 한다. 그리고 진로 비전을 필요로 하는 학교들이 있으므로 이에 대한 준비도 필요하다. 가령 외대부고나 민사고처럼 외국대학에 진학을 많이 하는 학교에서는 고등학교 졸업 후 진로 비전을 중요시한다. 그 준비를 2학년 때 해둬야 한다.

대다수 자사고에서는 3학년 2학기 성적까지 모두 반영하므로 중학교 3학년에서는 내신을 소홀함 없이 잘 챙겨야 한다. 자소서와 면접 준비도 동시에 해나가야 한다. 자소서도 직접 써 보고 모의면접 연습도 해봐야 한다. 온라인 카페 등에서 면접 후기를 읽고 면접에 관한 정보도 얻어야 한다.

자소서 쓰는 방법

자소서는 기한에 몰려 부랴부랴 쓰지 말고 가급적 미리 작성해 보는 것이 좋다. 자소서를 미리 작성하려면 사전에 학교생활에 관한 일지 같은 것들이 필요하다. 자기주도학습, 인성, 진로 비전, 지원할 학교에 대한 관심 등과 관련된 것들을 미리 일지를 쓰면서 정리해 둬야 어려움이 없다.

자소서를 쓸 때에는 글로 먼저 쓰려 하지 말고 말을 한 다음에 글로 옮기는 것이 좋다. 훨씬 더 자연스럽게 전개되기 때문이다. 분량은 길게 썼다가 짧게 줄이는 방식이 좋다. 그리고 내가 하고 싶은 말만 하지 말고 뽑는 사람 입장에서 어떤 학생을 원할지 생각하면서 쓰려고 노력해야 한다. '난 학교가 어떤 학생을 원하는지 알고 있어.'라는 서술 방식을 취해야 합격할 가능성이 높아지지 '난 이런 사람이야.'라는 서술 방식은 오히려 불리할 수 있다.

자소서를 작성할 때 내가 직접 경험한 것을 토대로 내 언어로 글을 쓰는 것이 무척 중요하다. 혹시라도 어른의 말투를 흉내 내거나 컨설팅 업체에서 손질한 듯한 문체로 쓰는 것은 위험하다. 누가 대신 써 주면 안 될까 하는 생각은 하지도 말아야 한다. 자소서를 수도 없이 본 사람들이기 때문에 첫 문장만 봐도 금세 알아챈다. 누군가 다른 사람이 대신 써 줄 경우에는 면접에서 자소서 내용을 물어봐도 제대로 답할 수 없다.

자소서를 다 쓰고 난 뒤에는 소리 내어 읽어 보고 수정한다. 소리 내어 읽다 보면 문장에서 어색한 부분을 찾아낼 수 있고, 주술관계가 맞지 않는 문장도 발견할 수 있다. 자소서를 어느 정도 썼으면 여러 장 복사해서 담임교사나 학원 담당교사, 이모 삼촌 같은 주변 어른들에게 보여 주고 피드백을 받는 것이 좋다. 본인이 쓴 글에서 어색한 부분, 궁금한 부분, 식상한 표현 등을 물어보고 수정하도록 한다.

특별히 '우리 학교에 왜 오고 싶냐?'라고 질문하는 학교들이 있다. 하나고나 외대부고처럼 이런 질문을 하는 학교에 지원하려면 학교 특성, 학교가 선호하는 인재상 같은 것도 찾아서 자소서에 반영하는 것이 유리하다.

면접 준비

대부분 학교가 자소서와 생기부 내용을 기반으로 질문한다. 그러므로 생기부나 자소서에 자신이 쓴 내용을 정확히 사실관계에 입각해서 숙지하고 있어야 한다. 1을 써 놓았다면 면접에서는 1을 묻는 게 아니라 1+1+1을 합쳐 엮어서 물어보는 식으로 학생 본인의 생각을 많이 요구하므로 껍데기만 갖고 있으면 제대로 답할 수가 없다.

예를 들어 유가하락, 금값 하락, 달러가치 상승에 관한 책을 읽었다고 하면 면접관이 '향후 우리나라 경제에 이런 요소들이 어떻게 반영되겠는가?'라고 물어볼 수 있다. 이때 전체 내용을 포괄적으로 이해하고 있는 것이 아니라, 수박 겉핥기식으로 개별 지식만 알고 있으면 면접관을 만족시키는 답을 할 수 없다.

이런 경우를 감안하여 다양한 사람들 앞에서 모의면접을 실행해 보는 등 치밀하게 면접을 준비해야 한다. 어설프게 알고 있는 것을 생기부나 자소서에 써 놓으면 오히려 그것이 자신에게 불리하게 작용한다는 점을 명심해야 한다.

최상위권 학생들의 고교 선택

학교에서 공부 잘하기로 소문난 학생들은 주로 서울과학고, 경기과학고, 외대부고, 하나고, 민사고 같은 명문 고등학교를 꿈꾼다. 그런데 학생이 아무리 공부를 잘하다고 해도 전국에서 난다 긴다 하는 학생들이 모인 곳이라 혹시 내신에 불리하지 않을까 부모들은 걱정이 많다. 내신을 고려하면 일반고 선택이 훨씬 더 유리할 수 있을 것이다. 하지만 내신에서 절대적으로 불리하기만 하다면 외대부고에서 매년 50~60명씩 어떻게 서울대에 진학할 수 있고, 정원 120명에 불과한 서울과학고에서 어떻게 절반 정도가 서울대에 진학할 수 있겠는가.

이 사례에서 볼 수 있듯이 내신이 불리하다고 이분법적으로 무조건 일반고를 선택하는 것은 섣부른 판단이다. 그보다는 학생이 진학하고 싶어 하는 학교와 학과, 학생의 성향 등을 잘 따져 본 후 어디에 갔을 때 '더 잘 해낼 수 있을지'를 기준으로 삼아야 한다.

최상위권에서 의대 목표로 고등학교 선택할 때

영재성과 성실함이 증명된 학생들이 이과를 선택하면 서울대 공대

또는 의대를 놓고 진로를 고민하는 경우가 많다. 서울대 공대를 목표로 한다면 어떤 고등학교를 선택해도 별 문제가 되지 않는다.

서울대 의대가 목표라 해도 굳이 전국에서 내로라하는 톱클래스 고등학교를 선택할 필요는 없다. 오히려 안 가는 게 나을 수도 있다. 최상위권 영재들이 다 몰려오기 때문에 내신 경쟁에서 밀려 서울대 의대에 진학하지 못하는 경우가 발생한다. 일반고나 광역 자사고에 진학할 때 서울대 의대 입학 가능성이 더 커진다.

하지만 서울대 의대가 아닌 단지 '메이저 의대'를 목표로 한다면 그 때에는 전국단위 톱클래스 고등학교 진학을 더 추천하고 싶다. 학교 분위기나 프로그램 등이 영재성이 탁월한 학생들에게 최적화되어 있기 때문에 더 발전적인 고등학교 시절을 보낼 수 있다.

여기에서 말하는 메이저 의대란 흔히 서울대 의대, 연세대 의대, 가톨릭대 의대, 성균관대 의대, 울산대 의대까지 5대 의대를 일컫는다.

전국 어디든 상관없이 그냥 의대가 목표인 경우가 있다. 영재성과 성실성을 모두 갖춘 우등생이 아무 의대나 진학하는 것을 목표로 하는 경우는 거의 없다고 보면 된다. 하지만 부득이한 사정이나 변수는 생긴다. 예를 들어 의대를 목표로 계속 서울에서 교육했는데 아빠가 지방 발령을 받았다고 가정해 보자. 온 가족이 같이 지방으로 가서 지방 학군지에서 공부하는 것이 유리한지, 엄마와 학생만 서울에 남아서 공부하는 것이 유리한지 고민될 수밖에 없다. 아무 대학이나 의대만 가면 되는 쪽이면 지방 학군지가 훨씬 유리하다. 상대적으로 서울이 명문 고등학교보다는 내신 경쟁이 덜 치열하기 때문이다. 내신을 잘 받겠다고 대치동에서는 일부러 주변 지역으로 나갔다가 다시 고3에 컴백하는 경우도 있다.

게으른 영재인 우등생

머리는 좋은데 노력은 별로 안 하고, 눈으로만 공부하고, 놀기를 좋아해도 정신을 바짝 차리고 공부하면 웬만큼 성적이 나오는 유형이다. 이런 학생의 목표가 서울대 공대라면 서울과학고를 적극 추천하고, 외대부고, 하나고, 민사고는 권하고 싶지 않다. 서울대 공대에 가려면 전국단위 자사고에서도 톱을 찍어야 한다. 거의 전 과목에서 A학점을 받아야 하는데 게으른 영재형의 경우 가끔 B학점이 섞이기도 하기 때문이다.

이런 유형의 학생들은 오히려 영재학교를 선택하면 훨씬 더 재미있게 공부할 가능성이 있다. 영재학교는 일반적인 입시와 다소 동떨어져 있다. 주로 연구하고 탐구하고 발표하고 토론하는 식으로 수업이 진행된다. 게으른 영재들에게는 이 수업방식이 굉장히 흥미로울 수 있다. 즐거운 학교생활을 원하고 자신의 특성을 발휘하는 데 도움이 되고, 갈 수만 있다면 영재학교는 최상의 선택이 될 것이다.

반면 전국단위 자사고에 진학하면 교내 여러 활동도 열심히 하면서 내신도 골고루 잘 따야 하고 일반입시도 철저히 준비해야 한다. 게으른 영재형은 이런 학교에서 성과를 내기 쉽지 않다.

같은 이유로 게으른 영재형이 서울대 의대 진학을 목표로 한다면 약간 조정이 필요하다. 노력이 부족하기 때문에 서울대 의대부터 메이저급 의대는 가기 힘들다고 보면 된다. 내신 1.0이 쉽지 않을 것이다. 근성, 승부욕, 과제 집착력 등이 결부되어야 내신 1.0이 가능하다. 이 학생들은 메이저급이 아닌 일반 의대 진학을 목표로 하고, 톱클래스 고등학교보다 일반고 진학이 더 좋을 것이다.

근성 있는 수재형

영재가 아닌 근성을 갖고 노력하는 수재형은 톱클래스 고등학교 진학이 그리 쉽지 않다. 하지만 갈 수만 있다면 톱클래스 고등학교에 가야 한다. 근성 있는 수재형이 톱클래스 고등학교에 진학하면 자신의 내적 잠재력을 극단까지 다 끌어낼 수 있기 때문이다.

물론 입학 후 훨훨 날아다니는 영재형 학생들 때문에 스트레스를 많이 받을 수 있고, 이런 분위기가 자아형성이나 성장과정에 안 좋은 영향을 미칠 수도 한다. 하지만 목표의식이 뚜렷하고 자존감이 높은 학생들이기 때문에 이겨내고 잠재력을 발휘할 확률이 훨씬 크다. 갈 수만 있다면 톱클래스 학교를 피할 이유는 없다.

하지만 노력하는 수재형이 서울대 의대나 메이저 의대 입학을 목표로 한다면 톱클래스 고등학교가 아닌 일반고나 광역 자사고를 선택하는 것이 좋다. 내신 및 수능에서 훨씬 유리하다. 영재학교는 수능 대응성이 그리 높지는 않다. 영재학교에서는 대개 독립적인 커리큘럼을 진행하기 때문에 수능 준비 시간이 부족할 수밖에 없다. 다만 논술전형에는 유리한 측면이 있다.

결론적으로 근성 있는 수재형의 경우 일반고나 광역 자사고에 가면 내신이나 수능 준비에 유리하고, 영재학교에 가면 논술전형에 유리하다고 볼 수 있다. 이런 장단점을 잘 비교하여 신중하게 고등학교를 선택하길 바란다.

제법 잘하는 우등생

영재성이 있는 것도 아니고 성실성도 부족한데 공부를 제법 잘하는 학생들이 있다. 현실적으로 이런 친구들은 의대 진학이 굉장히 어렵다. 대신 메이저급 공대를 목표로 삼는 것이 현실적 선택이다.

중학생이니만큼 부모가 미리 좌절할 필요는 없다. 끌어올리는 방법을 찾아서 남은 기간이라도 최선을 다해 도전하는 목표의식을 심어 주면 결과가 달라지기도 한다. 이 학생들이야말로 학습매니지먼트나 컨설팅을 받아서라도 공부 관성을 찾아야 할 것이다.

영재학교 출신들은
사회에서 어디로 진출할까?

영재학교 출신들은 고등학교 이후 이력이 매우 다채롭다. 실례를 들자면, 카이스트 졸업 후 고대 의대에 다시 입학했다가 학부를 다시 바꿔 서울대 공대에 들어간 학생도 있다. 왜 이렇게 자주 전공을 바꾸었을까? 어쩌면 이것이 영재의 특징인지 모른다. 영재인 만큼 자신의 관심 분야 공부를 이것저것 다 해낼 수 있는 능력이 있는 것 같다. 이 학생은 이후 로스쿨을 마친 후 지금은 국내 유명 로펌에 근무하고 있다.

학부에서는 공대에 들어가 전기전자공학이나 기계공학 등을 공부했지만 화학과 생명과학 분야에서 박사학위를 받고 지금은 식품 관련 국제기구에서 근무하는 사람도 있다.

물리학을 공부하다 수학으로 석사과정을 마친 다음 해외대학에서 산업공학으로 박사학위를 취득한 케이스도 있다. 산업공학을 공부한 이들 중에는 금융 계통에서 일하는 경우가 많다.

카이스트에서 컴퓨터공학을 공부하다 아이비리그로 유학을 간 케이스도 있다. 컴퓨터공학으로 박사학위를 마친 후 전 세계적으로 유명한 다국적 인터넷 기업에 근무하고 있다.

학부에서 전기전자공학을 전공한 후 유명 해외대학에서 컴퓨터공학을 공부한 다음 다시 국내로 복귀해서 대기업의 핵심 인재로 근무하는 경우도 있다.

위의 다양한 사례들에서 볼 수 있듯이 영재성 있는 학생들은 공부 욕심이 아주 많다. 영재성을 타고났다면 가급적 영재학교에 가는 것이 좋다. 하지만 타고난 영재성이 없는데도 가혹하게 닦달하여 영재학교에 보내면 재미를 느끼지 못하고 경쟁도 너무 세기 때문에 적응하는 데 어려움을 겪을 수 있다. 이 학생들은 공부를 계속하기보다 직업전선에 빨리 진출하는 편이다.

20년쯤 된 모某 영재학교의 전체적인 통계와 추이를 살펴본 적이 있다. 그동안 이 학교의 이공계 진출은 점진적으로 줄어든 것으로 나타났다. 초반에는 거의 70퍼센트 이상의 졸업생이 이공계에 진출했지만, 지금은 50퍼센트가량만이 이공계에 진출해 일하고 있었다. 이런 결과를 토대로 지금 학생을 영재학교에 보내면 나중에 1/2의 확률로 이공계에 진출한다고 예측할 수 있다.

그렇다면 나머지 절반은 어디에서 일하고 있을까? 먼저 의학 계열 진출이 20~25퍼센트쯤 된다. 영재학교에 보내면 거의 절반 정도 확률로 연구소, 박사, 대학, 기업 등 여러 형태로 이공계에 남거나 1/4의 확률로 의사, 치과의사, 한의사로 진출한다는 얘기이다. 나머지 25퍼센트는 주로 법률이나 금융 계통으로 진출한다. 요즘에는 금융이나 법률 관련 회사들도 최첨단 과학 기술 중심의 이해나 분석을 굉장히 중요시한다.

이 학교 학생들은 졸업 후 대학교는 거의 서울대, 카이스트, 연세대, 포항공대 고려대 순으로 진학했다. 석사 역시 서울대와 카이스트와 연세대에 주로 진학하고 스탠포드대학, MIT, 미시간대학 등에서 유학하는 경우가 많았다. 박사는 서울대가 가장 많고 그다음 카이스트, 스탠포드대학, MIT, 미시간대학 순이었다.

이 학교를 모델로 보자면 대략 영재학교에 가면 독자적 고등학교 커리큘럼을 소화하고, 국내외 메이저 대학교에서 석박사를 하고, 이공계 또는 의료계나 법률, 금융계로 진출하는 코스를 예상해 볼 수 있다.

자녀가 영재성이 탁월하면 이런 추이를 참고해서 고등학교 진학할 때 영재학교에 보낼 것인지, 광역 자사고에 보낼 것인지, 일반고에 보낼 것인지 결정하면 좋을 듯해서 소개하였다.

1기

유아기에서 초등학교 1, 2학년

공부 정서 만들기

국어 읽기 독립, 바른 글씨
영어 4대 영역 파닉스
수학 사고력 수학, 연산
★ TCI 기질성격검사

2기

초등학교 3, 4학년

공부 습관 만들기

국어 어휘력·독해력·문해력 확장, 독후활동 필수
영어 4대 영역 가운데 잘하는 분야 집중
수학 교과수학으로 전환
★ MBTI 검사 동기부여

3기

초등학교 5, 6학년

공부 독립 시키기

국어 마인드맵으로 내용 숙지
영어 교과문법 기초 확립
수학 사칙연산 마스터
★ 웩슬러 지능검사, 문이과 성향 파악

4기

중학교 1, 2학년

공부 실속 챙기기

국어 교과문법, 수준 높은 독서
영어 문법 마스터
수학 교과수학 충실, 선행은 최대 1년
★ 시험 적응 공부법 터득, 목표 고등학교 설정

5기

중학교 3학년, 고등학교 1학년

공부 몰입 시키기

국어 독해력은 비문학, 문해력은 문학에 활용
　　　국어문법 완성, 독서량 풍부하게
영어 리딩, 라이팅 마스터
수학 고교학점제 대비 수학기초 다지기
★ 플래닝과 6주5회독

5기

중학교 3학년, 고등학교 1학년
공부 몰입 시키기

국어

독해력은 비문학, 문해력은 문학에 활용
국어문법 완성, 독서량 풍부하게

영어

리딩, 라이팅 미스디

수학

고교학점제 대비 수학기초 다지기

★ 플래닝과 6주5회독

언제든 가능성은 열려 있지만,
공부 욕심을 버리지 않게
관리하는 것이
중요한 때입니다.

숨을 불어넣어야 할 순간

상담하기 전까지 과학고에 진학할 생각도 없었고, 선행도 별로 안 한 학생이 있었다. 진단검사를 통해 이과 성향을 확인한 바, 이과쪽 교과를 선택할 때 공부하는 방법, 과학고의 장점, 입시 준비 등에 대해 설명하면서 공부에 대한 동기를 부여해 줬다. 그때부터 이 학생은 하루 열댓 시간씩 공부에 매진했고, 그 결과 치열한 경쟁률을 뚫고 경기도 모처에 있는 과학고 진학에 성공했다.

이 학생이 어떤 전공을 택하고 어느 대학교에 갈지 아직 알 수 없지만, 분명 자신의 노력으로 성취를 이뤄 낸 이 시기를 힘들고 어려운 일이 닥칠 때마다 떠올릴 것이다. 내가 해봤더니 되더라, 나한테 그런 열정이 있었더라, 나는 중학교 3학년을 공부로 하얗게 불태워 봤다 등등 싱공경험이 각인되어 살아가는 내내 소중한 불빛이 되어 줄 것이다. 어차피 스무 살이 되기 전까지는 해야 하는 공부이다. 공부하는 동안 이 뜨거운 성취감을 학생들이 단 한 번이라도 느꼈으면 좋겠다. 자기 자신이 얼마나 대단하고 소중한 존재인지 알게 될 것이다.

이런 순간이 있다. 마치 심폐소생술을 받듯 죽어 가는 공부 열정에 숨을 불어넣어야 하는 순간이 학생마다 있다. 약간의 동기부여만 해 줘도 공부로부터 벗어나고 싶은 욕구를 억누르고 다시 몰입하는 순간 말이다. 그 낌새를 알아차리고 용기를 북돋워 주는 존재가 있으면 좋은데, 그런 자극을 주는 존재나 계기가 없어서 영영 공부로 다시 돌아오지 못하는 친구들도 많다.

멘토 역할을 하는 사람의 존재는 절실하다. 친구로 인해서 약간 스텝이 꼬여도 결국에는 또 다른 친구나 선생님을 통해 다시 복구가 된다. 좀 방황이 길어진다 싶으면 주변환경을 살펴보고 환기시켜줘야 한다는 의미이다. 앞서 소개한 학생처럼 동기부여가 될 만한 상담을 받아도 좋고, 평소 잘 따랐던 학원 선생님을 찾아 뵙고 용기를 얻을 만한 이야기를 듣고 와도 좋다. 어떻게든 다시 자기 페이스에 올라타야 할 것이다.

본격적인 공부를 시작한 초등학교 저학년부터 매일 두세 시간 이상 혼자 공부해 오기를 5년 이상 지속하다 보면 당연히 힘들고 지치고 하기 싫은 때가 온다. 주로 중학교 때 많이 힘들어하는데 '번아웃'이 오는 조짐이다.

마냥 피곤해하고 모든 일에 의욕을 보이지 않으면 부모 입장에서는 눈앞이 캄캄한 기분이 든다. 지금까지 공부한 게 다 도로 아미타불

되는 건 아닌지, 저 녀석이 갑자기 왜 저러지, 혹시 무기력감이 길어지면 어떡하지, 과외를 붙여줄 걸 괜히 대형 학원에 보냈나 등등 온갖 생각이 다 든다.

그런데 모든 문제에는 이유가 있다. 모든 시험의 문제들이 명제와 조건이 주어지고 문제를 풀라고 하듯, 지금 학생들이 힘들어하는 데에는 이유가 반드시 존재하므로, 그 이유부터 곰곰이 생각해 보아야 한다.

부모는 본능적으로 자기 방식대로 자녀를 이끌려고 한다. 너무 깊이 개입하고, 당사자보다 더 열정을 발휘한다. 극히 일부지만 30분 단위로 시간을 체크하며 일거수일투족을 알고 싶어 하는 엄마도 있었다. '헬리콥터맘'이니 '캥거루맘'이니 하는 말이 괜히 생긴 것이 아니다. 항상 성적을 최우선시하며 공부를 강요하거나 다른 아이들과 비교하여 상대적 박탈감을 느끼게 만들고, 심리적으로 위축되게 만든다. 이런 스트레스가 쌓이고 쌓여 폭발할 지경에 이르면 결국 학생들은 스스로 나아가는 능력을 잃어버리고 무기력해지고 만다.

번아웃이란 말 그대로 연료가 소진하여 탈진한 상태에 이른 것이다. 무기력증에 빠졌을 때 잔소리를 하거나 혼을 내도 소용이 없다. 번아웃이 온 학생들에게 필요한 것은 '연료를 다시 충전할 수 있는' 시간이다. 자녀가 번아웃 증상을 보이면 2주 정도 학원과 과제를 모두 중단하고 공부 스트레스로부터 해방시켜 줄 필요가 있다.

그 시간 동안 여행, 책, 음악, 영화, 스포츠 등등 좋아하는 것들을 즐기면서 충분히 휴식할 수 있게 해주어야 한다. 그리고 부모의 간섭이

청소년이 겪을 수 있는 번아웃 증상들

- 책상에 앉기만 해도 가슴이 답답하고, 긴장되고 침대에 누워야만 진정이 된다.
- 싫고 좋은 것이 불분명하고 자기 의견을 묻는 것에는 대답하기 싫어한다.
- 식욕이 지나치게 줄어 체중까지 줄어들고 있다.
- 아침에 일어나기 힘들어하고, 등교하기 싫어하고, 두통이나 복통 증상이 나타난다.
- 한없이 잠에 빠져들거나 전혀 잠들지 못하는 등 수면장애가 발생한다.
- 하기 싫다, 그만두고 싶다는 말을 자주 한다.
- 공부에 대해서는 그 어떠한 것도 말하고 싶어 하지 않는다.
- 주변에 어떤 일이 일어나든 관심이 없다.
- 매사에 짜증을 낸다.
- 자신감과 집중력이 떨어진 것이 주변에서 느낄 정도로 심하게 나타난다.

나 강요 없이 자발적으로 계획을 세우고 스스로 결정할 수 있는 여건을 마련해 주어야 한다. 중학교 3학년이라고 해서 늦었다고 생각하면 아무것도 할 수 있는 게 없다. 지금까지 열심히 내공을 쌓아 왔다면 약간의 정체기를 겪더라도 실력이 확 떨어지는 것은 아니기 때문에 다시 수습할 수 있다.

하지만 방황의 시간이 길어지고 예비고1 겨울방학을 헛되이 보낸다면 가장 소중한 시간을 잃게 된다. 어떻게 해서든 공부 관성을 붙잡고 있어야 한다. 이때를 위해 그토록 공부에 매달린 것 아니겠는가.

학생 스스로 지금까지 공부한 게 아깝고 억울하고, 조금만 더 하면 될 것 같은 생각이 들게끔 해줘야 한다. 자발적인 계획이라 하더라도 막연한 계획이 아닌 실천 가능하고 구체적인 계획을 세우게 하면 회복탄력성이 생긴다. 문제 몇 개, 단어 몇 개 등 작은 미션을 클리어하고 조금씩 빌드 업 해서 다시 공부로 돌아올 수 있게 하는 것이다.

고1까지만 버티면 중요한 고비는 다 털고 지나가는 셈이다. 고2, 고3이 되면 본격적인 입시기간이라서 대부분 학생들이 제정신으로 돌아온다. 고2, 고3에서는 지금까지 이룬 공부를 입시라는 틀에 정교하게 맞추는 기간이므로 내 뜻대로, 실험적으로 혹은 들쑥날쑥하면 오히려 손해임을 학생 스스로가 잘 알고 있기 때문이다.

중학교 3학년에서 고등학교 1학년까지가 사실 공부 로드맵의 끝이고, 그 이후는 반복하고 또 반복하는 과정이다. 이 기간에 공부에 몰입하지 못하면 고2, 고3에는 더한 극강의 공부가 기다리고 있다.

그럼 공부에 몰입하는 이 숨을 어떻게 불어넣을 수 있을까.

중3 마지막 시험과 고1 첫 시험이 중요

성적이 최상위권으로는 올라가지 못하고, 늘 상위권 언저리에서 맴도는 어정쩡한 중학교 3학년이라면 꼭 알아야 할 것이 있다. 고등학교에 가서 과목을 선택할 때 자신이 못하는 과목을 '피하는 것을 피해야 한다'는 사실이다. 국어를 길 못하니까 이과, 수학을 살 못하니까 문과로 선택하기 쉬운데, 국어에 대한 오해이다.

국어와 영어는 3년 내내 평가받는 과목이므로 국어를 못한다고 해서 이과를 선택하는 것은 오히려 내신에 불리하다. 국어와 영어는 문이과를 통합해서 성적을 산출하기 때문에 내신에서 유리한 변수가 아닌 기본 변수이다. 현재 문이과를 선택하는 것은 선택과목에서 수학의 미적분과 기하, 과탐을 추가하면 이과, 사탐과 경제를 선택하면 문과 이렇게 구분해야 한다. 앞으로 통합과학과 통합사회를 입시에서 시행하게 되면 문이과는 구분이 없어질 전망이다.

무엇을 선택하든 수학 없이는 내신에 희망이 없다는 것을 염두에 두어야 하고, 그 전에 국어와 영어가 불안하면 내신도 불안한 점수를 받는다는 것도 염두에 둬야 한다. 따라서 중학교 3학년인 예비 고1은 모든 과목에서 출중한 성적을 받아 둬야 한다.

중학교 3학년의 마지막 시험인 2학기 2차 지필평가는 평준화 지역에서는 고등 선행을 하느라고 가볍게 취급하는 경우가 많은데, 이 또한 고등학교 내신 폭망을 자처하는 길이다.

중학교 3학년 2학기 2차 지필평가 수학은 '도형'이 대부분을 차지한다. 수학에서 '도형'은 고등학교 수학에서 고난이도 문항이 출제되는 기하, 벡터 파트와 직결되기 때문에 그 중요성이 크다. 중학교 3학년 2차 지필평가에서 수학 점수가 잘 나온다는 것은 도형을 이해하고 있다는 뜻이므로 고등학교 수학을 무리 없이 따라갈 실력을 갖췄다는 뜻이다.

중학교 3학년 영어 2차 지필평가 범위는 주로 '가정법'이다. 중학교

1, 2학년 때 영어를 완성한 친구들은 문법과 독해, 기출과 심화를 여러 번 반복했기 때문에 가정법 정도야 따로 공부를 안 해도 된다는 심리가 있고, 공부를 안 하는 친구들은 늘 그렇듯 안 한다. 중학교 3학년 2학기 2차 지필평가를 잘 본다고 해서 고등학교가 바뀌는 시점은 아니기 때문이다. 가정법은 너무 헷갈리는 문법 가운데 하나라서 완벽하지 않으면 고등학교 3년 내내 쉬운데 틀리는 실수를 반복할 가능성이 있다. 따라서 쉽다고 해서 지나치지 말고 쉬운 것만이라도 완벽하게 숙지해두도록 한다.

중학교 3학년 2학기 2차 지필평가 국어 범위는 '문장 성분과 짜임'이 주를 이룬다. 척 봐도 논리적 전개와 문법이며 고등국어의 기반을 이루는 부분임을 알 수 있다. 역시 고난이도 문항이 숨어 있는 파트이다.

중학교 3학년 2학기 2차 지필평가는 고등학교 과정에서 어려워하는 대부분의 고난이도 문항이 출제되는 파트와 연관되어 있다. 이는 곧 자신의 고등학교 성적을 미리 받는 것이나 다름없다. 결론적으로 중학교 3학년 2학기 2차 지필평가 성적은 입시 성공 전략의 발판이 된다는 점에서 매우 중요한 시험이다.

게다가 과학고, 외고, 국제고 등에서는 중학교 3년 내내 학교수업을 성실히 했나를 보기 위해 서류 제출은 끝났다고 하더라도 추후에 3학년 2학기 2차 지필평가 성적을 요구하는 경우도 있다. 예전에 지방의 한 과학고에서는 중학교 3학년 2학기 2차 지필평가 성적이 좋지 않아 입학이 취소된 사례가 있었다. 그럼에도 학생들은 이후를 더 걱정한다. 어떤 과목을 보충할지 어떤 방향으로 학원을 세팅할지 골몰한다. 항상 이야기하건대, 첫 단추를 잘못 끼워서 마지막 남은 하나를 못 끼우는 상황을 만들지 않았으면 좋겠다. 앞부분을 완벽하게 하지 않으면 심화든 선행이든 의미가 없다.

중학교 3학년 2학기를 마치고 고등학교에 가서 치르는 첫 시험이 3월에 치르는 전국연합학력평가인데 시험범위는 중학교 3년 내내 배운 전 과정이다.

중학교 3학년 2학기 2차 지필평가는 학생의 정신력을 엿볼 수 있는 시험이기도 하다. 이토록 이 시기 공부에 몰입해야 하는 이유가 분명한데, 대부분 학원에서는 고등학교 선행을 독려하며 3학년 2학기 2차 지필평가를 가볍게 여긴다. 학생들은 덩달아 그 중요함을 모르고, 학원 주도의 선행을 따라가는 것이고, 이는 더 어려워지는 고등학교 공부에서 저조한 성적을 받는 단초가 된다.

중학교 3학년 마지막 시험에서 고등 1학년 첫 시험으로 이어지는 이 시기는 졸업으로 끊어진 게 아니라 하나로 연결된 시간들이다. 방학하면 윈터스쿨, 예비고1반 수강도 의미가 있지만, 계속 하는 힘을 떨어뜨리지 않고 유지하는 것이 더 중요하다.

중학교 3학년에 성취해야 할 수학

수학의 중요성은 넘기는 페이지마다 말했다. 중학교 3학년에 수학을 어디까지 얼마나 해두어야 하는지 알아보자.

학교마다 약간 다르긴 하지만 고등학교 1학년 수학에서는 대부분 현재 수학 상上, 하下 교재를 쓰고 있다. 수학 상, 하 다음에는 수학I, 수학II, 확률과 통계, 기하, 미적분 순서로 학교마다 조금씩 다른 커리큘럼을 짠다.

고등학교 3학년 학생들에게 여유를 주는 학교는 고등학교 1, 2학년 수학부터 타이트하게 진도를 나간다. 고등학교 1학년 첫 1차 지필평가부터 바로 내신 반영이니 우선 발등에 떨어진 불은 고등학교 수학 상, 하를 완벽하게 마스터하는 것이다. 개정되는 교육과정으로는 공통수학 1, 2에 해당하는 파트를 중학교 3학년 겨울방학이 끝나기 전에 완벽하게 예습해 두어야 한다.

마스터하는 길은 반복뿐이다. 최상위 1퍼센트를 목표로 하는 학생들은 초등학교 6학년에 벌써 고등학교 수학 상, 하를 마치고, 중학교에서 수학I, 수학II를 세 번 정도 반복한 다음 중학교 3학년에는 미적분까지 진도를 나간다.

중학교 3학년 2학기에 들어서면 1차 지필평가, 추석 연휴 등을 제외하면 남은 시간은 거의 3개월 정도이다. 이때 수학에서 무엇을 할 것인가는 학생의 선행 진도에 따라 다르다.

최상위 수학 선행을 하지 않은 경우, 학군지에서는 통상 수학I, II를 내내 하고 미적분을 들어갈까 수학I, II를 한 번 더 복습할까 고민한다. 이 경우에는 한 번 봤다고 해서 다 알 턱이 없기 때문에 수학I, II를 다시 반복히는 게 맞다.

가장 난감한 경우는 애매하게 중학교 3학년 2학기에 고등수학 상, 하, 수학I을 한 번 하고, 수학II를 공부하다 만 선행이다. 마치 사거리 신호등 앞에서 주황색 불이 깜박거리는데 건널까 말까 하는 상황이다. 수학I은 새로운 개념이 많이 나와서 한두 번으로는 마스터하기 어렵다. 적어도 세 번은 해야지 수학I이 확실해진다. 다급하게 진도를 나가기보다는 남은 3개월 동안 수학I을 확실하게 다지는 쪽으로 추천하고 싶다. 급하게 사거리를 건너다 사고 나지 말고, 차분하게 지금까지 해온 것을 한 번 더 반복해서 완벽하게 마스터하는 게 낫다. 완벽하지 않은데 진도에 급급하면, 고등학교에 가서 어설픈 파트는 다시 해야 하기 때문에 시간을 더 버리는 셈이 된다.

만약 수학을 중등교과 진도 외에 아무 선행도 하지 않은 경우라면 남은 3개월을 잘 활용해서 고등수학 상, 하라도 예습해야 한다. 개정된 교육과정으로는 공통수학 1, 2에 해당한다.

이렇게까지 하는 이유는 수시 전형이라는 입시의 관문을 통과하기 위해서이다. 예를 들어 의대나 공대를 목표로 일반고에 진학한 남학생이 있다고 하자. 전교권에 들고, 학교에서도 기대를 하는 학생이라면, 특목고나 자사고 학생들과 경쟁해야 한다. 특목고나 자사고 학생들은 학교 단위 커리큘럼이 탄탄하기 때문에 수시전형에서 성과를 내기 쉬운 편이다(301쪽에 있는 입시전형 참조).

사정이 이렇다 보니 일반고에서도 고등학교 3학년에 할 수학을 고등학교 1, 2학년에 미리 배우고, 생기부에 학업성취도를 높여서 기재한다. 고등학교에 입학하자마자 내신 때문에 해야 하는 수학이 마치

폭포수처럼 쏟아져 내린다. 자신이 없어지면 내신은 포기하고, 정시를 바라보다가 끝내는 재수, N수의 길로 가는 게 수순이다.

고교학점제가 되어서 5등급제 상대평가를 하니까 좀 안심해도 되지 않을까 하는 분들도 생각을 바꿔야 한다. 입시는 어차피 우열 경쟁이다. 만약 5등급제 상대평가로 수학 1등급 혹은 A등급을 받은 학생은 100명이고, 뽑는 인원은 10명이면 대학은 10명을 뽑기 위한 어떤 조치를 취할 수밖에 없다. 내신으로 가려지지 않으면 수능최저학력기준을 붙이고, 수능최저학력기준으로도 안 가려지면 서술형 논술을 추가할 수도 있고, 과정풀이가 아닌 개념의 정의를 면접에서 요구할 수도 있다. 어떤 형태로든 변별력을 가지고 학생을 뽑을 것이다.

지금이 오히려 더 안심되는 상황일 수 있다. 어쨌든 10년 이상 입시 전형이 안정이 되어서 해야 될 코스가 보이니까 하기만 하면 되는데, 고교학점제로 전환하면 한동안은 혼란스러울 수밖에 없다. 이래저래 학생들은 수학을 계속 다지고 있는 수밖에 없고, 내신도 수능도 동시다발로 다 준비해야 하는 상황에 처해 있다.

수포자는 초등학교 2학년, 중학교 2학년, 고등학교 2학년 해서 총 세 번 출몰한다. 초등학교 2학년에서는 복잡한 사고력을 요하는 문제에 연산까지 해야 하니 수학 때문에 학교 가기 싫다는 소리가 나온다. 많은 부모들이 이때 음악 미술 체육 같은 예체능으로 대학에 보낼 마음을 먹고 수포자를 만든다. 중학교 2학년이 되면 양이 많아지고 학생은 제멋대로 굴고, 하기 싫어하니까 그때 또 이과는 안 되겠다 싶어서 문과로 가자면서 수포자를 만든다. 고등학교 2학년에 이르면 수학에서 등급이 도저히 안 나오니까 차라리 다른 과목 등급을 올리자 싶어서 수학에 손을 놓는다.

이러한 과정과 결과를 다 예측해야 한다. 그래야 학생이 어떤 시기에 공부를 어떤 방식으로 했을 때 몰입이 되고, 성취도가 올라가는지, 끝내 입시에서 원하는 결과를 얻을지 대안을 마련할 수 있다. 절대 학생과 함께 우왕좌왕해서는 안 된다.

또한 빠른 선행만이 전부는 아니다. 진도만 왕창 나갔지 실제 문제를 풀게 하거나 물어보면 모르는 경우도 많다. 그래서 항상 강의 때나 상담 때나 말씀드리고 강조하는 게 진도 나가는 건 좋은데 진도에 대한 확인과 피드백을 꼭 해야 한다는 것이다. 이렇게 말씀드리면 직접적으로 자녀에게 물어보는 분도 있다. 부모로서는 직접 가르치지도 않고, 학생 대답이 맞는지 틀리는지도 모르기 때문에 물어봐도 소용이 없다. 학원이나 교육 담당하는 분을 통해 항상 확인하고 관심을 보이라는 의미이다.

영어의 기본은 확실하게 되었는가?

이과성 수학을 하도 강조하다 보니, 수학은 참 탄탄한데 영어가 변변치 않아서 복병인 학생들이 있다. 사실 학군지에서는 수능영어 리딩은 중학교 1, 2학년에서 끝내는 경우가 대부분이다. 빠르면 초등학교 6학년에서 수능영어 문제를 술술 푼다. 이 경우에는 뭐가 문제일까?

그렇다. 고등학교 내신에서 여간해서 점수를 따기 힘들다. 공부를 잘하는 아이나 못하는 아이나 다 같이 내신 때문에 힘든 게 영어이다. 영어 환경이 월등하게 좋아졌기 때문에 다들 자신만만하다가 서술형 주관식 문제에서 영혼이 탈탈 털리고 만다.

수능영어를 잘하는데 왜 내신 영어를 못하는가 의아할 텐데, 내신 영어는 학교마다 다른 기준과 채점 방식을 가지고 있어서이다. 객관식만 출제하는 학교도 있고, 라이팅을 넣는 학교도 있다. 객관식만 출제하는 학교는 변별력을 위해서 문제를 무척 어렵게 출제한다.

대부분 학교에서는 서술형 주관식을 출제하는데, 조건을 포함하고 있다. 공정한 채점을 위해 까다로운 조건들을 다 채워야 좋은 점수를 준다. 선생님이 원하는 구문이나 단어, 표현과 제안, 조건을 만족시키는 라이팅이 되어야 하는 것이다. 정형화된 문법을 적용해서 요구하는 내용을 영어로 써 내는 능력이 있어야 내신 영어에서 좋은 점수를 기대할 수 있다. 문법적 오류가 없는 실력을 중학교 3학년 때 연마해야 고등학교 내신을 잘 받을 수 있는 것이다.

그래서 중학교 3학년 때 이 연습을 하려면 역으로 중학교 1, 2학년까지는 문법, 초등학교에서는 기본적인 리딩, 더 어렸을 때에는 미국 교과서나 챕터북 등을 두루 섭렵해야 하는 것이다. 이 여러 가지를 기반으로 리딩과 라이팅을 많이 해놓은 아이는 실력이 쭉쭉 연결되면서 중학교 3학년에 영어를 완성하고, 고등학교에서 내신 점수를 잘 받고, 수능에서는 지문이 변형이 되든 말든 원하는 점수를 받게 되는 것이다.

여기까지는 가장 최상위 선행을 하는 경우이고, 열심히 공부하면서 영어를 따라오고 있는 대다수 학생들은 좀 다른 방법을 찾아야 한다. 이제까지 ESL로 영어를 익힌 경우도 아닌데 똑같기를 바라면 욕심이다. 가장 중요한 것, 문법이 완벽하면 영어 등급 때문에 입시에 실패하는 경우는 거의 없을 것이다.

학원마다 강조하는 것들이 다르고 방식도 다르지만, 이 모든 것들을 커버하는 것이 학교영어가 원하는 문법이다. 달달 외우는 고전적인 방법으로라도 중학교 3학년에 영어를 완성해 두는 것이 좋다.

시험은 항상 변별력을 지녀야 하기 때문에 수학이 너무 어려워서 등급이 안 나온다고 원성이 자자해지면 그다음에는 영어가 어려워지기 마련이다. 직업적인 면에서나 사회적 측면에서나 이과 중요성이 부각되면서 이과 쪽으로 학생들이 몰렸는데, 이제 와서 영어에서 원하는 점수가 나오지 않으니 학생들의 멘탈이 흔들릴 법도 하다. 시험은 항상 이런 식으로 폭탄 돌리기를 한다. 결론적으로는 언제든 문제는 어렵게 나온다고 생각해야 하는 것이다.

국어 만점 준비하기

국어학원 대부분이 배경지식을 중시하고 있는데, 오히려 어휘력, 독해력, 문해력이 더 중요하다. 독해력이나 문해력이 없으면 출제자 의도를 파악할 수 없기 때문에 배경지식이 아무리 풍부해도 꺼내 쓸 수 없다.

국어도 공부하는 방법을 잘 찾으면 뒤늦게 공부해도 만점에 도전할 수 있다. 독해력과 문해력은 다른 영역이다. 고등국어에서 독해력은 올바른 의미 파악, 즉 비문학에서 사용되는 스킬이고, 문해력은 숨은 의도 파악, 흔히 말하는 행간의 의미를 읽는 문학에서 사용되는 스킬이다. 이 둘을 구분할 수 있고, 교과서 작품뿐만 아니라 꾸준히 독서를 해왔다면 국어라고 만점을 못 받을 이유가 없다.

문학이든 비문학이든 문법이든 가장 문제를 많이 틀리는 파트를 찾고, 그 결손을 집중적으로 메우고, 지문을 읽더라도 끊어 읽을 줄 알게 많은 문제풀이를 하고, 이런 것들이 다 초등학교에서부터 단련이 되어 왔다면 그 위에 배경지식을 쌓으면 금상첨화라 할 것이다.

고등학교 국어가 중학교 국어와 다른 점은 교과서 외 지문, 고난이도의 복합지문, 상당히 긴 지문, 처음 보는 지문이 등장하는 것이다. 다른 과목과 마찬가지로 중학교에서 배운 것들을 완벽하게 자기 것으로 갖고 있지 않으면 문제에 적응하기가 쉽지 않다. 기본 바탕은 마련했다는 전제하에 매일 엄청 긴 지문 두세 개씩은 꼭 풀어보길 바란다.

특히 문과를 선택할 예정이라면 문제 공감능력을 키워야 한다. 문제 공감능력은 '이게 왜 답이야? 내 생각은 이게 아닌데?'가 나오면 안 된다. 자기 생각이 너무 깊으면 국어문제는 정답을 아슬아슬하게 비켜 갈 확률이 크다. 출제자의 의도를 파악하는 눈을 길러야 하고, 다양한 문제를 접해 봐야 한다.

한 가지 방법으로 2~3년치 고1 전국연합학력평가, 흔히 말하는 모의고사 문제를 매일 분량을 정해 놓고 푸는 것을 추천한다. 한 회에 통상 45문항이 출제되고, 1년에 네 번 치르니 총 12회 540문항이다. 중학교 3학년 2학기 남은 3개월을 나누면 한 달에 4회, 1주일에 1회 분량 전국연합학력평가 문제를 풀고 고등학교에 진학하는 것이다. 문과 지망생 대상으로 정시 대비를 하는 학원에서도 이런 방식으로 계속 문제풀이를 시키는 곳이 많다.

정리하자면 국어는 독해력과 문해력을 요구하는 문제를 구별하고, 배경지식을 늘리고, 한꺼번에 속성으로 완성하고자 할 때는 1주일에 1회 분량의 전국연합학력평가 문제를 푸는 것까지이다.

고등학생다운
공부를 하는 방법

본격적인 입시 공부 반복 전에
마지막으로
최대 화력을 끌어올려
고등학생다운 공부에
몰입해야 합니다.

고등학교 공부에 몰입하는 습관

아래 질문은 총 36개이다. 하나하나 체크해 보자.

A 질문		
1	공부에 도달하려는 목표가 있다.	
2	공부 계획을 세우고 실행하는 편이다.	
3	무작정 외우기보다 이해하려고 노력한다.	
4	누가 시키지 않아도 계획에 따라 공부한다.	
5	혼자 공부하는 시간이 보통 3시간은 넘는다.	
6	처음 보는 내용이어도 대략 핵심을 파악할 수 있다.	
7	공부일기를 쓰고 있다.	
8	이해를 먼저 한 다음 암기도 잊지 않고 한다.	

9	어려운 문제나 내용이 나와도 끝까지 공부하는 편이다.	
10	같은 내용이라도 여러 번 반복해서 본다.	
11	정한 시간과 정한 분량을 달성하는 편이다.	
12	평소 책이나 신문 등 읽기를 게을리하지 않는다.	

B 질문

1	현재 선행 분량과 속도를 잘 따라가고 있다.	
2	스스로 선행한 내용을 복습하고 있다.	
3	공부한 만큼 시험에서의 결과가 기대치에 근접한다.	
4	틀린 문제는 오답노트를 통해 분석하면서 기록해 둔다.	
5	어려운 내용은 문제부터 풀어 본다.	
6	교재 난이도와 성격에 따라 맞춤형으로 공부하고 있다.	
7	장기적인 플랜을 세우고 공부한다.	
8	문제집을 사면 끝까지 다 푼다.	
9	공부한 내용을 친구에게 설명할 수 있다.	
10	오답노트를 작성해서 활용한다.	
11	자투리 시간이 생겨도 항상 공부할 거리가 있다.	
12	나만의 암기 방법이 있다.	

C 질문

1	국어의 어휘, 문법, 한자성어, 속담 등을 따로 공부한다.	
2	국어는 외우지 않고 이해하면서 공부한다.	
3	영어 독해 문제집은 시간을 정해서 푼다.	
4	영어 어휘집이나 단어 책을 끝까지 숙독한다.	

5	영어 단어장을 만들어 끝까지 잘 채워 넣는다.	
6	영어 지문을 독해하는 나만의 방법이 있다.	
7	어려운 수학문제도 답을 보지 않고 풀려고 노력한다.	
8	수학문제를 푼 뒤 정리를 하고, 시험을 볼 때에도 정리하며 푸는 습관이 있다.	
9	실수로 틀리는 수학문제는 별로 없다.	
10	수학문제를 푸는 아이디어의 속도가 느린 편은 아니다.	
11	사회는 중요도 체크를 위해 문제부터 푸는 편이다.	
12	과학은 그림이나 실험, 계산과 공식 등 부가자료를 놓치지 않고 공부한다.	

체크한 총 개수가 32~36개라면 고등학교에 입학해서도 공부를 매우 잘할 가능성이 높다. 27~31개라면 지금 충분히 잘하고 있다. 22~26개라면 지금부터 자신을 변화시키면 고등학교에 가서 잘할 가능성이 있다. 17~21개라면 고등학교 공부가 힘들 수 있으므로 당장 공부법을 비롯한 습관 등에 많은 변화가 필요하다. 16개 이하라면 진지하게 학습 매니지먼트나 전문가의 상담을 받을 필요가 있다.

테스트 문항을 A B C로 나눈 데에도 이유가 있다.

A 질문 결과가 제일 낮게 나온 학생은 공부 습관을, B 질문 결과가 제일 낮게 나온 학생은 전체적인 공부법 개괄을, C 질문 결과가 가장 낮게 나온 학생은 과목별 공부법을 일정정도 개선해야 한다.

고등학교에서 갑자기 공부한 만큼 성적이 안 나올 때 자녀와 부모 모두 너무 큰 실망을 느낀 나머지 공부 의욕을 상실하곤 한다. 방대한 분량, 늘어난 교과 시수, 부모를 능가하는 자기 고집, 새로운 환경에 대한 두려움 등등이 겹쳐 이불 뒤집어쓰는 날들이 늘어날 수도 있다. 안쓰러움과 속상함이 겹쳐 부모는 '그러려면 다 때려치우라'는 마음에도 없는 소리를 한다. 또 옥신각신 티격태격하고 만다.

이는 학생 탓이 아니라 고등학교 공부가 이전과는 전혀 다른 수준이기 때문에 벌어지는 일들이다. 선행학습을 해본 친구들은 너무 당연하게 받아들이지만, 중학교 때까지 교과서 위주로도 좋은 점수를 유지해 온 학생들에게는 고등학교 공부는 넘지 못할 벽처럼 느껴지기도 한다. 꼭 대형학원에서, 유명 강사 밑에서, 학군지에서 공부해야 상위권을 유지할 수 있는 것은 아니다. 자기주도학습이 몸에 배어 있으면 인강으로도, 문제집으로도, 독학으로도 성적을 끌어올릴 수 있다.

학원에서 도움을 받는 것은 어디까지나 학생의 공부가 유효해지도록 만드는 강사들의 실전 노하우들이다. 내비게이션처럼 활용해야 한다. 어느 길로 가야 빨리 가는지, 중간에 길을 잘못 들어서 돌아가지는 않는지, 몇 미터 전방에 방해물이 있는지 등등을 미리 알려 줘서 좋은 점수를 받게 유도하는 것이다. 학원이 중요한 게 아니고, 학생 스스로의 공부 몰입력이 중요하다. 아무리 내비게이션이 좋아도 잠시 딴생각을 하면 길을 놓치는 것처럼 학원에만 모든 것을 맡긴다고 해서 공부가 완성되는 것은 아니다.

중학교 때는 닥치는 대로 해도 그럭저럭 성적을 낼 수 있지만 고등학교 공부는 그렇지 않다. 늘어난 양과 난이도에 비례해 공부 습관을 재조정해야 한다. 그러기 위해서는 다음과 같은 기본적인 자세를 갖추어야 한다.

자기조절력을 지녀야 한다

고등학교 공부는 스스로 이해하고 성취해 나갈 수밖에 없다. 자기가 무엇을 목표로 삼고 이 공부를 하고 있는지 정확하게 인지하고 그에 걸맞은 자세를 지녀야 한다. 1등 하는 학생도 자고 싶고, 놀고 싶어 한다. 관건은 내가 이 공부를 함에 있어서 수많은 유혹과 이유를 견디고 오로지 공부를 향해 나아가는 힘이 있느냐이다. 향후 디지털 교재나 e러닝으로 수업 방식이 전환될 때 자기조절력은 무엇보다 절실하게 요구될 것이다. 눈속임을 하고 놀려고 들면 얼마든지 가능하다. 논다고 해서 누가 질책하지도 않는다. 결국 공부는 자기 손에 달려 있는 것이다.

무엇 때문에 왜 공부하는지 목표의식을 갖고 학습 계획을 세우고, 더 나은 공부법을 찾고, 부진한 부분을 개선해 나가려는 스스로의 의지가 필요하다. 그렇게 해도 원하는 대학에 갈 수 있을지는 미지수이다. 경쟁자는 이제 우리 반, 우리 학교가 아니라 전국 곳곳에 산재해 있다. 고등학교는 '어?' 하는 사이에 입시의 문턱까지 쏜살같이 시간이 흐른다. 쉴 새 없이 몰아치는 모의고사, 내신 시험, 수행평가, 생기부에 자소서까지 그야말로 순식간이다. 자기조절력을 지녀야 고등학교 공부를 파죽지세로 치고 나갈 수 있다.

메타인지 능력을 키워야 한다

메타인지는 자신을 인식하는 수준이 높은 것을 의미한다. 일종의 자기 객관화 능력이라고도 할 수 있다. 아느냐, 모르느냐, 아는 느낌이냐, 아는 것을 알고 있느냐, 모르는 것을 알고 있느냐, 모르는 것도 모르고 있느냐 하는 인지능력의 높고 낮음을 일컫는다.

상위권 학생일수록 공부에 대한 자기 객관화라든지 메타인지 능력이 뛰어나다. 공부를 잘하는 학생일수록 공부에 집착하는 현상을 보인다. 그 학생은 자신이 모른다는 사실을 인지하는 순간, 모르는 그 상황을 견딜 수가 없는 것이다. 그런데 중하위권으로 갈수록 메타인지 능력이 떨어진다. 모른다는 사실을 감추거나 외면하거나 드러내지 않는다. 그만큼 공부 자존감이 낮다는 뜻이기도 하다.

예를 들어 영어 지문을 읽을 때 모르는 단어가 있다면, 그 단어가 무엇인지, 몇 개인지, 지문 내에서의 역할이 무엇인지 캐치하는 학생이 있는가 하면, '이 단어를 몰라서 틀렸네.' 하고 대충 넘어가는 학생이 있다. 누가 봐도 전자의 경우가 공부 성과가 좋은 유형이다.

중위권이나 하위권 학생이라고 해서 메타인지 능력이 없는 것이 아니다. 다만 끄집어 내 활성화시켜 본 적이 없을 것이다. 입력된 공부를 출력하는 연습을 끊임없이 해야 한다. 앞서 여러 번 언급했던 백지 공부법이나 화이트아웃 공부법 등을 동원해서 자신이 아는 것을 끄집어 내려는 노력이 필요하다.

엉덩이 힘의 위대함

중학교에서 전교 1등을 놓친 적이 없고 전 과목이 A인 학생인데 웩슬러 지능검사에서 100~110 정도의 평범한 수치가 나온 경우가 있었다. 뇌과학자들은 선천적으로 타고나는 두뇌의 힘이 거의 70퍼센트라고 말한다. 나머지 30퍼센트가량 개선의 여지가 있다고 하는데, 이 학생의 경우 얼마나 노력을 했을지 짐작하기조차 어렵다. 세상이 온통 공부해야 할 이유였을 것이다.

반대로, 웩슬러 지능검사 결과가 영재성이 있다고 하는 138이 나왔는데도 성적이 바닥인 학생도 있었다. 거의 누워 지내다시피 한 것이다. 아무리 좋은 두뇌를 타고나도 자신이 노력하지 않으면 성적은 바닥일 수밖에 없다. 특히 공부량으로 좌우되는 고등학교 성적은 압도적인 노력이 따라야 결실을 맺을 수 있다. 중학교에서 비교적 성적이 잘 나온 것은 타고난 두뇌로 학교수업 시간에만 집중해도 성과를 얻을 수 있었기 때문이다. 하지만 고등학교에서는 학교수업만 따라가서는 부족하다. 하루 정해진 학습량을 소화하지 않고 미뤄 두기 시작하면 나중에는 공부할 엄두조차 내지 못한다. 그만큼 난이도와 학습량이 이전과 확연하게 차이가 난다.

고등학교 공부에서 뇌는 부가적 요소이다. 타고난 학생보다 오래 버티는 학생이 더 좋은 점수를 받는다. 공부하겠다고 오래 앉아 있는 가운데 두뇌가 좋으면 성과가 조금 더 좋을 뿐이다.

허들을 정하라

끈질기게 공부하는 데에는 근원적인 동력이 필요하다. 경쟁심이나 성취욕, 친구관계 등등 자신을 방해하는 허들을 뛰어넘을 때 한 단계 더 도약할 수 있다. 그 가운데에서도 분노라는 감정은 성취욕구를 자극, 목표를 달성하게 하는 원동력이다. 나보다 못하던 친구가 더 나은 성적을 받고 존재감을 발휘할 때 상한 자존심을 복구하려는 욕심 같은 것이 성취욕을 자극하기도 한다. 다른 것은 다 못해도 '수학 하나만큼은, 영어 하나만큼은, 국어 하나만큼은'이라는 자존감도 허들이 될 수 있다.

교과목이 되었든, 친구가 되었든 마음에 허들을 하나 심어 두는 것은 좋은 자극이 된다. 어떤 대상이 분노를 일으키면 그것을 어떻게든 해소하려고 행동하게 된다. 마음속에 뛰어넘고자 하는 대상을 정하라. 그런 경쟁심이나 분노 없이는 상위권, 최상위권, 1등으로 가는 길이 멀고 지루하게 느껴질지도 모른다. 가장 바보 같은 짓은 기분만 상한 채 아무것도 하지 않는 것이다.

이런 말들이 식상하게 느껴질 수도 있고, 다 알고 있다고 생각할 수도 있다. 하지만 실천을 하느냐 마느냐에 따라서 이 말들은 백만 불짜리가 될 수도 있고, 시간 낭비가 될 수도 있다. 절대 한 번에 다 실천할 수 있을 것이라고 기대하거나 욕심낼 필요도, 자녀를 책망할 필요도 없다. 전국 1등도 이 가운데 한두 가지를 충실하게 실천해서 이뤄낸다. 자근자근 쇄신해 나가면 된다.

이 자세들을 갖추지 못한 것은 이미 안 좋은 공부 습관이 들었기 때문이다. 공부할 때 버려야 할 10가지 습관이 있다.

첫째, 앞에 얼마나 있나 자꾸 들춰보는 습관.
봐서 달라지는 게 없다. 지금 보는 페이지에 집중해라.

둘째, 정시에 맞춰서 시작하는 습관.
8시 12분이든 8시 48분이든 그냥 바로 시작해라. 단 1분이라도 미루는 게 문제이다.

셋째, 이건 시험에 안 나올 것이라고 예상하는 습관.
예상하지 마라. 출제자가 아닌 이상 범위 안의 것은 다 해라.

넷째, 그냥 외우는 습관.
그러면 어차피 다 까먹는다. 이해를 해라.

다섯째, 다 했다고 여기는 습관.
끝이 있다면 공부가 아니다.

여섯째, 자기를 합리화하는 습관.
화장실 가고 싶어서, 밥 먹으라고 해서, 친구가 뭐 빌려 달라고 해서, 졸려서, 샤프심이 없어서 등등 공부가 안 되는 이유는 내 안에 있다.

일곱째, 앞부분만 열심히 공부하고 뒤로 갈수록 대충 하는 습관.
시험에서 어려운 문제는 뒤에서 나온다.

여덟째, 나중에 봐야지 하는 습관.
지금 안 보면 못한다고 보면 된다.

아홉째, 책 사 모으는 습관.
어차피 다 못 본다. 한 권이라도 끝까지 해라.

열째, 언제 다 하나 걱정하는 습관.
걱정해 봐야 달라질 건 없다. 누가 해줄 수도 없다. 그냥 해라.

지금 이 방법들은 읽기에는 어렵지 않겠지만 실행하려면 굉장한 결심과 실천이 필요하다. 하다 보면 스스로에 대한 실망감도 생기고 포기하려들지도 모른다. 하지만 이 정도도 실천하지 못하면 공부를 잘하겠다는 포부는 접어야 한다. 공부 대신 행복을 선택하는 게 낫다. 행복은 사람마다 기준이 다르겠지만, 15년을 공부에 투자한 학생과 당장 달콤한 게으름을 선택한 학생의 행복은 다를 수밖에 없다. 부모도 마찬가지이다. 당장 자녀와 공부로 티격태격하기 싫다고 외면하면, 자녀의 미래는 불 보듯 뻔한 것을 알지 않는가.

인생은 어차피 선택의 연속일 뿐이다. 내가 선택하고 그 선택에 따라 최선을 다하며 결과에 감시하면 된다. 후회 없는 선택이란 쉽지 않겠지만, 적어도 스스로 공부를 택했다면 뒤돌아보지 않고 열심히 노력해야 한다. 겁내지 말고 가능하다고 믿고 끝까지 시도하도록 격려해 줘야 한다. 분명 가능해진다.

시험 대비를 위한 '6주 5회독' 공부법

고등학교에 가면 모의고사, 1차 지필평가, 2차 지필평가, 수행평가까지 여러 가지 시험을 보게 된다. 여기에서 명심할 점은 고등학생이 되었으면 고등학생다운 공부를 해야 한다는 것이다.

고등학생이 되어서도 그냥 달달 외우기만 하는 중학생처럼 공부하는 친구들이 많이 있다. 고등학교에 가면 교과 내용이 훨씬 어려워지고 문제 유형도 더욱 다양해진다. 시험을 잘 보려면 암기는 물론이고, 내용에 대한 깊이 있는 이해와 문제에 대한 적응도 필요하다.

중학교 때처럼 무조건 외우기만 해서는 한계에 부딪칠 수밖에 없다. 천재가 아니고서야 고등학교 공부부터는 반복을 통한 숙성 없이는 시험에서 높은 점수를 획득하기 힘들다. 게다가 학교에서 학생들에게 요구하는 것들도 아주 많기 때문에 계획을 짜서 공부하지 않으면 안 된다.

보통 중학교 때에는 시험을 보기 2~3주 전에 계획을 짠다. 대다수 고등학생들 역시 이런 식으로 2~3주 전에 시험 계획을 짜지만 시험 범위도 다 공부하는 못하는 경우가 태반이다. 따라서 고등학생은 시험을 보기 6주 전부터 계획을 짜야 한다. 사실 1차 지필평가 6주 전이면 개학 후 얼마 되지 않은 시점이다. 예컨대 2학기 1차 지필평가는 광복절을 기점으로 시험공부를 시작한다고 보면 된다. 이 정도 시간적 여유를 가지고 준비해야 한 번이라도 반복이 가능하다.

MBC 〈공부가 머니?〉 프로그램 출연 당시 '6주 5회독' 공부법을 권한 적이 있었는데 상당히 많은 학부모님들이 관심을 보내오셨다. '6주 5회독' 공부법은 간단히 말해 시험 보기 6주 전부터 시작해 6주 동안 5회를 반복한다는 말이다.

시험범위도 모르고 어떻게 계획을 짜냐는 소리는 하기 싫어서 미루려는 변명이다. 선생님께 여쭤보거나 학교 알리미를 통해 미리 확인할 수 있다. 보통 학교 알리미는 1학기는 4월, 2학기는 9월에 1차 지필평가를 공시한다. 대비하기엔 늦기 때문에 전년도 알리미를 확인해 보면 된다. 웬만하면 전년도 시험범위와 엇비슷해서 올해 시험범위도 대략 유추할 수 있다.

'6주 5회독' 공부법으로 할 때에는 첫 1~2주에 교과서, 자습서, 학교 프린트 등을 갖고 내용을 다 파악해야 한다. 학교에서 진도도 다 안 나갔지만 독학을 하든, 인터넷 강의를 활용하든 수단과 방법을 가리지 않고 어떻게든 내용을 머릿속에 넣어 둬야 한다.

사실 6주 전에 시작하는 것도 수학이 어느 정도 뒷받침되어 있을 경우에 효과가 있다. 한마디로 고등학교 공부는 수학과 암기가 전부라고 해도 과언이 아니다. 어느 정도 수학 실력이 갖춰져 있지 않으면 퍼펙트한 내신을 따기가 정말 힘들다.

첫 1~2주 동안 내용을 숙지했으면, 다음 3~4주차에는 평가문제, 기출문제, 모의문제 등 가능한 문제풀이를 모두 한다. 그다음 5주차에는 '통 암기와 화이트아웃'을 시작한다. 내용을 모두 다 외운 상태에서 화이트로 지운 다음, 그 위에 다시 쓸 수 있을 정도로 완벽하게 마무리하는 공부법이다. 이렇게 교과서와 자습서에 있는 내용을 모두 완벽하게 숙지한 상태에서 5주를 마친다.

그리고 마지막 6주차에는 시험 보는 과목에 맞춰 공부하는 순서를 정한다. 보통 고등학교에서는 4~5일에 걸쳐 시험을 본다. 여기에서 시험 보는 과목 순서를 A B C D라고 하면 6주차에는 D C B A 역순으로 배치하여 공부하라. 이를 '미러링 기법'이라고 한다.

6주차에는 공부하는 시간을 4일 정도 배치하고 나머지 2~3일은 비워 둔다. 시험 보기까지 계획을 빽빽하게 다 채워 놓으면 공부하다 밀려서 미처 다하지 못한 부분이 생길 수 있다. 이렇게 부족한 부분을 채워 넣는 차원에서 2~3일 시간을 예비해 두라는 의미이다.

6주차뿐만 아니라 4주나 5주차에도 목요일은 비워 놓는 게 좋다. 월화수에 못한 부분이 있으면 목요일에 채워 넣을 수 있기 때문이다. 이렇게 계획을 짜는 것이 '6주 5회독' 시험공부법이다.

첫 1~2주차에 내용 공부를 한 번(1회독) 하고, 3~4주차에 문제풀이(2회독)하고, 5주차에 전체 암기(3회독)하고, 6주차에 미러링(4회독)하고, 시험 보기 전날 벼락치기(5회독)하는 과정이다. 이 과정을 통해 완벽하게 시험을 준비할 수 있다.

물론 학생 입장에서 6주 5회독 실행은 결코 쉽지 않다. 학교에서 요

[6주 5회독 시험공부법]

	6~5주 전 (1회독)	4~3주 전 (2회독)	2주 전 (3회독)	1주 전 (4회독)	시험 주간 (5회독)
공부법	시험범위 내용 숙지	평가문제 기출문제 모의문제 풀기	통 암기 화이트아웃	과목별 마지막 공부 미러링 학습	시험 전날 암기한 것 다시 확인
공부재료	교과서, 자습서, 수업 중 받은 프린트물	문제집	백지노트 교과서 자습서	오답노트 집중 공략	
참고	시험범위는 전년도 범위 참고	시간 분배 잘하기	안 되는 과목 집중 화이트아웃	국영수과 순이면 공부는 과수영국 순으로	

구하는 수행평가도 많고, 학원에서 주는 자료와 과제도 엄청나다. 그럼에도 이 힘든 과정을 이겨 내고 6주를 알차게 보낸 학생만이 내신에서 높은 등급을 받을 수 있다.

　6주 5회독도 수학 선행을 미리 해놓지 않으면 주어진 시간 내에 시험공부를 제대로 할 수 없다. 부모세대에는 굳이 선행학습을 하지 않아도 학교 진도를 충분히 따라갈 수 있었다. 하지만 요즘에는 학교에서 학생들에게 요구하는 것이 진짜 많다. 경시대회, 봉사활동, 독서활동, 동아리활동 등등 교과 외에도 할 것들이 많다. 동아리활동과 봉사활동은 학생생활기록부에도 기재되는 만큼 건너뛸 수도 없다. 내신도 챙겨야 하고 수능도 살 준비해야 한다.

부모 역시 선행할 수밖에 없는 이런 상황을 미리 숙지하고, 자녀가 계획에 맞게 공부에 몰입할 수 있도록 환경을 조성해 주는 것이 중요하다.

고등학교 공부 5대 원칙

계획만큼이나 공부에 몰입감을 주는 요소가 효능감이다. 성적이 오르는 재미, 점점 완벽에 가까워지는 공부를 하는 것이 중요하다. 다음은 이런 효능감을 보장하는 고등학교 공부의 5대 원칙이다.

첫째, 역방향과 누적 체크

학생이 무척 똑똑하고 영민해서 수업시간에도 다 알아듣는 것처럼 보이는데 막상 시험을 보면 기대만큼 성적이 안 나오는 경우가 있다. 이 경우에는 수업태도가 아무리 좋아도 듣는 즉시 휘발되는 것은 아닌지 확인해 봐야 한다. 선생님은 아는 걸 가르치니 학생들도 다 알아들을 거라고 생각해서 막 진도를 나가기 쉽다. 하지만 정작 학생들은 모르는 경우가 진짜 많다. 특히 말 잘하고 임기응변에 능통한 학생들은 선생님의 질문에 반응하기 때문에 선생님도 학생이 수업 내용을 알아들었다고 함께 착각하기 쉽다.

상담을 받으러 오는 학생에게 종종 인수분해 공식 중 가장 쉬운 거 하나만 써 보라고 한다. 그러면 제대로 쓰는 학생은 10명 중 4명이다.

나머지 6명은 공식을 전개하거나 변형한다. 이는 본인이 쓴 내용이 인수분해 공식인지 전개인지 변형인지 구분조차 하지 못하고 머릿속에 뒤죽박죽 구겨 넣은 상태를 의미한다. "지금까지 너한테 이런 걸 물어본 사람이 있었니?" 하고 물어보면 대부분 단 한 번도 없었다고 답한다. 인수분해가 인수들의 곱으로 표현되어야 한다는 기본 개념조차 모르는 경우가 허다하다. 그런데 아무도 체크하지 않으니 학생의 답변이 두서없이 나오는 것이다.

진짜 아는지 모르는지 계속 확인해야 한다. 방금 배운 내용은 당연히 알고 있을 테니, 한참 전에 배운 내용을 물어본다. 고등수학 진도를 한참 나가고 있는데 갑자기 피타고라스 정리를 증명해 보라는 식으로 말이다. 이게 바로 역방향 체크이다.

그다음 할 일은 누적 테스트이다. 새로운 챕터를 시작할 때마다 이전 챕터들을 테스트하는 것이 아니라, 첫 챕터부터 순서대로 마지막 챕터까지 전체를 누적하여 테스트하는 것이다. 물론 각 챕터 누적 테스트도 해야 하지만 오래전에 공부한 것에 대한 누적 테스트도 해야 한다. 예를 들어 지금 고등수학I을 공부하고 있다면 고등수학 상, 하에 나오는 도형의 방정식이든 함수의 기본 개념이든 랜덤하게 예고 없이 역질문하는 것이다. 다시 말하지만 역방향과 누적 체크를 통해 본인의 진짜 실력 확인을 게을리하지 말아야 한다.

둘째, 문제풀이 후 후속 공부 병행

현재 학생들이 하는 공부의 대부분은 문제풀이에 집중되어 있다. 학원에서 죄다 숙제를 문제풀이로 내주기 때문이다. 혼자 공부할 시간을 문제 푸는 데에 쏟다 보니 공부법이라고는 문제풀이만 떠올린다. 하지만 후속 공부를 하지 않으면 자기 실력이 되지 않는다.

후속 공부를 위해서는 가장 먼저 오답노트를 제대로 작성할 줄 알아야 한다. 맞는 풀이와 틀린 풀이를 같이 써 보고, 둘 사이에 틀린 이유와 차이를 써 보고, 개념과 공식의 정의를 정리하면서 써 보고, 발상 포인트를 써 보고, 전제 조건의 실수 포인트를 써 보는 것이 수학 오답노트이다. 맞는 풀이를 다시 쓰는 것은 문제풀이일 뿐이다. 문제를 다시 푸는 재풀이노트를 오답노트로 착각해서는 안 된다. 발상 포인트와 과정전개 포인트가 확실하게 존재하는 문제만 오답노트로 작성하고, 나머지 문제들은 그냥 풀고 넘어가면 된다. 오답노트를 작성하는 것만으로도 수학 실력이 월등하게 향상된다.

수학문제를 풀다 보면 그 과정에서 많은 부분이 언어적으로 머릿속에 저장된다. 이렇게 언어화된 정보가 머릿속에 저장되어 있으면 대다수 학생들은 언제든 다시 꺼내 쓸 수 있다고 생각한다. 내 머릿속에 정보가 있을지언정 꺼내지 못하면 소용이 없다. 쓰면서 확실히 정리하고 숙지해야 한다. 오답노트에 발상 포인트, 과정전개 포인트, 실수 포인트, 개념, 공식 정의를 꼭 써 보도록 한다.

문제풀이만으로는 재수생을 이길 수 없다. 재수생이 문제풀이를 더 많이 하기 마련이다. 그러니 현역 고등학생은 재수생보다 문제풀이는 적게 하더라도 완성도를 높이기 위해 후속 공부를 많이 해야 한다. 수학의 후속 공부 그 첫 번째가 오답노트이다.

국어나 영어의 경우 문제를 풀었을 때 틀리면 보통은 다시 풀어 보고 이제 맞았다고 생각하고 그냥 넘어가기 쉽다. 객관식 문항의 보기 5개 중 3개는 대개 정답과 거리가 멀다. 당연히 나머지 둘 중 하나가 정답이다. 만약 정답인 것 같은 1번과 2번 보기 중 2번을 골라 틀렸다면 1번이 정답이다. 그러면 틀린 문제를 다시 풀면서 '2번이 정답이 아니니까, 1번이네.' 하고 쉽게 넘어가는 것이다.

하지만 진짜 실력이 되고 공부가 되려면 왜 2번이 틀리고 1번이 맞는지를 직접 써 보면서 해설하고 비교하는 능동적인 활동이 있어야 한다. 그래야 본인의 실력이 되고 공부가 된다. 하지만 대다수 학생들이 이런 활동을 귀찮아하며 계속 문제풀이에만 집착하고, 이를 설명하는 인강 선생님 실력에 박수를 친다. 결국 실력이 느는 건 인강 선생님이고, 정작 본인의 실력은 제자리걸음이다.

사회와 과학의 경우에는 기본서에 필요한 내용을 끼워 붙이는 단권화 같은 후속 공부가 필요하다. 이런 노력을 통해 공부가 되는 것이다.

백지 테스트도 해야 한다. 영어문법을 배우든 사회, 역사, 과학을 공부하든 백지를 펼쳐 놓고 계속 쓰면서 후속 공부를 하는 것이다. 이런 과정을 거쳐야 실력이 늘어난다. 암기와 문제풀이에서 그치면, 노력을 해도 실력이 늘어나는 데에 한계가 있다. 그러니 진짜 실력을 키우고 싶다면 이런 후속 공부가 따라줘야 한다.

셋째, 모르는 것을 아는 것으로 전환시키기

흔히 학생들은 뭔가 오래 하면 많이 한다고 생각한다. '엄마, 스터니 카페에 가서 5시간 공부했어.'라고 말하며 공부를 많이 했다고 안심한다. 과연 많이 한 걸까?

공부를 많이 한다는 것은 몸이 아니라 머리를 많이 쓰는 일이다. 모르는 상태에서 아는 상태로 전환이 많이 되어야 한다. 그런데 문제집을 풀고 다 맞았다고 공부를 잘했다며 혼자 박수 친다. 다 맞았다는 것은 원래 알고 있는 문제를 다시 푼 것에 불과하다. 달리 생각해 보면 문제를 다 맞힌 학생은 공부를 하지 않은 것이다. 오히려 문제를 틀린 학생이 공부를 더 많이 할 수 있다. 틀린 이유를 분석하고 나중에 다시 틀리지 않으려면 어떻게 해야 하는지 궁리하게 된다. **이렇게 모르는 상태에서 아는 상태로 전환이 되는 과정, 이것이 바로 공부하는 것이다.**

대다수 학생들은 장시간 앉아서 책을 붙들고 있으면 자신이 공부를 많이 했다고 생각한다. 마냥 자습서를 보거나 노트필기를 하며 몸으로 시간만 때운다고 공부가 되는 것은 아니다. 자신이 아는 것을 재확인하고 거기에 만족하는 것 또한 공부를 많이 하는 것이 아니다. 그게 아니라 머릿속에 집어넣고 책을 안 본 상태에서 다시 꺼내 쓸 수 있어야 진짜 공부이고, 모르는 상태에서 아는 상태로 전환이 많이 되어야 공부를 많이 한 것이다.

넷째, 시간 안목 키우기

초등학교 때는 3일을 바라보고 공부한다. 중학교 때는 3주를 바라보고 공부한다. 그러다가 고등학교에 가면 3주, 3개월, 3년을 내다보면서 공부해야 한다. 초등학교 때는 3일 정도 숙제하고, 단원평가만 보면 끝이다. 중학교 때는 지필평가를 3주 정도 준비하면 끝이다. 하지만 고등학교 때에는 3주 후의 지필평가, 3개월 후의 모의고사, 3년 후 치를 수능까지 염두에 두고 공부해야 한다.

앞서 언급한 오답노트, 백지 테스트, 누적 테스트 등을 시도하는 것도 3개월, 3년 후까지 꾸준히 공부하기 위한 담금질이다. 물론 힘들고 고통스럽고 진도도 덜 나가겠지만 인내심을 갖고 차근차근 공부해야 한다. 오답노트도 쓰고, 백지 테스트도 하고, 단권화도 만들면서 지금 풀고 있는 문제가 3개월 후에 나오면 어떻게 해결할지, 또 3년 후에 만나면 어떤 식으로 기억하고 있어야 할지 떠올리며, 미래를 대비하며 공부해야 한다.

이런 노력을 게을리하지 않기를 정말 당부하고 싶다. 결국 '시간 안목'을 늘리는 공부법을 소홀히 하면, 초등학교부터 고등학교까지 긴 여정을 고생했음에도 입시라는 최종 관문에서 실패를 맛볼 수도 있다.

다섯째, 출제자의 관점에서 조망하기

출제자의 관점에서 바라봐야 득점률이 높아진다. 역사를 공부하는데 시험범위가 80페이지라고 해보자. 학생 입장에서 보면 80페이지를 전부 다 외워야 할 것 같고, 전부 다 시험에 나올 것만 같다. 하지만 출제자 관점에서 생각하면 시험문제의 개수는 한정되어 있다. 기껏해야 25~30개 수준이다. 80페이지를 죽어라고 외워봤자 시험문제는 고작 25~30개일 뿐이다. 만약 출제자라면 25개의 문제를 어떻게 낼지 출제자 관점으로 시험범위 내용을 분석해 볼 필요가 있다. 여러 번 반복해서 읽고 4회독 정도가 되면 시험에 나올 만한 문제가 보이기 시작한다. 시험기간이 1주일 정도 남았을 즈음에는 시험에 나올 법한 대목을 집중 공략할 필요가 있다.

그렇게 해서 찾아낸 문제가 당장 시험에 나오지 않아도 상관없다. 관점을 달리했을 때 얻어지는 학습효과도 크다. 다시 말하지만 출제자라면 어떻게 할까, 채점자라면 어떻게 할까를 많이 생각해야 한다.

예를 들어 주관식 서술형을 길게 많이 쓰면 학생은 자기가 쓴 답이 소중할 수밖에 없다. 그렇다면 선생님이 과연 그 답을 열심히 읽어줄까? 아니, 그렇지 않다. 선생님은 채점하면서 학생들이 쓴 답을 수백 개씩 읽어야 한다. 이런 상황에서 선생님은 답을 길게 잘 썼는지 못 썼는지를 보는 것이 아니라, 자신이 원하는 답이 들어 있는지 확인할 것이다. 서술형에 들어갈 포인트가 세 가지라면 꼭 써야 할 세 개의 포인트를 놓치지 않고 다 쓰는 게 우선이다. 한 가지 포인트를 길고 장황하게 쓰는 건 중요하지 않다.

즉 출제자의 관점에서 공부하는 것과 아무런 관점도 없이 공부하는 것은 득점에 있어 크나큰 차이가 생긴다. 결국 시험에서 하나라도 더 득점을 하고 싶다면 출제자나 채점자가 문제에 어떤 식으로 접근할지에 대해 궁리해 보는 것 또한 공부를 열심히 하는 것 못지않게 중요하다.

그냥 수험생 입장에서만 바라보면 책에 있는 내용이 전부 다 시험에 나올 것만 같아 불안하고 답답한 마음으로 힘들고 어렵게 공부할 수밖에 없다. 하지만 출제자나 채점자의 관점으로 바꾸면 한결 가벼운 마음으로 효율적인 공부를 할 수 있을 것이다.

고교학점제와 입시제도

고등학교에 진학하면 다른 무엇보다 중요한 것이 바로 지금까지 목표로 했던 대학입시이다. 그런데 현재 입시는 해마다 전형이 수정되는 실정이라 자녀가 수험생이 되는 학년도의 대입 변경사항을 제대로 파악해 두지 않으면 불이익을 당할 수 있다. 예를 들어 전년도에는 정시 전형으로 신입생을 다 뽑았더라도 금년에는 수시 전형과 정시 전형 반반 구성으로 갑자기 바뀌기도 한다. 수시 전형이라 하더라도 과목 반영 비율이나 수능최저학력기준이 해마다 조금씩 달라지는 학과도 있다. 대학마다 더 좋은 인재를 선발하기 위해 해마다 입시요강이 변형된다. 그러니 대학입시 과정에 대해 확실히 알고, 꼼꼼히 챙겨야 한다.

특히 고교학점제를 적용받는 현재 중학교 2학년의 경우, 입시에 있어서도 큰 변화가 생기므로 각별히 신경 써야 한다. 현재 고등학교 1학년부터 학점제가 예비 시행되고 있지만 눈에 띄는 변화는 없기에 크게 문제가 되지 않는다. 전면적으로 시행되는 현재 중학교 2학년부터는 중요하나.

고교학점제가 나오게 된 취지는 학생 스스로 주도성을 가지고 맞춤형 교육을 받을 수 있는 환경을 조성하자는 것이었다. 간단히 고교학점제를 정의하자면, 기초 소양, 기본 학력을 바탕으로 진로 적성에 따라 과목을 선택하여 이수하고, 이수 기준에 도달한 과목에 대해 학점을 누적하여 졸업하는 제도를 뜻한다. 학점제는 2020년 마이스터고(51개교), 2022년 특성화고, 2023년에 일반고에도 단계적으로 적용되다가 2025년도에 전체 고등학교에서 시행될 예정이다.

현재 고등학교에서는 2015개정교육과정으로 기반으로 다양한 선택과목을 공부하고 있는데, 고교학점제가 실시되면 이런 선택과목이 훨씬 더 많아지게 된다. 그리고 모든 선택과목이 성취도평가로 바뀌게 된다. 또한 선택과목의 종류도 일반 선택과 진로 선택에 이어 융합 선택이 추가될 예정이다. 선택할 사항이 무지하게 늘어난다.

여기에서 유추해 볼 수 있는 것은 선택과목이 늘어남에 따라 입시 전형도 다양해질 가능성이 있다는 점이다. 어떻게 될지 아직 알 수 없지만, 조심스럽게 추측컨대 현행보다 더 복잡다단한 양상을 띨 것이다.

고교학점제가 시행되면 대입에 있어서도 **진로를 고려한 교과 선택**을 눈여겨볼 것이기 때문에, 진로에 부합하는 교과를 선택하는 것이 중요해진다.

지금까지는 출석 일수만 채우면 졸업을 할 수 있었지만, 고교학점제가 시행되면 이수 기준에 도달한 학점(192학점)을 취득해야 졸업할 수 있다. 학생이 목표한 성취수준에 충분히 도달하였다고 판단하는 경우 과목 이수를 인정한다. 즉 성취도가 A B D C E가 되면 학점을 취득하지만, 성취도가 I가 되면 학점을 취득하지 못한다.

최소 성취 수준은 학습과정의 40퍼센트 정도이다. 100점 기준으로 40점 이하면 그 과목의 학점을 못 딴 셈이라 졸업을 안 시키겠다는 의도이다. 일선에서는 학교 선생님들이 혼란을 피하기 위해 당분간은 40퍼센트를 성취할 수 있게 교과 시험 난이도를 조정할 것이라는 전망이 있다.

수업량 기준도 '단위'에서 '학점'으로 변경한다. 기존 고등학교 3년간 수업량이 204단위(2890시간)이던 것이 192학점(2720시간)으로 바뀌며 수업 시수도 줄어든다. 여기에서 1학점은 50분 수업을 16회 하는 것이며, 3년간 총 192학점을 이수하면 졸업이 가능하다. 전 과목 A~E 등급의 '성취평가제' 및 '미이수제'를 도입하며 공통과목은 석차 등급을 병기한다. 학점을 이수하지 못할 경우에는 보충수업을 통해 학점을 이수할 수 있다. 그렇게 누적 학점이 졸업 기준에 도달하면 고등학교를 졸업할 수 있다.

교육부 발표대로 고교학점제가 시행될 경우 고등학교 1학년부터 3년 내내 5등급제 상대평가로 평가 기준이 바뀐다. 여기에서 고등학교 선택 여부가 굉장히 중요해질 수 있다. 어디에 진학하든 상대평가이므로 굳이 집에서 먼 특목고나 자사고 진학을 고집할 필요성이 줄어들었다.

오히려 특목고나 자사고에서의 내신 경쟁이 더욱 치열해질 가능성은 있다. 현재 중학교 3학년까지는 고교학점제 영향을 거의 받지 않으므로 내신에 유리한 점을 꼼꼼히 따져 가며 신중하게 고등학교를 선택해야 한다.

고교학점제 체제에서는 고등학교 1학년은 공통과목을 수강하면서 다양한 분야를 탐색하고 자신의 진로와 적성을 파악하는 과정을 거친다. 이를 바탕으로 진로 및 과목 설계를 하고, 자신이 선택한 과목을 주도적으로 학습하게 된다.

하지만 현실적으로 고등학교 1학년을 마칠 무렵에 선택과목과 진로를 정하는 것은 쉽지 않다. 시행되는 첫해에는 혼란을 피할 수 없을 것이다. 그러니 중학교 때 미리 적성검사 등을 통해 아이의 성향을 파악하여 어느 정도 진로를 결정하는 것이 안전하다. 진로를 먼저 정해 두면 선택과목을 정하는 것이 좀 더 수월하다.

특히 눈길을 끄는 것은 성취평가제를 실시한다는 것이다. 성취평가제란 상대적 서열을 매기는 방식이 아닌 '학생이 어느 정도 성취했는지' 여부를 평가하는 절대평가 방식으로 A B C D E 5단계로 성취 수준을 구분하는 제도를 말한다. 고교학점제에서 모든 선택과목은 과목별 유불리가 없도록 석차 등급 병기를 폐지하고 성취평가제를 적용하여 등급을 구분하지 않는다고 발표했다가 다시 석차 등급을 병기한다고 발표했다. 성취도는 절대평가하고 석차 등급은 상대평가하는 등 아직은 확정되지 않은 상태로 당분간 혼란이 불가피할 전망이다.

부모가 흔들리지 않아야 자녀도 흔들리지 않고 공부에 전념할 수

고교학점제 도입 일정과 운영 체계

고교학점제: 학생이 기초소양과 기본학력을 바탕으로 진로 적성에 따라 과목을 선택하고, 이수 기준에 도달한 과목에 대해 학점을 취득·누적하여 졸업하는 제도

도입 일정

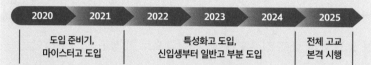

2020	2021	2022	2023	2024	2025
도입 준비기, 마이스터고 도입		특성화고 도입, 신입생부터 일반고 부분 도입			전체 고교 본격 시행

운영 체계

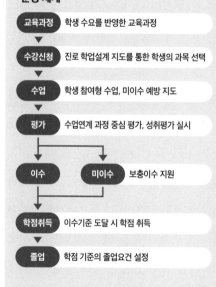

교육과정 학생 수요를 반영한 교육과정
▼
수강신청 진로 학업설계 지도를 통한 학생의 과목 선택
▼
수업 학생 참여형 수업, 미이수 예방 지도
▼
평가 수업연계 과정 중심 평가, 성취평가 실시
▼
이수　　　**미이수** 보충이수 지원
▼
학점취득 이수기준 도달 시 학점 취득
▼
졸업 학점 기준의 졸업요건 설정

주요 내용
- 1학년에 공통과목 중심으로 수강, 2학년부터 본격적으로 선택과목 수강
- 소속 학교에서 개설되지 않은 과목은 다른 학교와의 온·오프라인 공동교육과정을 통해 수강 가능
- 학기당 최소 수강 학점을 28학점으로 규정
- 공통과목은 성취도(A, B, C, D, E, I)와 석차를 성적표에 병기

과목 이수 기준
- 과목별 출석률 3분의 2 이상, 학업 성취율 40% 이상(A, B, C, D, E) 충족

졸업 요건
- 3년간 192학점 취득 (50분에 1학점, 한 학기에 16회)

있다. 이 책에서 내가 말하고자 한 바는 공부의 연속성이었다. 공부 정서를 만들고, 공부 습관을 확립하고, 공부를 독립하고, 실속을 챙기고 몰입하는 다섯 단계만 기억하면 공부한 보람이 반드시 있을 것이다. 학년과 속도에 연연하지 않고 교과서를 예습하는 기분으로 선행해 나가면서 전체 공부의 맥락을 쥐고 있으면 된다. 공부에 대한 이러한 로드맵만 갖고 있으면 현행이든 앞으로 개정된 교육과정이든 큰 혼란 없이 자녀를 목표한 대학에 진학시킬 수 있을 것이라고 믿는다.

사회가 점점 빠르고 복잡하게 변해 간다. 그 안에서 훌륭하게 자녀를 성장시키기 위해서는 엄청난 희생과 노력을 동반할 수밖에 없다. 이 책에서 주로 최상위권 학생들의 수준을 중심으로 여러 가지 공부하는 방법들을 설명한 것은 이 어려움의 한가운데에 서 있는 부모님과 학생들에게 조금이라도 더 나은 선택을 하게끔 도움이 되는 정보를 주고 싶었기 때문이다.

공부란 모르는 것을 아는 것으로 만들어 나가는 과정이다. 한 개밖에 모르던 것을 두 개로 늘려나가도 배가 된다. 다른 사람의 속도와 수준에 비교하지 않고 내 자녀의 속도와 수준을 계속 상향 발전시켜 나가는 계기가 된다면 이 책을 읽은 보람이 있을 것이라 생각한다.

현행 입시제도,
정시와 수시

현재 우리나라 대학에서는 정시(대학수학능력시험)와 수시(학교생활기록부상의 성적과 기타 요소)를 바탕으로 학생을 모집하고 있다.

수시 모집

정시를 모집하기 전에 선발하는 제도로 학생부와 내신을 기반으로 평가가 이루어진다. 대학과 학과에 따라 수능최저학력기준이 필요한 경우도 있다. 구체적으로 수시는 크게 학생부종합전형, 학생부교과전형, 논술전형, 특기자전형 4가지로 구분된다.

• 학생부종합전형

학교생활기록부를 종합적으로 반영하는 전형으로 내신 성적(정량평가)과 함께 수상 경력, 자격증, 창의적 체험활동, 교과학습 발달상황, 독서활동 상황, 행동 특성 및 종합의견(정성평가) 등 학교생활기록부의 거의 모든 요소들을 종합적으로 평가하여 학생을 선발하는 전형이다. 상위권 대학은 학생부종합전형의 비중이 높은 편이다. 학생부종합전형은 고교등급제를 암묵적으로 인정하고 있어 자사고, 특목고, 비평준화 명문고에서 내신이 낮은 학생도 합격 가능성이 높다.

• **학생부교과전형**

학교생활기록부 요소 중 내신 성적(정량평가)만을 반영하는 전형이다. 보통 내신 등급으로 1차 선발하고 면접을 통해 최종 합격자를 선발한다. 내신 등급을 계산할 때에는 정시처럼 각 대학마다 반영하는 과목별, 학년별 비율이 다르다. 그러므로 이 전형으로 입시를 준비한다면 자신이 가고 싶은 대학의 반영 비율을 소상히 알고 있어야 한다. 또한 반영 비율은 매년 달라지므로 계속 예의주시해야 한다. 서울·수도권 주요 대학 기준으로는 학년별 가중치 없이 전 학년을 동일한 비율로 반영하며 국어, 영어, 수학, 사회, 과학 계열의 주요 교과만 반영하는 경우가 많다. 하위권 대학에서는 2~3학기 우수한 교과만 반영하는 경우도 있다. 재학생은 3학년 1학기까지 반영되지만 졸업생은 3학년 2학기까지 반영하는 경우도 있으므로 이 전형으로 재수한다면 3학년 2학기 내신도 챙겨야 한다. 수능최저학력기준을 요구하는 경우가 많다. 특목고, 자사고, 일반고 어디든 고교등급제를 인정하지 않기 때문에 내신 경쟁이 치열한 학교의 학생들에게 불리한 전형이다. 자사고, 특목고에서는 이 전형으로 지원하는 학생이 거의 없고, 주로 일반고에서 많이 선택한다.

• **논술전형**

인문사회계 논술과 자연계 논술로 구분된다. 인문사회계 논술은 주어진 제시문의 틀 안에서 논지를 전개하는 방식이며, 자연계 논술은 수식을 풀이하는 방식이다. 수능최저학력기준이 학생부종합전형이나 학생부교과전형보다 낮은 경우가 많다.

· 특기자전형

각 대학별로 특기에 따라 명칭이 조금씩 다르나 크게 어학특기자, 과학특기자, 예체능특기자 등으로 선발하고 있다. 내신과 수능최저 학력기준을 요구하지 않고 대학별 서류와 면접만으로 선발한다. 어학특기자전형은 토플과 토익, JPT 점수를 요구한다.

정시 모집

정시 모집은 대학수학능력시험 성적을 바탕으로 선발한다. 정시 모집에서는 모집 군별(가군, 나군, 다군)로 각 1개씩 총 세 차례 입시에 응할 수 있다. 수능 성적에 학생부 및 대학별 고사 결과를 종합하여 학생을 선발하는 경우도 있고, 100퍼센트 수능만 반영하여 선발하는 경우도 있다. 대학에 따라 모든 단과대학이 같은 군에서 학생을 모집하는 경우도 있으나, 여러 군에서 학생을 선발하는 학교도 있다.

정시 모집에는 주로 대학수학능력시험의 표준 점수, 백분위를 활용하나 경우에 따라서는 등급을 활용하기도 한다. 또한 절대평가로 치러지는 영어 및 한국사는 무조건 등급으로 반영한다.

2025~26학년도 입시 변화와 대비

현재 입시 유형은 2015개정교육과정의 시행으로 인한 수능 제도 개편과 함께 정시 확대, 학생부 간소화, 교사 추천서 폐지 등이 주요 골자이다. 특히 2024년부터 자기소개서를 폐지하고 수도권 대학 지역 균형 선발 비율을 10퍼센트 이상 유지할 것을 권고하고 있다.

2025년 입시에서 수시 모집은 학생부교과, 학생부종합, 논술을 통해 학생을 선발한다. 2025년도 대입에서는 대입 공정성 강화 방안 취지에 따라 학생부 간소화가 더욱 구체화되어 비교과 영역이 축소된다. 교과활동(과목당 500자)의 경우 방과 후 활동은 미기재하고 영재발명교육도 미반영한다.

담임교사가 작성하는 행동 특성 및 종합의견(연간 500자)은 담임교사의 추천서 역할을 한다.

비교과 영역의 경우 2024년부터 자율동아리, 개인봉사, 진로희망 분야, 수상경력, 독서활동이 반영되지 않는다. 또한 청소년 단체활동의 단체명을 기재하지 않으며 소논문 기재도 금지된다.

다만 비교과 영역에서 학교 교육 계획에 의해 실시되는 항목은 여전히 반영한다. 즉 정규동아리, 교내 봉사활동, 자율활동, 진로활동 등은 학생부에 그대로 기록되며, 학생부 평가에도 반영된다. 특히 독서활동은 대입에 미반영하지만 단순 독서활동 외의 교육활동을 다른 영역에 입력할 수 있기 때문에 과목별 세부능력 및 특기사항(이하 세

특)이나 창의적 체험활동(이하 창체)과 연계하여 기록할 수 있다. 대학 입장에서는 학생의 독서를 중요시하기 때문에 이런 기록을 남기는 것이 대입에 도움이 될 수 있다. 따라서 평소에 교과와 관련된 책을 읽고 세특에 기록하는 것이 중요하다. 2024년도 대입에서 폐지되는 자기소개서의 경우도 마찬가지다. 생활기록부의 세특과 창체활동을 잘 활용하면 자소서 문항인 학업, 진로, 공동체 역량을 충분히 드러낼 수 있다.

이와 같이 2025년 대입에서는 전반적으로 학생부 기재내용이 축소됨에 따라 상대적으로 과목별 세특과 창체활동과 종합의견이 더욱 중요해지는 흐름을 보이고 있다. 결국 학생부종합전형 합격을 위해서는 교과 성적과 세특 및 비교과 영역인 창체활동을 잘 관리하는 것이 무엇보다 중요하다.

교과 성적의 경우 국영수사과 주요 교과와 전공 관련 교과 성적을 잘 받아야 한다. 전공 관련 교과란 인문 계열이면 국어나 사회 관련 교과, 이공 계열이면 수학이나 과학 관련 교과라고 보면 된다. 세특의 경우 적극적인 수업태도, 자기주도성, 발전 가능성 등을 보여 주어야 한다. 수행평가와 발표 등을 통해 자신의 역량이 잘 드러나게 해야 한다. 창체의 경우에는 교과와 연계하여 역량을 보여 주어야 하며, 창체 각 영역을 유기적으로 관리해야 한다.

2025학년도부터 변경되는 대입 전형

서울권 주요 대학 정시 선발 비율은 40퍼센트를 넘어선다. 구체적으로 서울 주요 대학 모집 비율을 보면 수시 49.8퍼센트, 정시 50.2퍼센트로 신입생을 선발한다. 그중 수시는 학생부교과 전형 14.6퍼센트, 학생부종합 전형 29.7퍼센트, 논술전형 8.8퍼센트로 신입생을 선발한다. 따라서 상위권 학생이라면 학생부종합, 수능, 학생부교과 순으로 대입을 준비하는 것이 유리하다. 상위권 대학에서는 수능을 강화하는 기조를 보이고 있다.

수능최저학력기준을 적용하는 대학에도 변화가 생긴다. 2024년도까지 교과 전형에 수능최저학력기준을 두지 않았던 연세대와 한양대가 2025학년도부터 수능최저학력기준을 반영한다. 연세대의 경우 학생부교과 전형인 추천형에서 면접을 폐지하고, 그 대신 수능최저학력기준을 적용한다. 의학 계열을 제외한 일반 모집단위의 최저학력기준은 영어 3등급 이내, 인문계열 국어, 수학, 탐구(1개) 영역 중 2개 등급 합 4 이내, 자연 계열은 국어, 수학, 과학탐구(1개) 영역 중 2개 합 5 이내(수학 포함)이다.

학생부종합전형의 경우에는 서울대, 고려대, 연세대, 이화여대, 홍익대 등에서 수능최저학력기준을 적용해 왔는데 2025년도에는 서울시립대와 한양대도 수능최저학력기준을 적용한다. 한양대의 경우 일반전형으로 운영하던 학생부종합전형을 추천형, 서류형, 면접형으로 구분한다. 추천형은 교과 전형과 같이 고등학교 추천이 필요하다. 수능최저학력기준은 교과 전형과 동일하게 의예과를 제외하고 국어,

영어, 탐구(1개) 영역 중 3개 등급 합 7 이내를 적용한다. 서울시립대의 경우 국제관계학과, 경영학부, 도시사회학과에서만 선발하던 학생부종합전형II(서류형) 대상을 모집인원을 변경하면서 수능최저학력기준을 도입했다. 수능최저학력기준은 국어, 수학, 영어, 탐구(1개) 영역 중 2개 등급 합 5 이내 및 한국사 4등급 이내이다. 경영학부는 수능최저학력기준을 적용하지 않는다. 고려대에도 변경사항이 있는데, 2025년도 학생부종합전형 중 학업우수전형에서 면접을 폐지하고 서류와 수능최저학력기준으로 선발한다.

2025년도 대입에서는 문이과 통합 교육과정 취지에 따라 선택과목 필수반영을 폐지하는 대학도 늘어난다. 건국대, 경희대, 광운대, 국민대, 동국대, 서울과기대, 성균관대, 세종대, 숭실대, 아주대, 연세대, 이화여대, 인하대, 중앙대, 한국항공대, 한양대, 한양대(에리카 캠퍼스) 등 수학과 과학탐구의 선택과목을 폐지한 대학이 17개교 증가했다. 특히 서울대와 고려대를 제외한 거의 모든 주요 대학이 수학이나 과학을 필수과목에서 해제했다는 점을 눈여겨봐야 한다. 수학에서 확률과 통계(주로 문과형 학생이 선택)를 선택해도 의대 진학이 가능하게 되었다.

다음으로 2025년 대입에서 논술전형이 변화하는 대학들이 있다. 특히 논술전형을 7년만에 다시 도입하는 고려대가 눈에 띈다. 신한대의 을지대도 논술전형을 새롭게 도입한다. 이로써 서울대와 국민대를 제외한 서울권의 대다수 대학들이 논술전형을 시행하게 되었다. 고려대의 경우 논술전형에도 수능최저학력기준이 적용된다. 그 기준은 경영대학을 제외하고 국어, 수학, 영어, 탐구(1개) 영역 중 4개 등급 합 8 이내 및 한국사 4등급 이내이다. 경영대학은 4개 영역 등급 합 5 이내로 상당히 높은 기준을 적용하고 있다. 연세대에서는 자연계열 논술에서 과학논술을 폐지하고 수리논술만 실시한다.

2025년 이후 대입의 또 다른 변화는 학교폭력 적용이다. 2025학년도에는 대학이 자율적으로 학교폭력 조치사항을 전형에 반영하고 2026년부터는 대입 모든 전형에 의무 반영될 예정이다. 학생부교과전형과 학생부종합전형뿐만 아니라 수능, 논술, 실기 위주 전형에서도 학교폭력 조치사항이 평가에 반영된다.

특히 체육특기자 전형을 운영하는 88개 대학은 학교운동부 폭력 근절 및 스포츠 인권보호 개선 방안에 따라 2025년부터 학교폭력기록을 필수 반영한다.

현재 학교폭력 가해자 학생에 대한 조치는 1호 서면 사과, 2호 접촉금지, 3호 교내 봉사, 4호 사회 봉사, 5호 특별교육, 6호 출석정지, 7호 학급교체, 8호 전학, 9호 퇴학처분 등 크게 9가지 조치를 받을 수 있다. 이런 학교폭력 조치는 학교생활기록부의 '학교폭력 조치 상황란'에 기재한다. 학교폭력이 대입에 반영되면 각 대학은 자체 규정에 따라 조치 상황별 감점 처리하거나 아예 입학 자격을 박탈할 수 있다. 그리고 중대 학교폭력을 일으킨 가해학생에게 내려지는 출석정지,

학급교체, 전학의 학생부 기록 보존기간은 현행 2년에서 4년으로 연장된다. 또한 자퇴 후 검정고시를 보고 입시를 치르더라도 학생부 확인이 가능해졌다. 학교폭력으로 인한 감점은 대학 자율사항이지만 학생부 위주 전형의 경우 최대 1등급, 수능 위주 전형의 경우 최대 10점 감점이 가능해진다. 또한 공동체 역량이나 도덕성 평가 등을 할 때에도 전형관리위원회의 심의를 거쳐 서류평가 시 정성평가로 반영된다. 따라서 2025학년도부터 학교폭력이 대입에 반영되면 실질적인 당락을 결정할 정도로 큰 영향을 미칠 것으로 예상된다.

서울 상위권 대학 2025학년도 대입 주요 변경 사항

고려대

논술전형을 새롭게 다시 도입한다. 전체 선발 인원의 7.9퍼센트인 334명을 55개 모집단위에서 선발할 예정이다. 학생부종합전형인 학업우수전형은 폐지하고 서류와 수능최저학력기준만으로 선발한다. 정시에서는 수학 영역 선택과목에 따른 지원 제한이 없어져 확률과 통계를 선택한 학생도 과학탐구 응시 시 자연계열에 지원할 수 있게 되었다.

연세대

학생부교과전형(추천형)에서 면접을 폐지했다. 수능최저학력기준이 도입되는데, 고려대와 비교하여 인문 계열은 비슷한 수준이며 자연 계열은 다소 낮은 수준이다. 논술전형에서 과학논술이 폐지된다. 정시 모집에서는 수능 선택과목에 따른 제한이 없어진다.

성균관대

수능 선택과목에 따른 지원 제한이 없어진다. 자연 계열에 지원하는 경우 과학탐구 선택 시 가산점을 부여할 수 있다. 수능 성적은 두 가지 방식으로 가중치를 두어 환산하고 그중 상위 성적을 반영한다.

이화여대

고교추천전형은 2025학년도부터 학생부교과 성적 상위 5배수를 1단계에서 선발한 후 해당 학생들만을 대상으로 면접고사를 치른다. 교과 전형에는 진로선택과목 비중이 10퍼센트에서 20퍼센트로 증가하여 추천 인원 최대 20명으로 조정된다. 수시와 정시 모두 선택과목 제한이 없어지지만, 정시에서 자연계열 지원 시 과학탐구에 한 과목당 6퍼센트의 가산점이 부여되어 사회탐구 선택자의 교차지원이 제한될 수 있다. 또한 수시 과학특기자 전형이 폐지되고, 약학 관련 모집단위 수능최저학력기준이 완화된다.

한양대

학생부교과전형은 2025학년도부터 내신 성적 외에 교과 정성평가를 10퍼센트 반영하고, 수능최저학력기준을 적용한다. 의예과를 제외한 일반 모집단위의 최저기준은 3개 영역 등급 합 7 이내로 적용한다. 경쟁 대학인 서강대와 성균관대에 비해 다소 높은 기준이다. 학생부종합전형은 추천형과 서류형, 면접형 등으로 선발한다. 추천형은 교과전형과 같이 고등학교 추천이 필요하며 학생부종합전형에서만 수능최저학력기준을 적용한다. 면접형은 단계별 전형으로 2단계에서 면접을 치르는데 사범대학 모집단위만 선발한다. 서류형은 수능최저학력기준 없이 서류만으로 선발한다. 정시에서는 타 대학들과 마찬가지로 선택과목에 따른 제한이 없어지는데, 수능 영역별 반영 비율도 변경된다. 인문·자연 모두 국어의 반영 비율이 5퍼센트 높아져 국어의 중요성이 높아질 예정이다.

2028 대학입시제도
(2023년 10월 10일 시안 발표 기준)

통합형 수능 지향

국어 수학 영어 영역은 선택과목 없이 공통과목으로만 출제한다. 국어는 화법과 언어, 독서와 작문, 문학, 수학은 대수, 미적분I, 확률과 통계, 영어는 영어I·II 등 현행 수능과 학습량이 동일한 고교 수업 기준 8과목에서 출제된다. 추가로 첨단 분야 인재 양성을 위해 '미적분 II+기하'를 절대평가 방식으로 평가하는 심화수학 영역 신설을 검토 중이다.

탐구 영역 통합 응시

통합사회와 통합과학은 선택과목 없이 사회·과학에 동일하게 응시해야 한다. 통합사회, 통합과학 2개 모두 응시해야 하지만 대학이 각각의 수준을 평가할 수 있게 시험시간과 점수는 분리한다.

기타 과목과 성적 산출

한국사, 제2외국어, 한문은 교육과정에 따라 출제과목만 조정할 예정이다. 각 영역별 평가 방식 및 성적제공 방식은 현행을 유지한다는 방침이다. 문제 출제 또한 EBS 연계는 50퍼센트 간접 연계하는 현행대로 시행될 예정이다.

확정안은 2023년 12월에 발표될 예정이다.

[2028학년도 수능 개편안 요약]

영역		현행(~2027수능)	개편안(2028수능~)	
국어		**공통 + 2과목 중 택 1** • **공통:** 독서, 문학 • **선택:** 화법과 작문, 언어와 매체	**공통** (화법과 언어, 독서와 작문, 문학)	
수학		**공통 + 3과목 중 택 1** • **공통:** 수학 I, 수학 II • **선택:** 확률과 통계, 미적분, 기하	**공통** (대수, 미적분 I, 확률과 통계)	
영어		**공통** (영어 I, 영어 II)	**공통** (영어 I, 영어 II)	
한국사		**공통** (한국사)	**공통** (한국사)	
탐구	사회·과학	**17과목 중 최대 택 2** • **사회: 9과목** • 한국지리, 세계지리, 세계사, 동아시아사, 경제, 정치와 법, 사회·문화, 생활과 윤리, 윤리와 사상 • **과학: 8과목** • 물리학 I, 화학 I, 생명과학 I, 지구과학 I, 물리학 II, 화학 II, 생명과학 II, 지구과학 II	**사회: 공통** (통합사회) **과학: 공통** (통합과학)	
	직업	1. 과목: **5과목 중 최대 택 2** 2. 과목: 공통 + [1과목] • **공통:** 성공적인 직업생활 • **선택:** 농업기초기술, 공업일반, 상업경제, 수산·해운산업기초, 인간발달	**직업: 공통** (성공적인 직업생활)	
제2외국어/한문		**9과목 중 최대 택 1** • **제2외국어/한문: 9과목** 독일어 I, 프랑스어 I, 스페인어 I, 중국어 I, 일본어 I, 러시아어 I, 아랍어 I, 베트남어 I, 한문 I	**9과목 중 최대 택 1** • **제2외국어/한문:** **9과목** 독일어, 프랑스어, 스페인어, 중국어, 일본어, 러시아어, 아랍어, 베트남어, 한문	**추가 검토안** **10과목 중 최대 택 1** • **제2외국어/한문:** **9과목** • **심화수학: 1과목** **(미적분 II + 기하)**

내신은 5등급 체제로

내신 등급은 9등급제에서 5등급제로 개편된다. 1등급 10퍼센트, 2등급 24퍼센트(누적 34퍼센트), 3등급 32퍼센트(누적 66퍼센트), 4등급 24퍼센트(누적 90퍼센트), 5등급 10퍼센트(누적 100퍼센트)이다. 100명 가운데 34명이 1, 2등급을 받게 된다.

이에 따른 변별력을 주기 위해 전 과목 상대평가를 병기하도록 한다. 절대평가(A~E)를 하면서 상대평가 등급(1~5등급)을 함께 기재(예체능 등 제외)하는데 고교 전 학년(1·2·3학년)에 적용(절대평가+상대평가 5등급 병기)된다.

[과목별 성적 산출 및 대학 제공 방식(안)]

구분		절대평가		상대평가	통계정보		
		원점수	성취도	석차등급	성취도별 분포비율	과목평균	수강자수
보통교과	공통과목	○	A·B·C·D·E	5등급	○	○	○
	선택과목 (일반·진로·융합)	○	A·B·C·D·E	5등급	○	○	○
	전문교과	○	A·B·C·D·E	5등급	○	○	○

※ 예체능, 과학탐구실험, 교양과목은 석차등급 미산출

SKY 로드맵

2023년 12월 28일 초판 1쇄 | 2024년 9월 25일 15쇄 발행

지은이 이병훈
펴낸이 이원주, 최세현 **편집인** 박숙정 **경영고문** 박시형

책임편집 박숙정 **기획편집** 최현정, 정선우, 김수정 **디자인** 전성연 **본문디자인** 박은진
마케팅 양근모, 권금숙, 양봉호, 이도경 **온라인마케팅** 신하은, 현나래, 최혜빈
디지털콘텐츠 최은정 **해외기획** 우정민, 배혜림
경영지원 홍성택, 김현우, 강신우, 이윤재 **제작** 이진영
펴낸곳 쌤앤파커스 **출판신고** 2006년 9월 25일 제406-2006-000210호
주소 서울시 마포구 월드컵북로 396 누리꿈스퀘어 비즈니스타워 18층
전화 02-6712-9800 **팩스** 02-6712-9810 **이메일** info@smpk.kr

ⓒ 이병훈 (저작권자와 맺은 특약에 따라 검인을 생략합니다)
ISBN 979-11-6534-867-0 (13370)

• 이 책은 저작권법에 따라 보호받는 저작물이므로 무단전재와 무단복제를 금지하며,
  이 책 내용의 전부 또는 일부를 이용하려면 반드시 저작권자와 (주)쌤앤파커스의 서면동의를 받아야 합니다.
• 잘못된 책은 구입하신 서점에서 바꿔드립니다.
• 책값은 뒤표지에 있습니다.

쌤앤파커스(Sam&Parkers)는 독자 여러분의 책에 관한 아이디어와 원고 투고를 설레는 마음으로 기다리고 있습니다.
책으로 엮기를 원하는 아이디어가 있으신 분은 이메일 book@smpk.kr로 간단한 개요와 취지, 연락처 등을 보내주세요.
머뭇거리지 말고 문을 두드리세요. 길이 열립니다.